DE PARIS
A NAPLES.

SOUS PRESSE

DU MÊME AUTEUR :

—

TABLEAUX ET CROQUIS MARITIMES

POUR FAIRE SUITE

AUX SCÈNES DE LA VIE MARITIME.

PARIS. — IMPRIMERIE DE HENRI DUPUY,
Rue de la Monnaie, 11.

DE PARIS
A
NAPLES

ÉTUDES

De Mœurs, de Marine et d'Art;

PAR A. JAL,

CHEF DE LA SECTION HISTORIQUE AU MINISTÈRE DE LA MARINE,
AUTEUR DES SCÈNES DE LA VIE MARITIME.

TOME PREMIER.

PARIS

ALLARDIN, LIBRAIRE-ÉDITEUR,

RUE DES POITEVINS, 3.

1836

BUT DU VOYAGE. — MOYENS.

J'ai la monomanie maritime; plusieurs de mes amis me l'ont dit pour se moquer de moi.

Je l'avoue, j'aime la marine avec une sorte de passion. Si c'est un ridicule, je le porte très-loin; pas si loin pourtant, on voudra bien me l'accorder, que cet aveugle qui avait pour la peinture la plus étrange tendresse.

Élevé pour le noble métier de la mer que poétisait ma vive imagination d'écolier, j'ai dû y renoncer quand, ma première éducation finie, j'allais le connaître par la pratique. Ce n'est pas ma faute si la marine m'a quitté; je n'avais rien fait pour ce divorce, et j'ai tout tenté pour un raccommodement. Au reste, je n'en veux plus à son tuteur, M. Dubouchage, qui fit cette séparation. Peut-être n'eut-il pas tort; peut-être n'avais-je ni la ferme volonté, ni la résolution hardie, ni le courage de tous les momens, ni la promptitude de vues, ni cette faculté innée qu'on pourrait appeler l'instinct de la profession, toutes qualités qui font le marin véritable! J'ai cependant plusieurs fois entendu une voix intérieure me dire que je n'aurais pas été un officier plus médiocre que tant d'autres.... Oh! depuis vingt ans, j'ai eu bien du regret à mon bel état perdu! je l'ai souvent pleurée, cette vie des hasards, cette carrière aventureuse qui vous jette un homme de la Grèce aux États-Unis, du cap Horn aux mers de l'Inde et de la Chine; cette existence inquiète à la fois et insoucieuse, dont le positif surchargé de petits détails peut accabler le corps, mais qui a tant de jouissances pour l'ame, tant d'ineffables joies pour l'imagination! Il m'a semblé plus d'une fois qu'on m'avait volé...

Et cependant je suis heureux!

Si je n'ai point de fortune, s'il me faut travailler sans cesse, ouvrier prosateur, comme les artistes et les ouvriers mes voisins, qu'importe? puisque le travail me plaît, puisque je n'ai point de ces désirs que la raison peut condamner et qui siéraient mal à ma position modeste! Le ciel a béni quelquefois mes efforts et m'a donné le succès; succès minime, sans vastes retentissemens, dans un tout petit coin du monde littéraire, tel enfin pourtant que mon amour-propre en fut pleinement satisfait. Quand on n'a pas grand appétit on se contente de si peu! Malheur à qui a trop

faim de la gloire, il court risque de n'être jamais rassasié!
Moi, je n'ai point rêvé la gloire, j'ai toujours trop bien
connu ce que je valais. Les lettres, les arts m'ont procuré
des plaisirs qui m'ont tenu lieu de la richessse et de la renommée. Je ne suis ni un grand écrivain, ni un critique
bien habile; tout ce que j'ai pu être, je le suis, car j'ai sérieusement étudié. J'ai des amis ; je ne crois pas avoir d'ennemis, car je ne me suis trouvé sur la route de personne
dans le conflit des ambitions politiques qui s'agitent en
France depuis la fin de l'Empire. On ne m'aurait pas pardonné d'être directeur, préfet, conseiller d'Etat ou seulement pair de France — le dernier degré assurément où
puisse descendre aujourd'hui l'ambition la moins exigeante,
avec la pairie comme elle s'est faite et comme on l'a faite; —
on m'a pardonné de vivre de ma plume et de m'exercer sur
mille sujets au gré de mon caprice, et par nécessité de profession. Pourquoi donc me plaindrais-je? Que me manque-
t-il? Je ne sais ce que sera ma vieillesse, si j'ai une vieillesse ;
mais Dieu est grand, et j'espère que d'ici là il me donnera
l'occasion de mettre dans mon épargne un peu de grain
pour faire mon pain de chaque jour. Je lui demande, en
attendant, intelligence, force et santé pour mettre à fin une
tâche que je me suis donnée.

Cette tâche me plaît autant qu'elle m'effraie; puisse-t-elle
ne pas m'écraser! C'est une *histoire de la Marine française*
que je veux écrire....

Il faut que la marine me tienne bien au cœur pour me
hasarder dans une entreprise de cette importance, si difficile
et si longue! Mais comment ai-je pu concevoir l'idée d'un
pareil travail? c'est ce qu'il faut que je dise. Cela ré-
pondra à l'inquiétude de quelques personnes charitables

qui ont eu la bonté de me plaindre en me voyant m'engager dans cette voie. Quant à celles qui ont demandé de quel droit j'écrivais sur la marine, je n'ai rien à leur répondre ; je ne leur demande pas de quel droit elles font telle chose plutôt que telle autre. Mon droit c'est ma volonté; je n'en ai pas d'autre, et je n'ai pas besoin d'en avoir un autre s'il n'y a point de privilége pour écrire sur ceci ou sur cela dans notre pays de liberté; mon droit est celui dont usent mes amis Ed. Corbière et Eugène Sue! Qui donc peut m'en demander compte? C'est affaire entre le public et moi. Est-ce parce que je ne suis pas assez marin que l'on s'étonne de ma témérité? Voltaire — je choisis un grand exemple afin qu'il soit plus frappant, et non pas, bien entendu, par le désir sottement vaniteux de me comparer à l'écrivain géant, que je respecte trop pour lui faire un affront comme celui-là — Voltaire était-il maréchal ou soldat, pour écrire l'histoire de Charles XII? Son droit, à lui, c'était son génie qui embrassait tout ; le mien je le tire de moins haut : je l'ai dit, c'est ma volonté. Il est moins bien fondé, mais aussi incontestable que l'autre.

J'eus un jour de grande joie, il y aura bientôt quatre ans. Ce fut celui où M. l'amiral de Rigny m'annonça qu'il m'attachait à la section historique du ministère de la marine. Je devais ce bonheur à la bienveillance du ministre pour un officier, de mes anciens camarades, M. A. B...., qui savait la vieille affection qui me liait à mon premier métier et m'avait vu toujours m'occuper avec zèle de tout ce qui y a rapport. Cet ami, je ne le nommerai pas, quelque plaisir que j'eusse à lui payer publiquement la dette de ma reconnaissance; il me reprocherait cette indiscrétion ; son amitié pudique s'effaroucherait d'un éloge, et c'est à peine si j'osefai dire de lui ce que La Fontaine disait des hommes rares de son temps :

> Qu'un ami véritable est une douce chose !
> Il cherche vos besoins au fond de votre cœur ;
> Il vous épargne la pudeur
> De les lui découvrir vous-même.

La confiance de l'amiral m'imposait de grandes obligations ; je le sentis tout de suite, et je travaillai pour me mettre en mesure d'y répondre. Au bout d'un an je publiai les *Scènes de la vie maritime.* Ce livre fut heureux ; on l'agréa avec une faveur que j'espérais un peu, je l'avoue, mais qui fut plus complète que je ne m'en étais flatté. Le sujet fit sans doute son succès : la littérature maritime était de mode alors. Les gens du monde me surent gré de m'être fait comprendre d'eux et de n'avoir pas forcé les couleurs en peignant les marins ; quelques-uns de mes lecteurs me remercièrent de leur avoir appris quelque chose. Mon but était donc atteint ; car ce que j'avais voulu, en écrivant les *Scènes de la vie maritime,* c'était instruire un peu en l'amusant, le public français à qui la vie exceptionnelle du bord n'était pas connue.

Mais la marine n'est pas seulement dans la peinture du marin et du matelot, dans l'analyse du drame journalier qui se joue sur le vaisseau en rade et à la mer ; je le savais bien : aussi ce premier ouvrage n'était-il dans mon plan que le prélude à d'autres publications.

La marine a des époques de gloire et de malheur, une grande histoire ; qui pourrait bien dire cette histoire immense et faire le tableau complet de ces époques serait un grand homme. J'ai reconnu mon insuffisance, et ce n'est pas une chose aussi vaste que j'ai dessein de faire.

L'art m'a beaucoup préoccupé, c'est-à-dire la forme du navire et ses modifications, les armemens, l'installation, le gréement, la manœuvre, les instrumens nautiques; à côté de cela les mœurs maritimes dans les différens siècles, et la langue spéciale de la mer. Les faits sont à peu près connus; mais quelques événemens notables sont ou mal expliqués encore ou racontés sans critique, de sorte que le sens et les conséquences échappent au lecteur, de sorte qu'il ne ressort du récit aucune instruction pour le marin. On connaît aussi assez généralement les hommes; mais il faut dire qu'on les connaît mal. La plupart ont été représentés avec une exagération qui en a fait des espèces de caricatures; si bien que lorsqu'on se trouve face à face avec Jean Bart, Ruyter, Duquesne, d'Oria, Gargot, Primanguet ou le blond chevalier de Tourville, on a affaire plutôt à des masques qu'à des visages. Le marin d'autrefois est devenu une tradition grotesque, une convention menteuse fort bonnes pour le théâtre du Vaudeville ou pour la peinture de genre, mais fort indignes de l'histoire.

Peindre les hommes; les faire, s'il se peut, ressemblans, braves, hardis, grands, mais point matamores; raconter les faits en les éclaircissant, en les discutant avec soin; suivre la marche et les progrès de l'art; observer les transformations de la langue pour en tirer des conséquences historiques relatives aux usages, aux instrumens, aux procédés, dont les origines se trahissent souvent par le mot qui les nomme : tel est le labeur auquel j'ai appliqué toutes mes forces depuis trois années, et qui n'existe encore en exécution que sur quelques feuilles sans suite, couvertes seulement de notes. C'est ce germe qu'il me faut faire mûrir. Mais ce n'est point à la marine en général que j'applique cette étude;

non, j'ai restreint mon cadre à la marine française, et il est encore assez large pour m'inspirer de justes défiances de moi-même. Une *histoire de la Marine française*, comme je l'entends, si elle était bien faite, serait un livre très-utile et très-digne de l'estime de toutes les classes de lecteurs. Plaise à la Muse que cela regarde — je ne sais si une des neuf suivantes d'Apollon a le récit des faits maritimes sous sa protection; — fasse, dis-je, la Muse que ce livre soit le mien.

Sur l'énoncé de mon projet, on voit que de recherches sérieuses il m'a fallu commencer, que de documens il m'a fallu recueillir! Toutes les bibliothèques de Paris ont été par moi mises à contribution; j'y ai rencontré des ordonnances inconnues, des choses pleines d'intérêt et d'une haute curiosité; mais sur l'art, sur la forme, rien ou presque rien. Force m'a donc été d'aller chercher ailleurs. Et, avant de continuer, je vais tout de suite au devant d'une objection qu'on ne manquera pas de me faire! Pourquoi, dira-t-on, donner tant à la forme et à la langue? Qu'importe l'origine des mots du dictionnaire, qu'importe que la coque du vaisseau et tout son armement soient connus à toutes les époques? L'histoire ne peut-elle bien marcher sans cela? — Non, l'histoire ne peut marcher sans cela. Que me dites-vous quand vous me dites que Don Juan d'Autriche se battit à Lépante contre le général des armées navales de Soliman? quand vous mentionnez la bataille d'Actium? quand vous racontez un combat de Tromp contre un des marins célèbres commissionnés par Louis XIV? Est-ce un fait politique que vous prétendez seulement me faire connaître ou me rappeler? Si c'est cela, vous ne devez pas assurément décrire le combat, et vous n'avez pas besoin de savoir les galères antiques, les galères du xvi⁰ siècle et les vaisseaux de haut bord du xvii⁰. L'événement politique existe indépendamment des causes matérielles — le combat — qui l'ont produit. Mais si c'est un fait naval que vous prétendez relater, et probablement c'est le but de toute histoire maritime, quelle conclusion voulez-vous que je tire de votre récit? Du sang, des mâts brisés, des bâtimens coulés, des coups de hache ou de canon, la victoire et la défaite, voilà tout ce que je vois ; vous avez fait peut-être une bonne page de réthoricien ou de poëte, vous êtes un imitateur heureux de Virgile ou de Thomas, mais vous n'êtes pas un historien maritime. Que diriez-vous d'un officier du génie qui, ayant à parler d'un siége, parlerait de tout excepté des fortifications et des moyens d'attaque opposés aux moyens de défense? Un cavalier citant un tournoi à cheval, ne vous paraîtrait-il pas bien singulièrement oublieux s'il négligeait le cheval dans l'action qu'il aurait contée? Pour que je prenne intérêt aux résultats que vous me présentez, pour que je puisse juger du mérite des hommes que vous opposez les uns aux autres, il faut que je connaisse leurs moyens, leurs armes, leurs ruses ; il faut que je sache quels instrumens sont venus en aide à leur génie; il faut que vous me mettiez à même de décider s'ils ont bien agi, bien manœuvré, tiré tout le parti possible de leur position ; et pour cela n'est-il pas indispensable que vous me disiez l'état de l'art et ses ressources au moment où l'action se passe? Figurez-vous une histoire des guerres de Louis XIV et des guerres de la révolution française sans détails sur l'artillerie des deux époques et sur la tactique de Turenne et de Napoléon ; quelle différence y aura-t-il entre elles, en dehors des résultats politiques? Et cependant la guerre de 1800 ne ressemble point à celle de 1650. Le combat de Lépante détaillé par Brantôme est une belle chose pour moi qui me fais une idée à peu près exacte des galères turques et chrétiennes, dont le chroniqueur ne dit mot; mais pour vous, si vous n'avez pas des notions préliminaires sur les navires de guerre du moyen-âge, ce ne peut être qu'une chose vague, insignifiante, qui se réduit au nombre des morts de part et d'autre, et à cette conclusion historique que la bataille gagnée ne servit à rien. Si vous voulez mesurer justement toutes les difficultés qu'eut à vaincre Christophe Colomb quand il eut surmonté toutes celles que l'envie, l'ignorance, la superstition et l'apathie lui avaient opposées, il faut que vous sachiez son navire. Et savez-vous ce que c'était qu'une caraque? Celui qui vous le dirait ne vous rendrait-il pas un grand service? Sans doute, et à moi aussi. On m'a montré, je ne me rappelle plus le lieu, mais on m'a montré un petit chef-d'œuvre de sculpture en bois; ce morceau est délicieux, très-finement exécuté, très-hardiment travaillé; je me suis demandé comment avec tous les moyens de la pratique de l'art on a pu parvenir à un si beau résultat; j'étais en admiration! Jugez ce que cela a été quand on m'a dit, pour me tirer de peine, que l'auteur était un pauvre diable de génie, prisonnier, et n'ayant eu pour tout instrument qu'un clou arraché à sa porte ferrée! Si la caraque de Colomb était un bâtiment petit, non ponté, bas sur l'eau, mal assis sur la mer, voyez que de peines a dû avoir le navigateur, que de courage il lui a fallu pour poursuivre sa route après un premier coup de vent, que de résolution suppose son départ! Si, au contraire, c'était un bâtiment gros, élevé, ayant un tillac à l'avant et à l'arrière, sinon entre ses mâts, un bâtiment de charge comme le fait croire son nom *caraca*, qui semble être le même que *carica* venant de *caricare* (charger), ou que *carruca* (charrette), qui descend du même verbe malgré le redoublement de l'R; voyez que de difficultés de moins dans le voyage! Cela n'ôte rien au mérite du projet de Colomb, mais cela en explique peut-être la réussite.

Je suis, vous en savez maintenant les raisons, pour qu'on dise le navire, l'armement, la voilure et le reste. Quant à la langue maritime, ce n'est pas une vaine étude, et, dans une histoire de la marine un complément inutile; cette langue pittoresque est si bien faite, si imagée, elle peint en général si bien par les mots les choses qu'elle désigne, que dans la recherche de la forme il est impossible de la négliger. L'art et la langue ont marché ensemble; retrouver la la langue c'est donc être sur la voie de l'art perdu. Cela me paraît si vrai, que je n'insisterai pas davantage.

Pour trouver l'art que les livres ne me donnaient pas ici et que ne reproduisaient à mes yeux aucune image fidèle, aucun relief ancien, il était donc indispensable que je sortisse de France. Et où devais-je aller? Dans les pays d'art et de marine : en Angleterre, en Hollande, en Italie, en Espagne. Des difficultés de langage que je n'avais pas tout le temps nécessaire pour vaincre, me rendaient, quant à présent, le voyage d'Angleterre inutile; d'ailleurs je savais qu'il n'y a que peu de choses à voir à Londres, de celles au moins qui intéressent le marin artiste. L'accès de la Hollande est difficile aujourd'hui aux Français, et puis comment lirais-je des manuscrits ou des traités imprimés en langue hollandaise? Ce n'est guère le moment d'aller en Espagne si l'on a besoin de calme et de repos pour de graves travaux d'art! L'Italie me restait donc seule, l'Italie qui fut marchande, navigatrice, lettrée, artiste; l'Italie où je pouvais trouver Pise, Gênes et Venise : tout le moyen-âge de la marine, toute la peinture contemporaine de cette grande époque de la gloire des républiques; Pompei, Herculanum, Baïa, Misène, Pouzzoli : toute l'antiquité, les ports anciens, les bas-reliefs et les ornemens peints sur les murs des villes exhumées; Rome, Florence Milan, Naples : les beaux musées, et les riches bibliothèques, et les monumens où la marine a sa part poétique. Je soumis mon projet à la critique de M. l'amiral de Rigny qui approuva ce voyage d'exploration dans le seul pays où je pouvais aller à la découverte de choses intéressantes pour l'archéologie maritime. Au moment où des ordres m'allaient être donnés par ce ministre, que j'ai toujours trouvé si bon pour moi, la politique le ravit à la marine. M. l'amiral Jacob fut également favorable à mon idée; il comprit que l'histoire spéciale dont je rêve ne peut s'écrire aujourd'hui qu'à la condition que l'historien se sera entouré d'une foule de documens négligés jusqu'alors par tous ceux qui ont traité des développemens de l'art nautique, et il m'accorda la permission d'aller en Italie. Je demandais quatre mois de congé et cinq mille francs d'allocation; M. l'amiral Jacob ne fut pas moins facile pour moi, que M. le ministre de l'instruction publique ne l'est pour les écrivains qu'il charge de missions analogues à celle que j'avais sollicitée : les fonds me furent alloués; et quant au temps, on ne me le marchanda point. J'eus la faculté de rester plus de cinq mois si cela m'était nécessaire; mais je fus averti qu'en aucun cas, je ne pourrais prétendre à obtenir un supplément à la somme fixée pour mes frais de voyage et de recherches.

Quatre mois, c'était trop peu de temps ; je l'ai éprouvé, et je m'en doutais bien. Si j'allais en Italie avec la conviction qu'il devait y avoir quelque bonne trouvaille à faire, j'y allais aussi au hasard; je ne savais pas trop à quelle porte frapper, et ce que je rencontrerais là où l'on m'aurait ouvert avec le plus de bonne grâce. C'était donc plutôt un coup-d'œil que je serais forcé de jeter sur l'Italie maritime, qu'une investigation profonde à laquelle je pourrais me livrer; voilà pourquoi j'avais demandé un congé aussi court. Autant que je l'ai pu, l'investigation a prévalu sur l'aperçu rapide, et j'ai fini par reconnaître qu'une année de soins et de peines m'aurait procuré une ample récolte de précieux renseignemens. Le temps c'est l'argent pour les choses de la nature de celle-ci, et si j'étais décidé à ajouter deux mille francs aux quatre mille huit cent cinquante que m'allouait le ministère — car 5,000 fr. se réduisent à 4,850 par la retenue de 3 o/o opérée au profit de la caisse des invalides — il m'était impossible de dépasser cette somme. Le budget d'un homme de lettres que rien n'a classé au premier rang et qui n'a pas le droit de faire coter bien haut sa prose à la bourse de la librairie, est trop restreint pour que, sur chaque exercice, une tirelire prévoyante reçoive des économies faciles. Je n'ai point la ressource des crédits supplémentaires : lancé tout seul dans le monde de bonne heure, j'ai dû suffire à moi-même et à ma petite famille. C'est merveille que j'y aie réussi. Je n'ai aucun patrimoine; mon père est mort honnête, regretté, honoré, mais sans biens; je n'ai point recueilli d'héritages; artiste, j'ai fait un mariage d'artiste dont je suis enchanté; je n'ai point eu le génie ou la manie des affaires, et j'aurais rougi de me mêler à quelques-uns des odieux tripotages que j'ai vu parfaitement réussir à gens de ma connaissance : j'ai toujours eu les préjugés d'une bonne conscience. Donc pas de moyens de trouver en moi les six ou sept mille francs qu'il m'aurait fallu pour prolonger de huit mois mon séjour en Italie. Mon alchimie à moi est justement comme celle des grands maîtres de la science cabalistique ; je n'ai point le secret de faire de l'or avec mon papier noirci d'illisibles caractères, qui sont diaboliques à la vérité, mais seulement pour les pauvres imprimeurs.

Si je ne suis pas revenu plus riche de découvertes utiles, de notes importantes, de dessins curieux, ce n'est pas ma faute ; voilà ce dont je suis bien sûr.

Je n'étais pas tout-à-fait libre de choisir le moment où j'irais en Italie ; ce qu'un ministre m'accordait — et je suis heureux de lui témoigner ici ma reconnaissance pour le grand service qu'il m'a rendu — un autre ministre pouvait bien ne pas me l'accorder. L'occasion se présentait, je devais la saisir ; perdue, je ne l'aurais peut-être retrouvée jamais. Au reste, si mon voyage accompli pendant l'hiver devait me coûter plus cher que dans une autre saison, je voyais l'avantage de fuir les pluies et le froid de nos mauvais mois de France ; je me réjouissais de trouver le printemps perpétuel dont la poésie moderne fait libéralement le partage de l'heureuse Italie : ce fut une de mes déconvenues ; le vent des Apennins donna tout-à-fait raison à Horace, et j'eus l'*acris hiems* au lieu de l'*éternel printemps*. Ne croyez pas aux dires des poëtes, que le feu sacré réchauffe et rend insensible aux aigreurs de la tramontane ; et quand, novembre arrivé, vous devrez être sur les bords brumeux de l'Adriatique, à Florence où la bise descend des hauteurs neigeuses qui dominent son beau vallon, ou à Rome que les sept collines antiques n'ont jamais garantie de l'aquilon ardent, couvrez-vous d'un bon manteau, fourrez-vous de renard et de martre, parce que rien n'est froid comme le froid qu'on n'attend pas, comme le froid d'Italie régnant sous un ciel bleu et luttant contre un admirable soleil.

Si j'avais été complètement libre ; si cette considération toute-puissante de l'occasion offerte ne m'avait pas déterminé bien vite ; si j'avais eu moins hâte de m'éclairer sur toutes les questions qui se rapportent à cet art nautique dont je voulais retrouver les origines et observer la marche ; si je n'avais pas dû faire entrer en ligne de compte dans mes arrangemens ma santé à qui les abaissemens du thermomètre se sont rendus redoutables, j'aurais franchi les Alpes seulement au printemps : alors tout est plus beau, tout est meilleur ; l'esprit rajeuni est plus disposé au travail ; le corps est plus facile à la fatigue ; le soleil a des splendeurs plus magnifiques ; les ruines ont des effets plus imposans ; la peinture s'illumine de clartés plus vives qui lui donnent toute sa force, toute sa finesse, tout son riche et puissant aspect ; un vent d'amour souffle sur toute la nature qu'il féconde ; le paysage s'anime, les femmes et les roses fleurissent..... Si je puis jamais retourner en Italie !... Mais pourquoi former des vœux indiscrets ? Parce que le sort s'est montré propice une fois, serais-je donc devenu exigeant comme un enfant gâté ?

L'Italie me fut ouverte par cinq personnes. M. l'amiral de Rigny, ministre des affaires étrangères, me recommanda aux agens diplomatiques français ; M. Valery écrivit pour moi aux bibliothécaires des villes où je voulais faire quelque séjour ; M. Pol Nicard se chargea de m'introduire chez plusieurs savans italiens qui l'estiment ; M. Casimir Lecomte m'adressa à des artistes distingués ; enfin, un obligeant compatriote établi à Rome, M. C. Dubois, m'ouvrit des crédits dans toutes les capitales que je devais visiter. Ainsi muni de lettres excellentes et d'un passeport bien en règle — chose importante, celle-là, et dont on ne peut pas plus se passer que d'argent dans le pays des petites précautions et des grandes craintes — je pouvais me mettre en route.

Je ne partais pas seul; j'avais un bon, un dévoué, un gai, un spirituel compagnon de voyage, dont je dirais beaucoup de bien, s'il n'était pas devenu ridicule, depuis qu'on a pris les belles manières, de faire l'éloge de sa femme.

I

Départ. — M. de Peyronnet et Silvio Pellico. — Sens. — Auxerre. — Autun. — M. Ingres. — Châlons. — Villefranche. — Souvenirs du château des Tournelles.

Le 6 octobre 1834, à quatre heures après midi, nous montâmes sur la diligence, emportant souhaits de parens, et de bons amis, bénédictions, recommandations, provisions friandes, et larges manteaux pour nous garder de la fraîcheur des nuits. Il y eut des pleurs versés, des serremens de cœur, des malédictions données à ce voyage dont on s'était fait pourtant une si grande joie. C'est tout simple : nous laissions notre fils, un brave petit homme de onze ans, futur humaniste qui se perd maintenant dans les défilés de la syntaxe, garçon charmant,

Beau, bienfait et surtout aimable !

Je ne mens pas d'un mot, parole de père, parole de hibou ! Vous savez bien, si vous avez des enfans, que je ne puis pas mentir en faisant un portrait caressé de mon fils. Lui aussi m'avait donné des marques de sa sollicitude, le pauvre garçon ! Il avait beaucoup entendu parler des brigands de l'Italie et des buffles des Marais-Pontins ; il redoutait pour nous la rencontre des uns et des autres, et il m'avait écrit fort sérieusement : « Papa, promets-moi de ne pas attaquer les buffles ; et quant aux brigands, prends des escortes tant qu'il t'en faudra, j'aime mieux t'en rembourser la dépense. » Ce n'est pas ce qui m'avait été dit de moins sensé parmi toutes les incroyables choses que le zèle bienveillant, l'affection tendre et la prudence avaient inspirées à des gens qui n'ont jamais quitté Paris et sa banlieue; c'est ce qui m'avait semblé le plus touchant, le plus profondément senti. « J'aime mieux te rembourser, » est une bien jolie parole ! Je m'en rapporte aux pères de famille.

Mais le fouet du postillon a coupé court à tous les adieux; il était temps ! C'est un bonheur d'en finir avec les douleurs d'une séparation. Quand on a l'habitude d'une vie intime dont tout l'horizon est un cercle étroit de quelques personnes qui nous aiment, qui ont nos goûts, qui jettent par instinct, par complaisance ou par besoin toutes leurs pensées au moule de nos pensées, c'est quelque chose de s'éloigner. On a comme peur du monde étranger où l'on va entrer; on est inquiet de savoir si l'on comprendra la langue nouvelle qu'on va entendre; et puis on sait qu'on laisse un vide derrière soi. Tout cela rend triste. On voudrait déjà être au moment du retour, pour reprendre les douces causeries amicales, les tendres épanchemens, les petites soirées folles de gaîté qui abrègent l'hiver et le remplissent sans fatigue. Heureusement il est dans l'ordre des choses que quelques tours de roue changent un peu la nature des idées de celui qui part. La distraction arrive, et l'absence devient le plus grand des maux, non pas pour lui, comme l'a dit si bien maître Jean notre sublime fabuliste. A la barrière de Charenton, il y avait encore dans notre poitrine quelques-uns de ces soupirs confus qui s'échappent de loin à loin quand on commence à devenir raisonnable sur un chagrin qui n'est pas sans remède, semblables aux dernières voix de la mer qui arrivent au rivage après la tempête dans les derniers replis de la houle. Le vent frais d'une belle soirée avait séché nos yeux; nous nous installions sur les hauteurs de la voiture; nous faisions l'arrangement de notre cabriolet de l'impériale que nous avions préféré à toutes les autres places pour bien des raisons. C'était en artiste que je voulais voyager, en artiste à qui l'économie est nécessaire: j'avais tant de chemin à faire; tant de choses à voir, c'est-à-dire tant d'argent à donner, et j'en avais si peu ! Il faisait beau, nous allions courir au midi, nous ne redoutions donc pas trop le froid; d'ailleurs à Châlons nous devions quitter la diligence pour le bateau à vapeur de Lyon. Nous voulions revoir les gracieux coteaux de la Saône qu'un automne très-chaud avait dû colorer de ses teintes les plus riches, si douces à l'œil du voyageur, si aimées du paysagiste. C'est une délicieuse chose que les bords de cette rivière, depuis Montmerle jusqu'aux approches de Lyon; les beautés n'en sont pas grandes comme celles des bords du Rhône, mais elles ont une gentillesse, une coquetterie toutes particulières. Ce sont de jolies rives dont on peut dire qu'elles sont pleines de goût et d'élégance. Nous espérions aussi glisser sur le Rhône jusqu'à Avignon, et par ces deux journées de bateaux à vapeur nous éviter bien de la fatigue. On verra ce qu'il en fut de ce projet.

Notre petit observatoire nous plut tout de suite. De cet abri de cuir, derrière lequel nous avions un vaste magasin qui nous pouvait servir d'armoire et comme d'antichambre, nous nous fîmes un séjour fort agréable. Le conducteur qui était en tiers avec nous, était un bon jeune homme, fort à nos ordres, dont nous eûmes à nous louer pour ses complaisances. J'en ai souvent rencontré de plus spirituels, de plus originaux, de plus drôlement causeurs, mais peu de plus obligeans : c'était l'essentiel. Nous pouvions suffire à la conversation, et quand parler nous avait lassé, quand nous n'avions à voir qu'une longue route blanche coupant en deux une plaine large sans accidens de terrain pittoresques, nous pouvions recourir à la lecture. Horace était dans ma poche, et dans notre bibliothèque — un sac qui aurait fait envie à plus d'une vieille voyageuse, tant il contenait de fioles, de petites boîtes, de menus objets comfortables — j'avais glissé quelques volumes.

Parmi les ouvrages qui devaient nous aider à tuer le temps, j'emportais, mais pour moi seul, les *Pensées d'un prisonnier* que M. de

Peyronnet faisait publier le jour même de mon départ. Ce livre m'occupa beaucoup : c'est un plaidoyer souvent fin et habile qui se cache avec adresse sous l'apparence d'une dissertation froide et désintéressée. Les principes sont quelquefois fort contestables, mais ils sont posés avec une netteté, et je crois avec une bonne foi très-grandes. Il m'est resté cette impression de la lecture du livre de M. de Peyronnet : qu'étant au pouvoir il ignorait ce qu'il enseigne depuis qu'il est prisonnier, et ce qu'il regarde comme facile dans la pratique ; ou bien qu'il le savait et qu'un dévouement aveugle l'a éloigné des voies justes qu'il conseille : auquel cas il serait victime bien à plaindre, parce que sa complicité aux fautes du ministère dont il faisait partie ne serait qu'une faiblesse. La forme de l'écrit de M. de Peyronnet m'aurait plu davantage, bien qu'elle m'ait paru brillante et fière, si elle affectait un peu moins l'allure Tacitique de Montesquieu. Indépendamment de l'intérêt personnel que m'a révélé ce traité, intérêt auquel je me suis laissé aller volontiers et qui m'a paru trop naturel pour devenir la matière d'un reproche, il m'a semblé que c'était un bon emploi du temps pour un captif qu'un travail comme celui-là. Quand il n'y aurait dans ces deux volumes qu'une seule vérité, j'entends une vérité vraie et non à l'usage d'une faction ou d'une autre, M. de Peyronnet aurait rendu un service à la société qui l'a retranché de sa communion. C'est ce condamné à mort qui, descendant à pied au lieu de son supplice, sauva la vie à un homme de la foule que le tombereau fatal allait écraser. Les *Pensées* de M. de Peyronnet prouvent une assez grande liberté d'esprit; cependant sous l'air dégagé dont elles marchent, on reconnaît la profonde tristesse qui les a inspirées; il est aisé de voir que l'auteur s'est fait violence, et que s'il paraît résigné, c'est qu'il réagit sur lui-même pour poser en stoïcien. Cela fait peine, et j'en fus vivement touché.

J'ai entendu comparer l'ouvrage didactique de M. de Peyronnet aux *Prisons* de Silvio

Pellico; je ne sais quels rapports on a pu trouver entre ces deux productions, il n'y en a qu'entre les situations des auteurs. Pellico ne pense pas à enseigner la politique ou la philosophie, il raconte son ame, il la confesse devant tout le monde; s'il a envie de pleurer, il n'a pas honte de le faire; il ne se drape point pour cacher son visage; et quand il parle des consolations qu'il trouvait dans ses croyances, c'est en homme convaincu, religieux, sincère. Dieu, pour lui, n'est pas un moyen de poésie, ou un mot d'ordre de parti; c'est Dieu, le Dieu qui aime, le Dieu qui a souffert, le Dieu qui console. Aussi, on est doucement ému aux récits de Pellico, on a des larmes pour payer ses larmes, on croit avec lui; et quand on le quitte, on se sent meilleur, on a un ami de plus, un ami auquel on reviendra souvent. Silvio Pellico me montre l'homme tout entier; M. de Peyronnet ne veut me faire voir que la moitié héroïque du prisonnier d'État; l'autre moitié humaine, souffrante, irritée, la moitié sur laquelle l'opinion légitimiste n'a point de droits, je l'ai devinée parce que j'ai bien vu que l'écrivain se travaillait à la dissimuler. M. de Peyronnet a fait un mémoire sur procès; Pellico ne s'est point adressé à des ennemis, à des juges ou à des partisans; il fait haïr le despotisme dont il parle à peine, mais le despotisme n'est point son sujet; son sujet c'est lui malheureux et consolé, lui captif, aimé d'un enfant, d'une petite fille laide, d'un geôlier, lui mourant et soutenu par Dieu. Son livre est pour tous, comme l'Évangile; celui de M. de Peyronnet manque d'intimité, il n'est que pour quelques-uns.

Douze heures après notre départ, nous aperçûmes, dans la vapeur du matin, la cathédrale de Sens. Il faisait un temps léger, doux, délicieux. Le ciel était charmant à voir; le soleil, près de se lever, n'en colorait pas encore la coupole, qui sur nos têtes était d'un azur laiteux, plus verdâtre à l'horizon que marquait une bande orangée. Quelques petits nuages noirs paraissaient à l'Est au-dessus d'une montagne, dont les formes se dessinaient à peine sous la couche bleuâtre d'un brouillard humide. Il n'était pas six heures encore, et déjà tout le long du grand chemin trottaient, la hotte sur le dos, hommes, femmes et enfans, les paysans faisant leur vendange. Leur activité processionnelle avait quelque chose de celle d'une fourmilière.

Nous descendîmes bientôt dans la riante vallée de l'Yonne; et, en passant à Villeneuve-le-Roi, nous saluâmes le portail élégant de l'église de Saint - Eustache. Ce n'est pas en s'arrêtant à Joigny, comme nous le fîmes, que Picard aurait pu trouver la donnée d'une comédie aussi amusante que *le Collatéral*. Une voyageuse avec je ne sais combien d'enfans et de paquets fut tout ce qui arrêta notre élan vers Auxerre où nous arrivâmes pour dîner, après avoir entendu de ces jolies conversations de postillons qu'Henri Monnier sait si bien ; des choses dans ce goût-ci : « Dites donc, conducteur, vous savez bien Colin ? — Oui, eh bien ? — J'y ai dit que j'allais avoir le cheval neuf, et y bisque ! » Et par là-dessus un de ces gros éclats de rire bêtes dont on ne peut bien comprendre la portée que lorsqu'on est resté quelques jours à la hauteur du siége des postillons et qu'on a pu recueillir les propos de rivalités de conducteurs et d'entreprises, les plaintes contre les maîtres relayeurs, les facéties qui se débitent sur les garçons d'écurie et les maritornes de cabaret.

Une nuit un peu fraîche nous conduisit à l'entrée du val de Chissey, où nous fûmes frappés d'un effet de brume fort singulier. Il semblait que devant nous s'ouvrait une vaste rade, et que les têtes de quelques îlots volcaniques s'élevaient du sein des eaux calmes de cette baie, qui paraissait réfléchir les teintes grises et monotones d'un ciel lourd et sans lumière. En passant les Apennins, deux mois plus tard, j'observai un effet semblable qui serait pour un peintre un assez beau motif de décoration. Autun avec ses ruines romaines, que je connaissais depuis long-temps, nous apparut vers huit heures, le soleil commençant à percer le voile obscur dont s'était couverte pendant la nuit la plaine de l'Aroux. Déjeuner était ce qui m'importait le moins, bien que le grand air m'eût parfaitement disposé à faire honneur à un bon repas. Ce que je voulais, c'était aller voir en place le *saint Symphorien*, ce tableau de M. Ingres qui avait tant passionné la petite église de la peinture et la critique pendant tout l'avant-dernier salon du Louvre. Je montai donc tout de suite à la cathédrale, où je trouvai, entre deux fenêtres, mal éclairé, trop haut surtout, l'ouvrage si diversement jugé à Paris, et que j'avais espéré de pouvoir examiner tout à mon aise ici, loin des préventions d'école et du tumulte des admirations ingristes. Que vis-je, hélas! les jambes à vis des licteurs, et pas autre chose. Le saint n'était guère qu'une masse blanche, effacée de formes, dont l'expression du visage et la finesse de l'exécution disparaissaient tout-à-fait ; une sorte d'apparition lumineuse, mais vague, au milieu de l'obscurité. Quand M. Ingres, se rendant à Rome, a passé par Autun, qu'il a dû souffrir! que de temps, de soins et de talent perdus si le *saint Symphorien* reste là! C'est sacrifier une chose qui, après tout, et quelle que soit sa valeur réelle, méritait d'être traitée avec plus d'égards. Je ne suis pas un des partisans bien chauds de l'œuvre de M. Ingres, mais je fus indigné de la voir ainsi méprisée. A Autun elle est perdue, elle ne peut servir à personne, quand même elle serait exposée le mieux possible; à Paris elle remplirait la mission pour laquelle elle a été créée.

... Nous voici à Châlons, et point de bateau à vapeur! La Saône s'est asséchée! Ce n'est plus une rivière qui coule sous le pont aux pyramides, c'est un ruisseau qui serpente dans un lit trop large entre des îles de sable et des bancs de gravier. Adieu donc le repos d'une facile et rapide navigation! Adieu le doux nonchaloir au soleil, sur le banc de l'arrière, l'œil attaché aux beaux rivages qui fuient de toute la vitesse d'un courant, de toute la vivacité d'un navire que pousse une force invisible plus grande et plus constante que celle du vent! Il faut subir encore la diligence et les cahots de la route. Patience! Ici plus d'impériale, on nous donne le coupé aristocratique pour nous consoler. Nous repartons à sept heures et demie du soir, et le lendemain matin, 9 octobre, nous avons atteint Villefranche l'académique. Une église gothique d'assez belle apparence, quelques maisons dont les façades ornées attestent le bon goût de l'époque de la Renaissance, se trouvent sur notre chemin dans la longue rue, alternativement colline et vallon, qui traverse la petite ville. Cette rue, c'est la ville presque entière; elle est marchande, active, populeuse; des cordes la traversent à la hauteur des premiers étages des maisons commerçantes; là pendent les échantillons, enseignes flottantes qui appellent le chaland. Ce sont des écheveaux de laine, de vieux morceaux de drap, des articles de bimbeloterie, des paquets d'herbes sèches, que sais-je encore? tous accrochés à ces drailles comme les vieux cerfs-volans de nos gamins aux cordes des réverbères. Un proverbe de la province lyonnaise caractérise très-bien la route que nous allons suivre : « De Villefranche à Anse, la plus belle lieue de

France, » dit-il avec une prétention de distique qui annonce aussi qu'on a des goûts littéraires dans l'arrondissement.

Encore quelques efforts et nous serons à Limonest.

Je ne sais ce que je suis destiné à voir dans ce voyage qui commence, mais voici qui est fort beau : à droite les montagnes du Puy-de-Dôme, du Cantal, de la Haute-Loire, qu'un beau soleil éclaire et découpe capricieusement; à gauche et sous moi, la vallée de la Saône, les plaines de Trévoux, la riche verdure des prairies, une foule de villages semés sur cette terre fertile ! Là-bas, n'est-ce pas Fontaine avec son port, ses moulins, ses jolies maisons de campagne, ses grandes manufactures ? Oui, c'est bien le petit pays où se passèrent quelques jours de mon enfance ; je le reconnais. Voilà bien le château des Tournelles que j'habitais ! voilà ses quatre innocentes tours sous lesquelles étaient des caves, bonnes conservatrices du vin des environs, que notre peur transformait en oubliettes, en souterrains féodaux remplis de serpens! Voilà les quatre vieux tilleuls à la porte, où le boulanger attachait son cheval, ma première monture! Voilà le bois qui couvrait la maison par derrière et l'abritait de la bise! Oh! ce bois, qu'il était terrible, comme je tremblais quand j'en dépassais la lisière pour y aller chercher un nid de rouge-gorges ou une gracieuse fleur d'églantier! Toujours une figure grave, froide, sévère, se trouvait sur mon chemin et me glaçait d'effroi! Quel était donc cet homme que je me rappelle aujourd'hui comme si sa dernière apparition datait d'hier? Je n'ai jamais pu pénétrer le mystère de son séjour au bois de Fontaine qu'il me semblait ne quitter jamais. Était-ce un criminel? N'était-ce pas plutôt un de ces proscrits que les sévérités des derniers jours du Consulat forçaient à se cacher? Qu'il était effrayant pour de pauvres enfans bercés avec des récits sinistres de la révolution qui finissait à peine! Pourquoi les noms les plus lugubres des hommes de 1793 me vinrent-ils sur les lèvres presque toutes les fois que je le rencontrai au détour du sentier où je courais avec mes frères et les compagnons de nos jeux? Il n'avait cependant pas l'air méchant; il était triste, et paraissait malheureux! Jamais je n'ai vu sur sa bouche un sourire, ni dans ses yeux un rayon de joie; même, quand du revers de sa main il frappait doucement sur nos joues fraîches pour nous caresser, son regard était fatal et me paralysait. Il portait des armes : un grand pistolet sortait d'un de ses goussets; on voyait sur sa poitrine, et mal caché sous son gilet, le manche d'un poignard; il marchait lentement, l'œil au guet, un gros bâton ferré à la main. Quelquefois il lisait, quelquefois il parlait tout haut et récitait dans une langue étrangère de la prose ou des vers. Sa tête belle et pâle, coiffée de longs cheveux noirs, était abritée par un large feutre gris; il avait d'épaisses moustaches, de gros favoris, des sourcils larges et saillans; son costume se composait d'une veste et d'un pantalon d'un drap commun de couleur foncée, d'une lourde paire de souliers, et d'une haute cravate noire. Dans ses promenades solitaires, un compagnon fidèle l'accompagnait pas à pas ; c'était un chien, un de ces fiers animaux élevés pour le combat, qui courent le loup et attaquent aussi l'homme si une voix ne les rappelle impérieusement à la bienveillance. Cette voix parlait tout de suite, quand l'inconnu, voyant son dogue partir au galop à travers le fourré, le supposait venir du côté des enfans qu'il avait sentis. Quelles terreurs ont inspiré le maître et le chien dans ce bois où j'allais pourtant tous les jours, poussé par je ne sais quel instinct curieux! Il y avait là quelque chose que j'aurais voulu comprendre et que je n'ai point compris. D'abord, je crus que j'avais affaire à un des ogres de la féerie de Perrault, à un de ces êtres surnaturels des récits peureux de ma vieille bonne. Je me persuadai bientôt que c'était un homme : mais quel était cet homme encore jeune, silencieux, sauvage, extraordinaire? On le connaissait dans le voisinage; mais on en parlait tout bas comme d'un génie qu'on aurait craint d'irriter; on en était réduit aux conjectures sur son compte; on savait bien qu'il logeait chez un propriétaire, dont la maison tranquille était écartée de la route, sur la hauteur et presque dans le taillis ; pourquoi y logeait-il ? Pourquoi était-il devenu l'hôte de cette habitation, dont les maîtres aimaient Bonaparte ? Personne ne répondait à cette question. Je me souviens que j'entendais murmurer les mots : réfractaire, déserteur, émigré, jacobin ; mais c'est tout ; on avait des doutes, on se perdait dans les suppositions, on revenait sans cesse sur ce texte où chacun brodait à son aise ; moi j'avais peur ! Et encore maintenant que je passe à une lieue du château des Tournelles, je me sens un frissonnement inexplicable au souvenir de *l'homme du bois*, comme nous l'appelions !

Mais pendant que je me reporte en arrière par la pensée, la diligence m'entraîne en avant, et nous arrivons au pied de la côte qui, des hauteurs de Limonest, descend à la pyramide. Ici, le faubourg de Serin ; là, le faubourg de Vaise ; à droite et à gauche, des ponts suspendus, jetés par enchantement sur la Saône depuis cinq années que je n'ai vu Lyon ; là-bas, le côteau de Fourvière ; au-dessous, la cathédrale gothique : c'est pittoresque, varié ; c'est beau à voir ainsi, en courant au galop sur le quai Saint-Vincent ! Tous ceux qui ne font que traverser Lyon en sont frappés comme d'une fort belle ville ; moi qui le connais, pourquoi ne puis-je pas le souffrir ?

II

Lyon. — Fourvière et son observatoire. — La grenouille à l'échelle. — Le comédien, marchand d'*ex-voto*. — Les coliques de cire. — Vienne.—L'arc de triomphe d'Orange.—M. Mérimée.—Avignon. —Marseille.—Souvenir de 1830.—La Peste de M. le baron Gérard. — Puget. — Une parleuse de table d'hôte. —Bonne rencontre.

Sans doute c'est une jolie chose que le quai de la Saône, éclairé de reflets, un soir d'automne, quand le soleil couchant, déjà descendu derrière la montagne, en dessine le profil sur un ciel où les tons bleus, orangés et violets, se confondent dans une teinte générale aussi impossible à nommer que difficile à fixer sur la toile, malgré toutes les ressources d'une palette prestigieuse!

Sans doute c'est une belle chose que le quai du Rhône, quand le ciel très-clair laisse voir à l'horizon la pointe scintillante du Mont-Blanc et les sommets neigeux des Alpes; quand la plaine des Brotteaux est bien verte et que les hauts arbres de la *Tête d'or* balancent leurs cimes à l'air frais du matin; quand le fleuve rempli roule des flots rapides sur lesquels s'aventurent de petits bateaux, qu'on a peine à suivre des yeux!

Sans doute il y a sur ces quais de belles maisons, et à l'extrémité de l'un d'eux un bel hôpital, et à quelques pas de là une place immense qui fut belle et pourrait le redevenir si Lyon, guéri des blessures encore saignantes de la guerre civile, pouvait occuper les loisirs d'une paix véritable à dessiner des parterres autour de la statue que Lemot éleva à Louis XIV sur le piédestal où nos pères avaient admiré l'ancien cheval de bronze de Desjardins!

Sans doute il y a à Lyon d'admirables manufactures, un grand commerce, le génie des affaires, beaucoup d'activité, l'amour et l'habitude du travail, un noble courage, un sentiment jaloux de l'honneur national !...

Je reconnais tout cela, et cependant je n'aime pas Lyon.

On y étouffe, on y suffoque; les maisons noires, hautes, laides, à sept étages, vous y écrasent, vous cachent le ciel et la lumière: la boue n'y sèche jamais dans des rues où l'on ne peut marcher sans se meurtrir les pieds sur des pavés pointus empruntés au lit du Rhône; tout y est sale, et les hôtels, et les logis plus que tout le reste; point de comfort, des boutiques à peine éclairées — quelques-unes seulement se modèlent aujourd'hui sur celles de Paris, et font des taches éclatantes dans trois ou quatre des rues principales; — point de goût dans les constructions; des bastilles, des châteaux forts pour maisons; une horrible tristesse partout; des brouillards fréquens; une pensée constante qui domine toutes les autres : gagner de l'argent, faire des affaires; les tracasseries de la petite ville; les haines politiques vivaces; aucun sentiment délicat de l'art—car Lyon a un Musée comme les fermiers-généraux avaient des galeries, par luxe et non par amour éclairé de la peinture; — rien enfin de ce qui peut faire désirer d'y fixer son séjour quand on n'a point pour but des spéculations commerciales. Ce n'est pas qu'à Lyon il n'y ait beaucoup d'esprits distingués dans toutes les branches libérales des facultés humaines; mais ils y sont égarés, exilés, ils souffrent, ils aspirent à la vie intellectuelle et artiste dont le mouvement est si rapide et si fécond à Paris; ils périssent d'ennui. J'en connais plusieurs qui se regardent comme prisonniers dans cette cité riche que Voltaire flatta, le hardi menteur qu'il était, quand il écrivait à mes chers compatriotes qui l'avaient adoré à son passage dans leurs murs:

J'ai vu couler dans vos remparts
Les ondes du Pactole et les eaux du Permesse.

Les ondes du Pactole, oui; deux rivières qui déposent en courant, sur leurs bords, les richesses des deux mondes : mais les eaux du Permesse ! Des eaux pour la teinture excellentes, qui font un rouge et un bleu parfait; des eaux qui donnent le mouvement aux grands moulins de Saint-Clair ; des eaux où vivent le brochet à la chair ferme et délicate, la carpe dont la langue est un des mets favoris des gourmets de Lyon, la ville à la cuisine savante ; des eaux bonnes à boire, légères, saines, tout ce qu'on voudra; mais les eaux du Permesse!... Il y a long-temps que le petit bras du ruisseau sacré qui coulait à Lyon est à sec. Il y a long-temps que la pléiade lyonnaise où brillaient Benoît Court, Vauzelle, Voulté, les Peyrat, Maurice, Claudine et Sibille Sève, Clémence de Bourges, Jeanne Maillard que Marot honorait de son admiration, Claudine Perrone, Villeneuve, Fournier, Laurencin, André Briau, Polla la belle, la plus belle encore Jeanne Creste, et Louise Labbé, la cordière, aussi célèbre par ses vers que par ses grâces; il y a long-temps que la pléiade lyonnaise a disparu du firmament poétique. Fourvière, la côte des Capucines, où fleurit la *condition des soies*, les hauteurs de la Croix-Rousse et de Saint-Just où la fabrique a son quartier-général, ce sont là les collines célèbres du pays, tout le monde vous les indiquera; mais le mont Parnasse, allez-en demander des nouvelles! On ne connaît que le mont Pila, baromètre de la contrée, qui annonce la pluie quand il met son bonnet de nuages.

Oh! j'ai grand tort, sans doute; je manque de patriotisme, je le sens; mais je n'aime pas Lyon. Je le quittai il y a vingt-cinq ans, me promettant bien de n'y point retourner chercher une carrière, si la mienne venait jamais à me manquer; et je me suis tenu parole. J'ai préféré subir l'épreuve terrible des mauvais jours à Paris, quand je pouvais trouver une existence matérielle, facile à Lyon. A quinze ans, l'atmosphère de la ville marchande, héritière de notre ville littéraire et artiste des XVI° et XVII° siècles, me pesait déjà; je vivais mal sous ce ciel tout parfumé des odeurs prosaïques de l'huile aux roquets d'ourdisseuses, des trois-six que le Languedoc envoie par tonnes à Lyon, des épiceries qui affluent de Marseille entre le pont-volant et le pont de pierre; et, chaque fois que j'y suis passé, une incroyable tristesse s'est emparée de moi, impression fâcheuse que j'ai sérieusement combattue sans avoir pu en triompher.

J'ai encore des amis à Lyon qui savent mon antipathie pour mon pays et qui me la pardonnent. A notre arrivée, ils me firent un accueil bon et prévenant, bien capable de me guérir de ce malaise dont j'ai toujours été pris à la porte de Serin ou à la Guillotière. Je dus à l'un d'eux et à son aimable et spirituelle femme de passer une des plus agréables soirées. Je jouis chez le docteur Dupasquier, avec la conversation d'hommes instruits, de ce laisser-aller de bon goût, de ce sans façon plein d'agrément, introuvables en province, si ce n'est dans quelques maisons heureuses où l'amour des arts a pénétré malgré les raideurs du préjugé qui veut qu'une personne adonnée à des travaux seulement intellectuels ne soit propre à rien.

Le pélerinage à la chapelle de la célèbre Notre-Dame de Fourvière est obligé pour tout voyageur qui a plus de vingt-quatre heures à passer à Lyon. Je suis monté bien souvent dans ma vie à ce sanctuaire qui n'a pas moins de renommée dans les contrées sur lesquelles s'étend la vue de sa terrasse, qu'en Italie celui de Notre-Dame-de-Lorette; mais le beau panorama qui se découvre de là est toujours nouveau. Il y a d'ailleurs un observatoire, élevé depuis peu d'années à côté de la chapelle qu'il écrase par la hauteur et la masse carrée de sa construction, et je voulais savoir si les soixante pieds que son belvéder a de plus que le plan supérieur du clocher de Fourvière élargissent de beaucoup l'horizon du grand tableau au centre duquel est placée la tour. Nous allâmes donc à Fourvière, le 10, de fort grand matin, le ciel se couvrant à l'ouest, et le côté des Alpes étant éblouissant de lumière. L'observatoire a cent quarante pieds de haut; on dit qu'il a coûté 90,000 francs à **M. P.**, ancien négociant, qui me paraît avoir fait une mauvaise spéculation, bien qu'on doive payer un franc par personne pour y monter. Et puis c'est une chose assez inutile que cette tour dont tout le mérite est de faire découvrir un peu mieux seulement le Mont-d'Or, les montagnes du Beaujolais et de Tarare, celles d'Auvergne et le Mont-d'Iseron. Quand elle n'aurait contre elle que de surcharger la cime du côteau de Fourvière à qui le petit clocher pointu de la modeste église allait à merveille, je lui saurais mauvais gré de s'être élevée là. Vue de Fourvière, Lyon est une superbe ville ; nous passâmes une heure pleine d'émotions à en contempler la large masse et à promener nos regards sur les plaines du Dauphiné, sur le cours des deux rivières, sur les charmantes collines où les Lyonnais ont leurs maisons de repos pour la belle saison.

L'innocence des plaisirs que se permet le gardien de l'observatoire me frappa. J'avais vu bien des hommes, simples de goût et de mœurs, se plaire aux gentillesses d'un chat, au langage d'un sansonnet, aux caresses d'un chien, au chant d'un rossignol, au silence à peine remuant d'une petite tortue, au sautillement d'une pie ou d'un merle; mais je n'avais encore rencontré personne vivant dans l'intimité d'une grenouille. Le concierge-limonadier de la tour s'est donné cette compagnie. La batracienne créature au dos vert, aux gros yeux saillans, à l'air stupide et étonné, vit dans un bocal de pharmacie au fond duquel est une certaine quantité d'eau très-claire et très-soigneusement renouvelée; son maître a voulu lui donner l'illusion d'un rivage pour respirer, un peu de verdure pour lui rappeler les roseaux du marais, sa première patrie, et voici ce qu'il a inventé: il a placé dans le vase de sa captive une branche de lierre et une échelle de bois noir, bien travaillée. Cette parodie est très-singulière, et je ne sais rien de plus bouffon que la grenouille montant à l'échelle quand elle s'ennuie de la partie liquide de ses domaines. La reinette a un petit nom, un nom d'amitié auquel elle répond à sa manière : je l'ai oublié.

En montant le chemin neuf, je m'informai à madame D... si le père Guérin vivait toujours ; elle m'apprit sa mort. Ce père Guérin était un marchand d'*ex-voto*, de chapelets, de cierges, de bouquets et d'autres objets que la piété des fidèles consacre à l'autel de la Vierge ; et comme ce commerce n'était pas fort lucratif, à trois heures il fermait sa boutique, remplaçait son bonnet de coton par une perruque poudrée, et allait au théâtre des Célestins jouer le compère de Jocrisse ou un bon oncle de mélodrame. Je ne sais si le négociant en amulettes a échappé à la damnation qui frappait le comédien ; nous verrons cela au jugement dernier.

Des cœurs, des têtes, des jambes, des bras, des pieds, des mains en cire, sont les simulacres vulgaires que les malades appendent aux murailles des chapelles en réputation. J'en ai vu partout ; nos devanciers dans les croyances superstitieuses, les Grecs et les Romains, avaient inventé ces signes représentatifs des parties souffrantes du corps sur lesquelles leur dévotion appelait les bontés de Jupiter et d'Esculape : j'ai rapporté de Résina une petite jambe en terre cuite antique trouvée à Nola, et que le tremblement de terre de 63 avait probablement détachée d'un autel protecteur. Mais ce que les anciens n'avaient pas imaginé, et ce qui ne se trouve aujourd'hui nulle part qu'à Fourvière, c'est la formule matérielle, la représentation de certaines maladies internes. Je demandai par exemple comment on figurait les coliques; — c'était en même temps une curiosité d'artiste et une vague inquiétude de malade qui veut être sûr, s'il fait un acte pieux, que le saint intercesseur auquel il s'adressera ne sera point induit en erreur par un mouleur mal habile; — on me répondit : « Par un tortillon, une espèce de vermicelle en cire blanche; mais nous n'en avons point d'avance; nous n'en tenons que quand on nous en commande. La colique est peu demandée. » Je fus très-fâché qu'on n'en eût point de prêtes; j'en aurais fait provision pour tenter par ce moyen une guérison que j'ai vainement poursuivie dans toute l'Italie.

Le temps s'était gâté. Sec et beau si longtemps, il avait tourné à l'orage. Le Mont-Blanc découvert, et le Mont-Pila coiffé de nuées humides, avaient raison selon leur coutume; il pleuvait, mais pas assez pour donner de l'eau au Rhône. Point de Rhône, point de bateau à vapeur! Encore la diligence! A l'intérieur cette fois! et nous nous en félicitons, parce que la société y est agréable : un académicien de Marseille, savant, point ennuyeux, gai, aristocrate, et d'ailleurs excellent homme; des jeunes gens, M. Rousseau, avocat de Paris, et deux de ses parens, tous trois bons compagnons, rieurs, sans prétention, ne tranchant sur rien, ne se croyant pas encore mûrs pour le gouvernement, quoiqu'ils aient de vingt à vingt-quatre ans, aimant la littérature et en parlant avec goût, réservés en toutes choses, de bonne compagnie en un mot, comme on en voit malheureusement trop peu dans ce temps-ci, où ce qui manque à la jeunesse ce n'est pas l'instruction, mais l'éducation. Ce joyeux trio mettait à profit les derniers jours des vacances du Palais pour aller à Toulon faire connaissance avec un arsenal maritime et voir des vaisseaux. Nos jeunes hommes aimaient la marine; ils furent bien vite de mes amis, et à Toulon je me fis leur pilote autant que je le pus. J'oublie un septième voyageur : c'était le plus drôle de corps; un manufacturier, teinturier, imprimeur, je ne sais quoi, de foulards ou autres tissus lyonnais; vingt-deux ans, un madras autour de la tête, nez pointu, air simple, peu d'esprit naturel, rien d'appris, parole naïve; une espèce de descendant de la famille des Cadet-Roussel, qui nous amusa beaucoup. Il y aurait eu de l'ingratitude à ne pas le mentionner; du 11 au 13, c'est-à-dire de Lyon à Marseille, il nous fut très-agréable, quoiqu'il revînt un peu souvent sur son objet favori, la cuve à plonger les foulards.

Rien pendant les quatre-vingt-quatre lieues de ce trajet : une pluie continuelle jusqu'aux limites de l'ancien Valentinois; une fade odeur de vin doux tout le long de la route; dans la Drôme quelques charrettes de paysans trainées par un bœuf ou une vache avec l'attelage d'un cheval. Et à propos de cheval, en sortant de Vienne, devant cette pyramide sans nom, grossièrement travaillée, dont on ignore l'origine et la destination antiques, j'ai vu un cheval d'une rare beauté, un vrai cheval de tournoi du moyen-âge, grand, fort, aux larges pieds, blanc comme le lait, ayant une crinière extraordinaire, dont son palefrenier avait fait trois parts tressées, l'une tombant à droite, l'autre à gauche, la dernière sur le front, et toutes trois d'une telle longueur, d'une telle épaisseur, qu'elles semblaient embarrasser la marche de l'animal. Ce n'était ni un chevalier, ni un page qui montait le coursier, issu peut-être de celui qui porta le baron des Adrets, dont voilà là-bas le castel, ou le vaillant Montbrun, dont on ne peut oublier le nom quand on traverse le Dauphiné; un manant le conduisait au grand trot, et il enlevait, sans que son allure en fût gênée, une charrette où s'en allaient secouées,

Dieu sait! et riant à faire envie, deux paysanes qui paraissaient fort bien consolées du malheur d'être laides.

Au-dessous des ruines du château de Mornas, le premier olivier! Voilà donc la Provence, et la Provence c'est déjà l'Italie!

Salut à l'arc de triomphe d'Orange, un des plus beaux restes de l'art romain, avec ses deux bas-reliefs pleins d'énergie et de mouvement, avec ses faisceaux d'armes, ses rostres, ses *avants* de navires, ses délicieux ornemens que le vent rapide a limés en passant sous sa porte élégante! On le restaure, ce monument dégradé par les siècles; et quelle restauration, lourde, vulgaire, l'œuvre d'un maçon à côté de l'œuvre d'un artiste! Qu'aura pensé de ce travail M. Prosper Mérimée qui vient de passer tout à l'heure dans la malle-poste, causant avec M. Fauriel?

La soirée se fait superbe; dès le matin le ciel s'est dégagé; les montagnes du bassin de la Durance ont gardé toute la journée une parure magnifique de nuages blancs, épais, serrés, que le soleil de l'après-midi colore en masse : c'est superbe. On soupe à Avignon. Au moins cette fois un horrible impudent ne vient pas se recommander à moi de la part qu'il eut à l'assassinat du maréchal Brune! En 1830, quand j'allai à Alger, cela m'arriva pourtant! Se figure-t-on une pareille audace!... Je n'ai jamais traversé Avignon sans frémir. Il y a là un peuple comme on n'en voit nulle part : regardez-le bien, il a sur le front le signe de la férocité qui est son instinct, sa nature. La civilisation a passé sur lui sans l'effleurer ; il est en arrière du reste du peuple provençal de quelques siècles; et le peuple provençal, vous savez où il en est encore!

Par un clair de lune resplendissant, nous traversâmes le pont de la Durance aux arches sans nombre jetées sur le lit toujours douteux de l'inconstante rivière. Le 13, au matin, le soleil levant nous trouva à Lambesc, dont le nom n'aurait aucun retentissement malgré l'éclat du nom d'Armagnac, s'il ne rappelait un des premiers événemens de la révolution française. Rogues nous apparut bientôt à gauche, à une demi-lieue environ de la grande route ; les rayons du soleil traversant les triples arcades de son aqueduc romain faisaient un de ces effets contre lesquels la peinture est condamnée à lutter sans espoir. Du haut de la côte nous aperçûmes Aix que nous eûmes bientôt dépassée pour aller trouver Marseille. A onze heures nous nous étions délectés du plaisir de voir l'indigo transparent des eaux de la côte phocéenne et le ciel qui les teint de cet azur foncé ; nous entrions dans la ville reine du Midi ; nous nous plaisions à regarder ces agaçantes femmes du peuple, coquettes et coquettement vêtues de jupons courts, flottans autour des hanches, ces femmes fières de leur chaussure de coton jaune, de leurs jolis pieds qu'enferment des souliers blancs ou gris, ces beautés rieuses, vives, provocatrices, orientales, qui se promènent le bavolet au vent, la gorge hardiment étalée, les mains dans les poches, et le coin de la bouche parfumé de l'odorante petite houppe jaune de la fleur du cassie ; nous passions devant l'arc de triomphe qui attendait encore le bas-relief patriotique dont j'ai vu la touchante composition dans l'atelier de M. David d'Angers; et nous arrivions à la Canebière.

Quelques heures sont faciles à passer à Marseille, même quand on connaît bien la ville : on a toujours à voir son port dont l'incessante activité est un des spectacles les plus curieux qu'on puisse se procurer : nous allâmes au port et nous montâmes sur la terrasse de Saint-Jean, qui domine la rade. Il y avait un peu plus de quatre ans qu'étant venu là chercher l'air du soir, nous avions été témoin d'une de ces petites fêtes qui se renouvellent souvent à la fin des chaudes journées d'été. La corvette anglaise *la Favorite* était mouillée non loin de l'entrée du port ; point de vent, point de mer, calme au ciel et sur l'eau ! Tout-à-coup quelques barques sortent de la darse, chargées de monde, couvertes de tentes aux ombres rafraîchissantes, nageant doucement comme ferait un homme qui craindrait la fatigue de la chaleur; dix bateaux, vingt bateaux, tous les canots des navires, tous les rafiaux publics les suivent à la file ou se hâtent d'aller prendre place à côté d'elles : c'est que ces barques portent des musiciens, et qu'on va se donner le plaisir de la sérénade. Les instrumens sonnent en effet; les embarcations promènent sur la mer l'harmonie qui monte jusqu'à nous suave et parfumée; la flottille fait le tour du bâtiment étranger, qui la salue d'un triple *huzza!* et après de petites évolutions, rentre à Marseille, laissant derrière elle un long sillage de mélodie et une traînée brillante de ces feux magiques et inconnus qu'on attribue au dégagement du phosphore. Aujourd'hui, rien de semblable; point d'auditeurs pour une musique délicieuse; — sensation *inanalysable* que celle qu'on éprouve en entendant de la musique sur la mer! — point de barques, point de corvettes; le soleil de midi pétillant dans l'eau comme un feu d'artifice; quelques enfans qui se baignent ou pêchent à la ligne; quelques hommes qui sont à la recherche du *clovis*, ce coquillage si aimé des Provençaux, deux ou trois felouques en calme, dont les voiles triangulaires attendent la brise pour doubler le château d'If; une odeur affreuse attestant la malpropreté des habitans du lieu; des cordiers qui rassemblent et commettent la sparte venue d'Espagne pour faire des amarres aux navires du commerce : voilà tout. Quittons cette esplanade dont les maisons blanchies, percées de petites fenêtres carrées, sont comme un quartier africain dans la ville française; redescendons. Nous nous arrêterons à *la Santé;* j'y veux voir la *Peste de Marseille* que M. le baron Gérard a récemment envoyée, sans permettre que d'abord elle fût exposé au Louvre. C'est tout le talent de M. Gérard; mais pas une figure ferme, puissante de couleur et de style, qu'on puisse comparer à celle de cet homme étendu à terre que voilà dans la *Peste* de David. D'un bas-relief qui est là, œuvre de Puget dont on serait mal venu à parler sans révérence dans son pays, je n'estime que la jambe d'un mort, hors de la fosse où est descendu son corps empesté; mais cette jambe est belle, terrible ; c'est une bonne idée : le reste est commun, boursoufflé. Je suis désolé de n'apprécier point assez Puget malgré son *Milon de Crotone* et le *saint Sébastien*, son chef-d'œuvre, que j'ai vu à Gênes; ce n'est point sa faute, c'est la mienne ; on le trouve naturel, je le trouve maniéré; je ne sais s'il marche avant ou après le Bernini, mais je les regarde l'un et l'autre comme deux grands types de ce rococo qui procède des successeurs immédiats de Michel-Ange.

.... A la table d'hôte où nous allâmes nous asseoir, tenait le dé de la conversation une dame qui me donna un instant du doute sur l'avenir de mon voyage en Italie. Cette dame, jeune, ni laide ni jolie, douée d'une forte dose d'assurance, parlant haut de tout le monde et de toutes choses, étonnait les convives par la volubilité de son débit. On se taisait pour l'écouter et par embarras de la suivre dans ses divagations quelquefois assez spirituelles, mais toujours très-hardies. Le portrait qu'elle fit de l'Italie, d'où elle venait, était à en dégoûter.

Elle n'y avait rien trouvé de passable; tout y était horrible; elle s'y était ennuyée à périr; nature, arts, population, société, ruines, étaient dans son estime au-dessous de zero : on aurait dit, à l'en croire, un pays de sauvages sans passé, sans présent, indigne d'être visité par des gens de bon sens et de bon goût. Le paradoxe ne m'amusa point du tout; je connaissais dans ce genre impertinent quelque chose qui vaut bien mieux, c'est la déclamation outrée, mais presque toujours piquante, de Kotzebue. Et puis l'orateur féminin, si verbeux, si éloigné de cette retenue modeste qui convient à son sexe, me déplaisait tout-à-fait. Je ne puis souffrir les parleurs de tables d'hôte, gens qui tranchent sur toutes les questions et ont toujours quelques gros mensonges ou de vieux lazzis à leur service; quelle ne doit donc pas être ma répugnance pour les femmes qui jouent ce rôle sottement ambitieux !

Ce fut ce jour-là qu'en face de moi je remarquai, embarrassés comme je l'étais des inconvenances de notre commensale, M. Brunton et sa femme [1], qui devaient devenir nos compagnons de route et de séjour pendant trois mois, et enfin nos amis; aimable couple à qui nous sommes redevables de tant de bons instans passés à Gênes, à Florence, à Rome et à Naples. M. Brunton, architecte, homme d'un esprit facile et gai, voyageait pour sa santé et celle de sa femme. Je l'avais un peu connu à Paris; de grandes conformités de goût et d'humeur, des amitiés communes nous rapprochèrent et nous donnèrent l'un à l'autre du jour où nous eûmes causé ensemble à Toulon, d'où le hasard (ma bonne fortune, je veux dire) nous faisait prendre notre point de départ pour l'Italie.

Nous fûmes le lendemain, 14 octobre, à Toulon vers l'heure où la consigne abaisse le pont-levis de la place forte.

---

[1] Le nom de M. Brunton est connu de tout le monde depuis les *Impressions de Voyage* de notre ami Alexandre Dumas qui le rencontra si plaisamment en Suisse.

III

Toulon. — Panorama du port. — Vue de la rade.

C'est par mer que j'avais eu dessein d'aller à Gênes; la prévision d'une ennuyeuse quarantaine me détourna de ce projet. Décidément, les bateaux à vapeur nous étaient interdits! Ce n'était point l'eau qui nous manquait cette fois, mais je n'avais garde d'aller, sans une nécessité absolue, me faire l'esclave des lois absurdes d'une commission sanitaire. Je me rappelais trop bien vingt jours passés au lazaret toulonnais à mon retour d'Alger!

La voie de terre m'était donc seule ouverte, et je devais aller gagner Nice par Toulon et Antibes. Ce contre-temps fut loin de me contrarier! Toulon est pour moi une ville de prédilection; j'en connais peu qui m'intéressent autant. Certes, je garde un bien bon souvenir à Brest, le beau port, la vaste rade, le riche arsenal où je fis mon apprentissage maritime, la bienveillante cité où tout jeune je trouvai l'hospitalité la plus cordiale et les douceurs de la vie de famille chez des étrangers dont le nom est écrit dans mon cœur à côté de celui de mon père; mais Toulon!... un ciel si brillant, un climat si chaud, tant de mouvement, tant d'activité, une petite société intime, si douce d'aimables et gracieuses femmes, de vieux camarades qui me conservent leur ancienne affection!... Et puis, un ami dévoué, un ami de cœur demeure là : il y a donc tout ce qu'il faut dans cette ville pour me plaire, pour m'attirer. C'est une des meilleures patries de mon esprit cosmopolite. C'est là qu'il aime surtout à s'arrêter un peu, à se fixer quelque temps, à se livrer à ces flaneries où la marine a tant de part.

Après avoir fait une première visite à deux ou trois personnes qui savent bien mon affection pour elles, j'allai tout de suite dans le port pour le revoir. C'était l'heure de la suspension des travaux; tous les ouvriers se pressaient à la grille pour aller prendre leurs repas chez eux ou à l'auberge; ils passaient l'un après l'autre devant des gardiens, des gendarmes, des douaniers, regardés par ceux-ci, tâtés par ceux-là, afin que deux choses fussent bien constatées : la première, que sous la veste de l'ouvrier ne se cachait pas un forçat profitant de la foule pour s'échapper; la seconde, qu'aucun objet sujet aux droits n'entrait frauduleusement en ville, qu'aucune bribe du matériel appartenant à l'Etat, depuis la toile, le fer ou le cuivre jusqu'aux copeaux, n'était habilement soustraite par quelque larron. On est devenu très-sévère au chapitre des copeaux, ce qui doit faire croire que rien ne se perd des approvisionnemens du port ! Autrefois on était plus facile à la porte de l'arsenal ; on ne fouillait guère les ouvriers, parce qu'on savait qu'il aurait fallu fouiller tant d'officiers, et des plus huppés encore ! qui ne se faisaient aucun scrupule de faire des emprunts forcés au port pour meubler et embellir leurs *bastides*. Il y a des noms que la guerre a rendus bien honorables et auxquels cette tache est restée imprimée ! L'Empire n'a jamais pu extirper l'habitude honteuse qu'avaient prise certaines bonnes gens de regarder l'arsenal et le vaisseau comme des fermes qui devaient fournir aux besoins de la maison de ville et de la maison de campagne. Rien de semblable n'a lieu aujourd'hui, et un officier qui suivrait en cela les vieilles traditions serait déshonoré dans le corps. Cette amélioration en vaut bien une autre, je crois.

Pendant qu'on fouillait les ouvriers et qu'on s'appliquait à regarder si, parmi eux, quelque condamné ne passait pas à la faveur d'un travestissement laborieusement préparé dans le bagne, difficilement caché pendant quelques mois et peut-être pendant quelques années, les forçats en costume de travail, veste rouge avec ou sans manches brunes, bonnet brun ou rouge, longue chaîne traînante et autres accessoires de rigueur, défilaient pour se rendre à leurs habitations. Quelques-uns chantaient, le plus grand nombre passaient en silence, regardant avec effronterie ou sans affectation, selon leurs caractères; tous levaient leurs bonnets, politesse à laquelle une consigne les oblige quand ils se trouvent sur le chemin d'un étranger, d'un officier ou de quelque personne de l'administration. Ce long défilé de la chiourme est un spectacle triste. Il y a là tant de figures hideuses, tant de mauvais regards! Ajoutez à cela le bruit des fers et les conversations en langage d'argot, et vous aurez la réalisation d'une de ces peintures de l'enfer en repos que vous avez lues chez plus d'un poëte.

Voilà les forçats rentrés au bagne, et les ouvriers répandus dans la ville. Le port est calme; tout est fermé dans l'arsenal, on n'entend plus ni le marteau de la forge, ni le levier de fer qui poussait tout à l'heure un cercle de bas mât, ni le maillet du calfat qui enfonçait l'étoupe entre deux bordages, ni la voix du condamné donnant l'impulsion et l'ensemble à des forces humaines attachées à un poids qu'elles veulent soulever, ni le cri plaintif de la poulie qui tourne sous la corde d'une grue. La vie s'est arrêtée pour deux heures environ; c'est à peine si quelques embarcations sillonnent les eaux tranquilles de la darse... bon moment pour embrasser d'un coup-d'œil ce grand ensemble. Que de choses! que de détails! quel panorama à peindre si j'avais la palette brillante d'un de nos maîtres en l'art de décrire! Portons-nous sur le pont qui mène au chantier des canots, et voyons de là autour de nous. A gauche, le port marchand, le quai garni de navires en charge, les canots des bâtimens de la rade, les rafiaux de la petite propriété; la patache, lourde et noire carcasse de frégate ou de corvette qui sert de corps-de-garde et de prison; le bâteau à vapeur de la

Corse; de vieux vaisseaux, casernes des matelots ou école des mousses; à l'entrée de la rade, la machine à mâter dominant un quai que protége le rempart; plus près de nous, une vieille frégate, reste d'un bâtiment de guerre qui dut son nom à l'amitié de Bonaparte pour un de ses premiers compagnons d'armes, qui doit son existence actuelle au souvenir du général en chef qu'il ramena d'Égypte : *le Muiron*, aujourd'hui navire amiral portant le pavillon de commandement à la tête de ce mât unique qu'on lui a laissé pour le consoler de son ancienne coiffure aux trois mâts jaillissans, comme on laissait le pompon au vétéran qui n'avait plus le droit de porter le haut et brillant panache du hussard ou du grenadier. Plus près encore, et derrière *le Muiron*, les trois vaisseaux à trois ponts, sans équipages, sans mâtures, sans canons, sous l'abri de leurs toits protecteurs; soldats vieux avant l'âge, usés par le repos de la paix, paralytiques qui attendent cette parole d'en haut : Levez-vous et marchez! Un de leurs frères est sorti des rangs ; le miracle s'est fait pour lui, et le voilà en face de nous, prêt à faire voile, tout gréé, tout armé, harnaché comme un noble cheval de combat qui n'attend plus qu'un guerrier pour le monter et le signal du départ. Voyez celui-là et les autres ; comparez ! Combien il est plus beau ! C'est qu'il est paré, lui ! Il a sa triple aigrette comme ce fier Amurat, dessiné par Titien ; il porte avec orgueil les huit rangées de ses bouches à feu qui rendraient ses deux flancs si redoutables ; trois ceintures bien blanches rendent son imposant travers élégant et noble. Qu'étaient au prix de cette machine de guerre le fabuleux vaisseau de Philopator, les galères géantes de Cléopâtre, *le Carraquon* célèbre de François Ier ou *la Cordellière* de la reine Anne? Qu'est à côté de lui ce 74[1], bien autrement haut pourtant que ces navires dont la tradition a grandi les proportions déjà colossales aux yeux des poëtes contemporains? Oh ! l'admirable chose qu'un vaisseau de premier rang, forteresse ailée portant si vite d'un

[1] *Le Scipion* en commission de port, ainsi que *le Montebello*.

bout du monde à l'autre la terreur de ses cent vingt canons ! A droite maintenant. Des vaisseaux, des frégates, des corvettes, tenus à quatre amarres, dans l'arrière-port, vaste bassin où les bâtimens désarmés sont rangés comme des morts dans la fosse commune attendant le jour de la résurrection. Ici des chantiers, des cales couvertes ; derrière nous aussi des chantiers. Le bois prend là toutes les formes pour concourir à la création de ces êtres nautiques qui, sur la cale de construction, ressemblent à ce qu'ils seront quand, descendus à la mer, ils auront complété leur organisation et reçu la vie, à peu près comme l'embryon ressemble à l'homme fait. Au sommet de chacun de ces édifices, à la tête de l'étrave, je remarque une croix de bois que les charpentiers ont clouée pour placer le navire sous la protection du ciel : chez tous les peuples navigans de la chrétienté il en est ainsi ; c'est une vieille tradition, une tradition religieuse venue des Grecs avec tant d'autres qui sont encore dans les coutumes maritimes. Au xvi° siècle, la croix ne quittait pas le navire ; de l'étrave elle montait à la cime des mâts où elle restait pendant toutes les navigations. La foi avait imaginé ce paratonnerre, moins efficace que celui de Franklin peut-être, mais sous lequel le compagnon marinier se croyait tout aussi en sûreté que se peut croire le matelot d'aujourd'hui sous la pointe attractive qui soutire l'électricité pour en noyer la flamme dangereuse aux flots où elle se précipite en glissant sur la chaîne de laiton.

Quelques pas maintenant sur ce petit quai du bureau des mouvemens du port. Une gabarre y est accostée, et près d'elle, à terre, se trouve une masse de vieilles bombes, de vieux boulets que ses flancs ont rejetés. La planche sur laquelle ces projectiles rouillés ont glissé est encore là pour la fin du déchargement. Cette gabarre, c'est *la Caravane;* ces boulets sont des boulets algériens que le navire colporteur a pris dans l'arsenal turc d'Alger, résultats jusqu'alors les plus positifs de la conquête. Nous sommes au pied de la tour de l'Horloge, et, si nous regardons à notre gauche, nous voyons le vaste édifice du magasin général, encyclopédie matérielle de la marine ; la salle d'armes ; la corderie que décore le seul nom de Vauban ; l'artillerie ; la salle des modèles, veuve de ses morceaux intéressans qui ont enrichi le musée naval du Louvre ; enfin la bibliothèque où manquent beaucoup de bons livres, élémens nécessaires de toute collection bibliographique faite pour des officiers qui ont à se purger des causeries cancanières du *champ de bataille*, à se distraire des ennuis de la petite ville *Mocotte*.

La cloche va rappeler les travailleurs ; sortons du port. Je voulais voir tout de suite la rade. Il ventait frais du mistral ; elle devait être un peu agitée et me donner le spectacle en miniature de la mer. Mais ce spectacle, où l'aller prendre ? A Castignau, à la pointe du rempart, ou de cette maison dont Toulon est si fier, sur le balcon que Puget a soutenu de ses caryatides qui pouvaient avoir un caractère épigrammatique amusant pour les contemporains, mais qui, a coup sûr, sont d'un style plus trivial que beau, plus lourd que fort? Non. C'est à la grosse tour qu'il faut aller ou au pied du fort Lamalgue. Allons!

Et nous y allâmes, faisant tête au vent de nord-ouest, causant, riant avec notre fidèle guide et M. Brunton, arrivé de Marseille quelques instans auparavant. C'était la première promenade que nous devions faire ensemble, et tant d'autres l'ont suivie, charmantes comme celle-là!

Cette rade, je l'avais vue couverte de bâtimens quand nous nous préparions à prendre contre les Algériens la revanche de Charles-Quint et d'André Doria. Quatre cents navires de toutes les grandeurs, de toutes les formes, armés ou non armés, à voiles carrées ou à voiles latines, français ou étrangers; une immense ville flottante avec ses quartiers, ses rues, où je me perdis plus d'une fois le soir, quand je revenais chercher, dans l'un des groupes italiens du convoi, le brig palermitain sur lequel je devais aller en amateur à cette autre croisade! Quel coup-d'œil imposant! La peinture et la description ne sauraient en donner une juste idée. Aujourd'hui à peine quelques bâtimens. Là-bas pourtant un vaisseau de ligne, *le Triton*, que commande le brave capitaine Baudin des Ardennes, manchot comme le maréchal de Rantzaw et Nelson, homme de volonté ferme, de solide jugement et d'esprit sûr et fin, bonne plume et bonne épée, aussi propre aux travaux de la paix qu'aux hardies entreprises de la guerre. Ici une corvette de charge; là une petite goëlette dont les deux mâts, très-inclinés en arrière, me rappellent maintenant que le fringant navire est le nez dans le lit du vent, les longues oreilles d'une noble mule d'Espagne penchées par la bise courant avec violence dans une des gorges des Pyrénées; à la petite rade quelques barques de cabotage, deux bâtimens à vapeur, des bateaux de pêche qui rentrent leurs voiles; à la rade du Lazaret, un brig de guerre arrivant de la Grèce, voilà tout. Le golfe profond qui s'étend du cap Sépé à la Seyne est couvert de petites vagues écumeuses ; on dirait un pré sur lequel s'est répandu un troupeau de chèvres et de brebis aux blanches toisons. Le soleil brille au ciel que traversent des nuages rapides. Les ombres accidentelles de ces masses fugitives se projettent sur la montagne de Sixfour et sur les rochers grisâtres, sans végétation, âpres à l'œil, qui couvrent la ville du côté du nord ; elles voilent en passant les forts, les ruines romaines, la chapelle de Notre-Dame de La Garde, les constructions neuves de Saint-Mandrier, la pyramide élevée à la mémoire de l'amiral La Touche-Tréville. Je ne sais ce qu'un paysagiste ferait de tout ce que nous avons devant les yeux ; mais, malgré l'absence d'une flotte, ce large bassin entouré de hautes collines et d'établissemens d'importance, est une des belles choses qu'on puisse trouver.

L'escadre d'évolution que j'avais espéré de voir était aux îles d'Hyères. Nous l'aperçûmes sous voile, au large, louvoyant pour aller reprendre son mouillage parce que le vent fraichissait. En revenant, nous visitâmes les chantiers du Mouraillon, où étaient les embryons énormes de *l'Éole* et du *Navarin*, grands vaisseaux que l'on construit sur les cales de ce rivage, dont l'avenir est d'être une brillante succursale de l'arsenal quand on aura trouvé le moyen de joindre la ville au Mouraillon par un pont suspendu, et quand on aura fait à cet établissement nouveau une enceinte qui le mette à l'abri des larcins trop faciles et nécessairement impunis que chaque nuit y doit laisser commettre. Nous nous promenâmes dans les flancs ouverts du *Navarin* pour admirer la logique de cette édification. Notre architecte était ravi, et il y avait de quoi ; car c'est une étude bien intéressante à faire que celle des fonds d'un vaisseau quand il est encore dans cet état, que je devrais appeler ostéologique, où l'on peut aisément reconnaître les grandes conditions de la solidité, et deviner les mystères de la forme à laquelle le navire devra un jour sa vitesse et ses autres bonnes qualités. Il faisait très-froid dans cette immense cage où le mistral sifflait autour des membres décharnés du mastodonte nautique; nous rentrâmes promptement à Toulon en suivant le bord de ce ruisseau jaunâtre et triste qu'on appelle, je ne sais pourquoi, la *Rivière des Amoureux*. Le *Pavé d'Amour*, la *Rivière des Amoureux*, sont-ce deux anciennes traditions toulonnaises? Ne sont-ce pas plutôt de railleuses dénominations imposées par la malignité populaire à deux promenades où l'amour, sous les traits de matelots galans ou de soldats de la garnison, assigne ses tendres rendez-vous? Je suis fâché de ne pas avoir songé à discuter ce doute avec quelque érudit de la localité.

IV

Mise à l'eau du vaisseau *l'Alger*. — Visite au *Montebello*.

J'avais appris à Marseille que, le 15, on devait lancer un vaisseau de ligne à Toulon. Quelle bonne fortune !

La mise à l'eau d'un vaisseau est un des plus beaux spectacles que je connaisse ; c'est une des plus vives émotions qu'on puisse ressentir, quand on est sur le bâtiment qui va descendre à la mer, ou quand, spectateur passionné, artiste ou marin, épris d'amour pour le métier de la marine ou pour le pittoresque, on assiste à cette opération avec des yeux qui savent voir, un esprit qui sait entendre, un cœur que le calus de l'habitude n'a pas encore cuirassé.

J'ai vu lancer plus d'un navire, et toujours j'ai été touché jusqu'aux larmes. C'est que je ne puis pas me décider à ne voir qu'une machine dans un vaisseau! Le vaisseau est pour moi un être organisé, un être presque humain, un être pour lequel je ressens de profondes sympathies, que j'aime, que j'admire, dont je comprends les joies et les douleurs. Sa venue au monde maritime ne saurait donc m'être indifférente. Et puis, c'est une si belle fête que cette naissance de l'enfant du port!

Je me trouvais à bord de *l'Orion*, quand on le lança à Brest, en 1813; alors j'étais élève de la marine, et je me bâtissais en rêve un bel avenir, protégé par l'Empire, cet Empire qui ne devait finir jamais et qui finit si tôt! Je m'embarquais sur le vaisseau que j'allais accompagner dans son premier pas; je grandissais avec lui ; je lui prêtais un combat qui nous blessait tous les deux, et tous les deux nous faisait revenir pleins de gloire. Sa carrière et la mienne furent hélas ! bientôt bornées : *l'Orion* ne sortit point du port, il n'eut aucune existence militaire et maritime ; il en fut de même pour moi ; la marine me quitta, et je me trouvai condamné à un autre genre de vie que celui auquel je m'étais dévoué.

L'Orion vieillit, tenu à quatre amarres dans le canal de l'arsenal de Brest, pauvre vétéran, fort et jeune, à qui la mer était interdite. Après la révolution de 1830, il eut une demi-activité; on l'arma, mais ainsi qu'on arme un soldat qui n'entrera point en campagne, un invalide qui fera seulement des salves de fête ou montrera l'exercice du fusil dans un collége. Il dut tressaillir pourtant de tout son corps, quand on le gratifia d'une mâture, bien qu'elle fut bâtarde; quand on chargea ses flancs de quelques canons, bien qu'ils dussent rester pacifiques; quand on lui donna des voiles, bien qu'elles ne fussent pas destinées à lui faire faire un chemin plus long que le mou de son câble ! Il est vaisseau-école aujourd'hui ; il a succédé à notre bon vieux *Tourville* qui nous garda plus de trois années. Il a l'air d'un vaisseau, comme une statue ressemble à un homme, comme moi que 1830 a rapproché aussi de la marine, je ressemble à un marin !..

Lorsqu'on le lança, il descendit vite, et, pressé de prendre possession de la mer, il déplaça fièrement de larges masses d'eau qu'il faisait bouillonner autour et devant lui ; il fut salué par tout ce qu'il y avait de bâtimens dans le port, qu'il agita en arrivant parmi eux, semblable à un nouveau venu qui fend la foule pour aller faire connaissance avec de futurs amis. *L'Alger* a été plus modeste ; il avait aussi moins hâte de descendre de la cale. A le voir aller tout doucement, avec calme et gravité, on comprenait que ce n'était pas là un vaisseau tout jeune, impatient de s'essayer et d'entrer dans la vie ; il marchait en homme qui sait déjà ce qu'il en est de la mer, qui ne se fait guère illusion sur son avenir, qui voit de loin le poste obscur où il sera retenu bien long-temps, où il mourra peut-être inconnu, oublié, sans renommée et sans honneur.

En effet *l'Alger* n'est pas un vaisseau neuf. Il a vingt-quatre ans d'âge, et sous le nom de *la Provence*, il a fait, en 1827, la croisière d'Alger. C'est lui qui, commandé par M. de La Bretonnière, essuya cette canonnade déloyale dont le pavillon parlementaire qui le couvrait ne put le garantir, et à laquelle nous devons la régence. Il allait se trouver à Navarin; mais blessé dans un abordage par *le Scipion*, il n'y arriva que le lendemain de la bataille. Pendant la campagne d'Alger, *la Provence* porta l'amiral Duperré et le général en chef de l'armée expéditionnaire; elle ne tira là que quelques coups de canon. Elle en avait tiré de plus utiles, en 1828, sur la batterie de Sidi-Ferruch, un jour que notre division chassa et détruisit des corsaires algériens qui cherchaient à rallier le port d'Hussein-Pacha. Voilà en peu de mots l'odyssée de ce vaisseau qui renonça son nom provincial pour prendre celui que la conquête ajoutait à la liste glorieuse des souvenirs militaires de la France.

Vingt-quatre ans, c'est la vieillesse pour un navire, mais ce n'est pas encore la décrépitude et la mort. Le Génie a les enchantemens de Médée ; il sait rajeunir les vieux corps. L'Eson maritime retrouve dans le bassin et sur le chantier où on le refond sa vigueur première, ses qualités viriles. *L'Alger* avait besoin de cette transformation ; il était usé, fatigué, et on ne voulait pas le laisser mourir. On l'a monté sur une cale de construction, et le grand œuvre de la résurrection s'est opéré. Vous figurez-vous un vaisseau de ligne sortant de l'eau de la mer pour gravir le plan incliné du chantier ! voyez-vous cette masse tirée à terre ! Ce n'est pas, entendez-vous bien, le *navis* antique que les matelots halaient, le soir, sur le sable du rivage où il allait passer la nuit ; c'est autre chose, vraiment, ce grand et vaste édifice, que la chétive galère dont les Grecs étaient si fiers ; c'est Pélion à monter sur Ossa. Je ne vous dirai point l'appareil dont on se servit pour faire glisser *l'Alger* le long de la cale, espèce de table de dissection sur laquelle on allait l'étendre pour fouiller ses entrailles et examiner curieusement ses membres; je craindrais de ne pas me faire assez bien comprendre. Vous avez vu quelque chose d'analogue à Paris, quand M. l'ingénieur Lebas a sorti l'obélisque de l'allège *le Luxor* et l'a porté au sommet du débarcadère. Je dois vous dire seulement que l'opération ne dura qu'une heure et demie; j'en suis émerveillé.

Mais, pendant que je cause, tous les préparatifs du lancement se font dans le port. La population maritime accourt; la porte de l'arsenal est ouverte à tous venans; on se presse autour de la cale que va bientôt quitter le vaisseau. On étudie le *bers* qui se présente avec tout l'intérêt d'une chose nouvelle. La foule augmente d'instans en instans. Des canots de tous les services et de la rade se placent à distance convenable pour voir passer le bâtiment lancé. Un ponton qui a été disposé à gauche de *l'Alger* reçoit, depuis une heure, des dames accompagnées par des officiers en uniforme. Parmi les étrangers que je remarque sous la tente du ponton, je crois reconnaître M. le baron Larrey.

Mais le temps devient sombre. Où se cache le soleil qui illuminait hier le port et lui donnait un aspect si gai ? Voilà des gouttes d'eau... voilà la pluie ! adieu le charme de la fête. Toutes les têtes se cachent sous les carapaces de soie dont la réunion sera tout à l'heure aussi triste que serait plaisant un dôme coloré de parasols. N'est-ce pas un méchant présage que cette pluie ? *L'Alger* franchira-t-il sans accident le pas qu'il lui faut faire ? Plus d'un superstitieux marin s'est déjà demandé cela, j'en suis sûr. Pour moi qui ai foi à la prudence humaine un peu plus qu'aux augures tirés du vent ou de la pluie, je vais examiner le bers qui supportera le vaisseau dans sa marche vers la mer. On m'a dit qu'il a inspiré quelques appréhensions à des hommes dont la crainte n'est pas le faible ordinaire ; serait-il vrai que le bâtiment est exposé à tomber ? Voyons. Je ne sais, mais tout ceci me rassure. On paraît fort tranquille sur le chantier; dans leur patois provençal, les maîtres et les ouvriers ne laissent échapper aucune parole de doute; ils croient au succès; l'autorité maritime y croit aussi, car elle a placé le ponton des dames bien près du vaisseau. Il ne se couchera point, j'en ai l'assurance; d'ailleurs, ce système de berceau, tout simple qu'il soit et tout faible qu'il paraisse, est fort. Qui pourrait manquer? Les deux *couettes* sur lesquelles l'édifice est établi, pourquoi s'arrêteraient-elles en glissant? La cale sur laquelle elles vont courir n'est-elle pas suivée avec soin? S'écarteront-elles pendant le mouvement? Quelle apparence! Elles sont retenues par des traverses solides. Ces traverses, comme les couettes qu'elles maintiennent, servent de base au système qui tient *l'Alger* debout et doit lui conserver cette position verticale jusqu'à la mer. Les *montans* ou *colombiers* sont forts et nombreux; ils s'appuient, par leurs pieds, sur des *sablières*, pièces minces superposées aux couettes, et par leurs têtes à une ceinture de bois qui prend le vaisseau de l'arrière à l'avant sous son ventre et qu'on appelle à cause de cela la *ventrière*; et pour qu'ils y a adhèrent plus fortement, pour qu'ils soulèvent plus énergiquement le vaisseau dont la quille ne portera point sur la cale pendant le trajet, entre les couettes et les sablières on a placé des coins plats ou *languettes* de bois, qui, vigoureusement enfoncées, écarteront la sablière de la couette, c'est-à-dire feront remonter le colombier sous la ven-rière, et porteront le navire en l'air de quelques lignes. Ce n'est pas tout; de peur que les colombiers, ou quelques-uns d'entre eux du moins, ne s'écartent de la verticale qui est impérieuse ici, je vois des *tirans* obliques liés aux colombiers par des boulons, et par des chevilles, aux traverses des couettes. Rien de tout cela ne me paraît devoir céder : couettes, sablières, colombiers, traverses, ventrière et tirans me semblent dans des conditions de force et de bonne disposition tout-à-fait propres à tromper les prévisions sinistres. Les époutilles qui supportent de chaque côté le vaisseau, et que le bâtiment quittera tout à l'heure, comme le paralytique guéri quitta ses béquilles, sont encore en place sur deux rangs. On va enlever les plus petites d'abord, de l'avant en allant à l'arrière. Retirons-nous donc, et allons prendre notre place.

Et à propos, avez-vous compris ce que je viens de vous dire de la composition de ce bers ingénieux? Pas très-bien, n'est-ce pas? Cependant, je ne saurais être plus clair ; je ne puis tracer les figures qui aideraient à mon explication. Vous voyez donc que j'ai bien fait de ne pas vous détailler tout à l'heure l'ascension de *l'Alger* sur sa cale! Oh! il est bien difficile, croyez-moi, de devenir intelligible avec des mots techniques, sans lignes tracées géométriquement, sur des questions de la nature de celle-ci!

Une embarcation vient nous prendre; c'est un des canots du vaisseau *le Montebello* que M. Turpin nous amène lui-même, homme aussi aimable qu'il est bon officier, et que j'ai le plus grand plaisir à retrouver ici. Je le vis pour la première fois en 1811; il était enseigne de vaisseau et déjà très-distingué; le voilà capitaine de frégate, jouissant d'une des meilleures réputations de la marine, et appelé aux premiers grades, si la retraite atteint enfin un jour les honorables *romputi* qui jouissent encore d'une activité de service dont ils sont assez embarrassés et dont les hommes réellement actifs attendent le terme si lent à arriver. M. le commandant Turpin est le premier officier de la marine que j'aie vu et aimé; et chaque rencontre que le hasard arrange entre nous — mais le hasard est bien avare! — est pour moi une véritable fête.

Le canot aborde derrière le ponton chargé de dames qui, avant un quart d'heure, seront bien mouillées, car la pluie devient forte. Le ciel est noir, et se charge encore sur la montagne; « avant un peu! souquez, garçons! ou nous allons être noyés. »

Enfin, la galerie extérieure du *Montebello* nous reçoit; elle est couverte, et nous nous y installons. Nous sommes arrivés à temps! Les époutilles tombent les unes après les autres, mais si rapidement qu'on dirait qu'elles obéissent à un ressort. Encore deux, encore une, et le vaisseau sera presque livré à lui-même! Oh! voici un mouvement dans la masse des spectateurs qui annonce l'approche du dénouement; l'attention paraît redoubler, et si nous étions plus près, je suis sûr que nous serions frappés du silence qui s'observe dans cette foule, tout à l'heure si causeuse. La pluie redouble; elle tombe par nappes, à torrens; que cela est triste! Si un rayon de soleil.... mais ce n'est plus la peine de faire des vœux pour que la décoration du spectacle change; la pièce est jouée. *L'Alger* est parti; il glisse, il court, il arrive à la mer qui s'élève devant lui en mur d'écume; il plonge et se relève, il fournit sa carrière et s'arrête. On l'attendait là, comme dans la Camargue ou dans les Marais-Pontins on attend le taureau lancé dans la plaine pour l'entourer de lacets et s'en rendre maître. Des chaloupes, montées par des forçats, sont rangées sur les côtés du chemin qu'il suit; elles vont prendre le bout de son amarre, véritable licol par lequel elles le conduiront tout de suite au poste qui lui est assigné. Il obéit sans efforts, tourne à gauche et suit ses remorqueurs jusqu'à la vieille darse où *l'Ulm*, *le Héros*, *le Borée*, *la Melpomène* et *l'Egérie* l'attendent. S'il est essoufflé de sa course, qu'il respire à son aise; il a le temps de se reposer! Dieu sait ce que dans un mois sa carène aura ramassé d'herbes immondes et de coquillages! Le voilà devenu rocher par l'immobilité, prêtant sa partie immense à une ignoble végétation et au développement de quelque banc de moules! Il va pourrir tranquillement, lentement, inerte proie des vers et royaume d'une horde insolente de rats, à moins que la fortune ne règle autrement sa destinée. Cela est douloureux à penser!

Mais il peut renaître; *le Montebello* renaît bien aujourd'hui, plus fort, plus noble et plus beau qu'il ne le fut jamais! La carrière active va commencer pour lui qui est vieux cependant[1], et qui a usé sa jeunesse dans les loisirs inoccupés où *l'Alger* va peut-être consumer les restes de sa maturité qu'a reverdie le grand radoub. Une main habile a transformé ce qui n'avait été jusqu'alors qu'une vaste maison de bois en une puissante machine de guerre. Il n'y a pas dans le monde de plus brillante métamorphose. La chrysalide noire et laide qui dépouille sa robe de chenille pour s'envoler papillon d'or ou d'azur; le bronze vulgaire de la cloche qui devient statue dans le moule du fondeur; le paysan vigoureux mais gauche qui revêt l'uniforme et prend l'allure fière du soldat, ne subissent pas une transmutation plus sensible et plus complète. C'est la vie réelle que M. Turpin a donnée à cet être seulement ébauché et qui existait depuis vingt ans comme un pilotis dans l'eau, grossièrement couvert par en haut d'une couche de peinture commune, et, par en bas, d'une verte enveloppe de mousse gluante.

[1] *Le Montebello* n'avait jamais fait campagne. Mis à l'eau en décembre 1813, il passa à une refonte des 12/24 en 1822.

Tous les étrangers qui viennent à Toulon vont visiter *le Montebello* comme ils visitaient *le Suffren*, une de nos merveilles maritimes pour la beauté de la construction, l'air marin qu'il a pris, la belle tenue de toutes ses parties, la parfaite convenance de ses distributions et de ses aménagemens, enfin sa tournure militaire qui n'exclut pas l'élégance et une sorte de coquetterie. Une des choses qui m'avaient fait désirer d'aller à Toulon, c'était certainement la pensée de voir *le Montebello* que les soins éclairés qui avaient présidé à son installation devaient avoir rendu magnifique. Depuis la fin de la dernière guerre, je n'avais pas vu de vaisseau à trois ponts armé, et il y a si loin des armemens de 1830 à ceux de 1812! On a tant amélioré depuis que des relations bienveillantes et des rencontres amicales ont succédé aux rapports violens que nous avions avec la marine anglaise; depuis que les haines anciennes, les préjugés ennemis se sont effacés de part et d'autre et que justice est rendue des deux côtés du détroit à des rivaux long-temps jaloux! *Le Montebello* devait être l'expression de l'art le plus avancé; toutes les inventions récentes devaient avoir à bord de ce vaisseau leur application intelligente; c'était donc pour moi qui ai tant à apprendre et qui ai le désir de me tenir toujours au courant de ce qui se fait, — parce qu'une étude sérieuse et attentive de ce qui est peut m'éclairer sur ce qui a été, et que ce qui a été m'importe beaucoup; — c'était donc un objet d'étude particulière. Je la fis ce jour-là tout à mon aise; ou, pour dire mieux, je la commençai ce jour-là, car plus d'une fois j'allai visiter ce vaisseau-modèle pendant mon séjour à Toulon. Ce n'est pas ici le cas d'entrer dans le détail des choses que je remarquai à bord du *Montebello*. Si j'écrivais ce journal de mon voyage pour des marins, je tâcherais de ne rien omettre; je m'efforcerais de faire un tableau exact des larges batteries, de la cale si propre et si bien ordonnée, du faux pont et de ses caissons où les sacs des hommes trouvent si facilement leur place dans d'étroites cases; de ce beau magasin géneral si bien rangé, si bien orné avec des ustensiles vulgaires, qu'un artiste décorateur et une femme bonne ménagère pourraient y venir apprendre les secrets du bon ordre et la combinaison des lignes; de la soute aux poudres tant admirée des officiers de marine, unanimes dans leurs éloges sur ce point comme sur presque tous les autres; de l'appartement de l'amiral où tout est d'un goût parfait, sans recherche, sans exagération de luxe, sans dorures même — la chambre du républicain Jean-Bon-Saint-André, à bord de *la Montagne*, était loin d'une telle simplicité! — enfin de l'hôpital, de la pharmacie et du reste. Mais ces peintures ne conviendraient peut-être pas aux lecteurs de ce livre, et je m'en abstiendrai. Je resterais probablement, d'ailleurs, au-dessous de la réalité, et je ferais tort au sujet comme font tous les peintres inhabiles. Je me contenterai de dire en deux mots que, si le but de l'armement d'un vaisseau de ligne est le combat, jamais bâtiment de guerre du premier rang ne fut mieux disposé pour cette fin; j'ajouterai que si les gens du monde pouvaient se faire une idée de ce vaisseau, type grandiose des navires, ils iraient exprès à Toulon pour l'examiner : il y a dans sa physionomie autant de poésie que dans tant d'autres chefs-d'œuvre de l'intelligence et de l'imagination des hommes. On va voir la Chartreuse de Pavie, la Tour de Londres, le Tunnel sous la Tamise, l'Alhambra de Grenade, le palais Pitti à Florence, Saint-Pierre à Rome, la sainte Cécile de Raphaël, le Moïse de Michel Ange ; on a mille fois raison, parce que tout cela est sublime ; mais *le Montebello* est sublime comme tout cela [1] !

---

[1] *Le Montebello* a 196 pieds de longueur et 50 pieds et demi de largeur ; il porte 120 pièces d'artillerie, dont 32 du calibre de 36, 34 de 24, 34 de 18, et 20 caronnades de 36 ; il peut donc vomir, en une fois, 3,300 livres de fer. Il doit être monté par 1,069 hommes, pour la nourriture desquels on embarque, pour six mois, 79,061 kilogrammes de biscuit, 39,530 kilogrammes de farine, 24,742 kilogrammes de viandes salées, 30,560 kilogrammes de légumes secs, et les accessoires en riz, fromage, oseille, chou-croute, assaisonnemens, etc. ; 134,652 litres de vin, 4,390 litres d'eau-de-vie, 33,860 kilogrammes de charbon de terre, 120 stères de bois à brûler

et 367 kilolitres d'eau, à raison de 2 litres 45 centilitres par jour pour chaque homme; pour le combat, 9,840 boulets et 1,600 paquets de mitraille de divers calibres, 30,750 kilogrammes de poudre de guerre, et les accessoires en grenades, etc. La totalité de la charge est de 2,730 tonneaux, ou 5,460,000 livres; et pourtant tout cela paraît à peine; partout de l'espace, de l'air, du jour; 1,089 hommes vivent, se meuvent et font résonner au besoin 120 bouches à feu aussi facilement qu'on le ferait au Champ-de-Mars.

V

La Garde. — Bastides toulonnaises. — Ruines du château. — Le marquis d'Argens. — Tradition locale. — Hyères. — Jardin de M. Filhe. — Chambre où naquit Massillon. — Orage.

L'opéra-comique et les anciennes bergeries ont rendu célèbres les paysages de la Provence. La première fois que j'allai à Toulon, je cherchai partout *ce beau pays* chanté par Aline, et je fus tout-à-fait désenchanté ; c'était pourtant au mois de mai. Cette fois, je trouvai la Provence moins belle encore, et tout-à-fait indigne de sa réputation. Je sais qu'on a mauvaise grâce à dire des choses semblables, et qu'on y court quelque risque; mais, que ce soit ma faute ou non, je regarde la beauté convenue de cette province comme un des mille préjugés que la poésie a eu le tort d'accréditer. Le Languedoc est bien autrement agréable que la Provence, l'Auvergne est bien autrement grasse et pittoresque, la Normandie est bien autrement riche, la Bretagne est bien autrement accentuée! La Provence poudreuse n'a que son soleil que nous puissions lui envier; si vous savez quelque chose de plus triste que ses oliviers gris et ses vignes qui sortent à peine de la terre, dénoncez-le moi. Sans doute, il y a quelques beaux endroits, quelques vallons gracieux, quelques heureux accidens de montagnes: les gorges d'Ollioules, la Sainte-Baume, l'Estrelle, la fontaine de Vaucluse et d'autres sites d'un assez noble caractère; mais cela ne pouvait suffire à me faire de la Provence un pays enchanté, comme ses panégyristes veulent qu'elle soit. Les Provençaux qui peuvent se donner les plaisirs des champs, quand leurs affaires ne les retiennent pas toujours à la ville, ont des *bastides* dont ils sont fiers. Il n'y a pas de quoi ! Je ne sais pas, aux environs de Paris, une petite habitation de bourgeois où le marchand et l'employé vont prendre l'air le dimanche, qui ne vaille beaucoup mieux que ces maisons de plaisance où l'on n'a ni ombrage, ni promenades, ni comfort à l'intérieur. Nous fûmes conduits le 17, par un de nos amis, à sa campagne, qui est dans un joli quartier appelé La Garde. La société nous y fut très-douce ; on nous y accueillit avec cette cordialité qui gagne l'affection et commande la reconnaissance ; mais que notre étonnement fut grand quand nous eûmes visité ce Tibur d'un des hommes riches de Toulon ! Point de jardin, à peine quelques fleurs dans un parterre sec, sans dessin et envahi par des herbes parasites ; deux platanes à la porte pour tout abri extérieur contre le soleil ; je ne parle point de la maison qu'on achève et qui ressemblera à toutes ses voisines : autour de l'habitation, des terres larges, productives, chargées de vignes, de figuiers, d'oliviers : ici, la fortune enfin, mais pas l'apparence de ce goût que nous aimons par-dessus tout et auquel nous sacrifions volontiers un peu de nos revenus. Eh bien! cela passe pour une charmante propriété de campagne en Provence; et, en vérité, je crois qu'il n'y a pas un petit fermier, un cultivateur aisé, un paysan vivant de cent francs par année en Angleterre et dans nos deux Normandies, qui n'aient une habitation plus convenable, plus fleurie, plus pittoresque que le castel de mon ami S...., un des marquis de Carabas de l'arrondissement de Toulon. Si nos modernes La Quintinie voulaient importer en Provence l'art d'arranger les maisons de campagne, je ne pense pas qu'ils y pussent réussir; il y a un pli pris; la bastide s'hérite comme le grand fauteuil qu'on ne recouvre jamais et qui va de générations en générations. Que M. Borelli à Marseille embellisse la sienne, il est tenu pour un novateur, un révolutionnaire, un homme qui veut se distinguer par ses idées extravagantes de luxe; il a des arbres, des allées, un vrai jardin, de belles fleurs; évidemment, c'est un fou! La bastide est stationnaire; pourvu qu'elle donne ses figues, son raisin, sa récolte d'olives, on ne veut rien de plus d'elle : qu'aurait-on besoin de l'orner, de la parer, de la rendre élégante ou confortable! Ce n'est point par avarice qu'on la laisse ainsi, mais par habitude; et puis, on ne sent pas le besoin de ce bien-être qu'on estime tant dans le Nord et qui est une des passions du Parisien.

La Garde est un village misérable, bâti sur un roc qui domine la plaine, ancien domaine de la baronnie de ce nom. Du haut de ce roc, où sont les ruines médiocrement curieuses du château et de l'église, on a une vue qui s'étend à la mer et qui a des beautés sévères d'un assez grand style. Les habitans de l'endroit sont pauvres et sales, Dieu sait! Ils fondent tout l'avenir annuel de leur cuisine sur l'embonpoint forcé d'un cochon que chacun d'eux élève dans un petit réduit dont le pauvre animal ne peut sortir. Rien n'est plus singulier que cette multitude de petites étables, recevant le jour et l'air par en haut, comme des puits, et presque toutes faites dans des caves ou autres basses constructions de l'ancien château ou des maisons qui en dépendaient. Ces porcheries nombreuses, presque inaperçues et ordinairement révélées aux passans par le grognement de leurs hôtes, donnent à La Garde un caractère tout particulier.

La baronnie de La Garde appartenait à la sœur du marquis d'Argens. Le gentilhomme philosophe y mourut; la pauvre baronne fut moins heureuse! Elle avait avec son frère de fréquentes discussions au sujet des opinions qu'il travaillait à faire prévaloir, et dont elle pressentait la terrible portée. « Vous finirez, vous et votre M. de Voltaire, par nous amener quelque sédition; nos paysans nous refuseront un jour la dîme, et le lendemain ils nous déposséderont. — Bah! répondait le marquis, vous avez toujous peur! Ceci durera autant que nous! » Cela dura autant que lui, en effet; il mourut dans le lit seigneurial; les cloches de la chapelle sonnèrent pour ses funérailles; on prononça son éloge en chaire; tout ce qu'il y avait de gentilshommes et de manans suivit son corps jusqu'à sa dernière demeure; mais la baronne de La Garde avait prophétisé juste. Au moment de la Terreur, elle fut dépossédée; ses biens furent confisqués et, par grâce, on lui permit d'aller, vieille, pauvre et désolée, mourir dans un hôpital où la charité publique payait son lit et sa modeste pitance! Ce souvenir m'attrista pendant que je visitais les restes du château; un autre vint m'en distraire. Celui-là, c'est une tradition dont le peuple tire encore vanité. La voici telle qu'elle m'a été rapportée. Comme tous les châteaux de la contrée, celui de La Garde fut élevé pour défendre le pays contre les incursions des Sarrasins; attaqué souvent, il lassa toujours la constance des assiégeans. La bravoure des habitans les sauva de l'esclavage; une fois cependant c'est à la présence d'esprit de l'un d'eux qu'ils durent leur salut. Depuis plusieurs jours entouré, serré de près par une armée nombreuse qui avait inutilement tenté l'escalade,

La Garde était au moment de se rendre, faute de vivres. Un veau seul restait à la garnison pour toute nourriture ; il y avait là à peine de quoi fournir aux besoins d'un repas ; que faire ? Un soldat s'avise d'un stratagème ; il fait écrire un billet conçu en ces termes : « Les forces vous manquent pour nous prendre ; c'est probablement la faim qui vous affaiblit ; voilà de quoi vous reconforter. Chaque matin nous vous jetterons ainsi de la nourriture, car nous ne voulons devoir qu'à Dieu, à la Vierge et à notre courage, et non point à votre défaillance, le succès dans la lutte injuste où vous nous avez engagés. » Ce billet fut attaché au cou du veau que l'on lança par-dessus le rempart aux Sarrasins. Ceux-ci, trompés par l'apparence et désespérant de contraindre une place qui avait de si amples provisions, levèrent le camp et abandonnèrent le pays.

Hyères est à peu de distance de La Garde. C'est un lieu trop célèbre, par ses jardins d'orangers et les trésors hygiéniques que son air embaumé verse sur les santés délicates, pour qu'on n'ait pas le désir de le connaître. M. S.... eut la bonté de nous y conduire. Une bonne voisine prêta son cheval et sa patache, et au bout d'une heure, après avoir couru sur ce long chemin droit et blanc qu'on a nommé *la pièce de toile*, nous arrivâmes à la petite ville aimée d'Esculape. Ce fut d'abord à la maison de M. Filhe que nous allâmes pour voir une de ces plantations d'arbres à oranges qui ont une renommée européenne. Cette maison, où mourut le maréchal Gouvion-Saint-Cyr, en 1829, avait été habitée par la princesse Pauline Napoléon. Le gardien nous conta à ce propos quelques anecdoctes que Bussy-Rabutin ou le bon marquis de Dangeau n'aurait pas manqué de recueillir, et que j'ai déjà oubliées. L'aspect du jardin, ou, pour parler plus exactement, du verger, n'est pas aussi agréable qu'on le supposerait; on est étonné de voir les uns sur les autres, les uns dans les autres, tant d'arbres chargés de fruits à différens degrés de maturité, verts, jaunâtres, jaunes, rouges, groupés par bouquets, par douzaines, sur des branches minces qu'on est obligé de soutenir avec des fourches ; l'œil est attiré d'abord par les masses dorées qui se détachent sur le fond brillant d'un feuillage vert à deux nuances ; il se repose avec le plaisir que donne la surprise sur ce tableau nouveau pour lui ; mais la satiété vient bien vite. C'est que l'art manque là tout-à-fait, et qu'on voit à sa place l'industrie qui exploite une terre heureuse, et contraint la nature à revêtir une robe uniforme. Si la nature avait fait ce taillis toute seule et sans le secours d'un jardinier-fermier, elle aurait procédé bien autrement ! On n'a pensé qu'à une chose : les produits ; tant pour la fleur, tant pour le fruit ; c'est bien une propriété provençale ! Le beau jardin qu'il y aurait à faire avec cela ! mais on n'y a même pas songé. L'orangerie de M. Filhe a vingt mille pieds d'arbres pour sept hectares environ de terrain ; on a vendu l'année dernière seize cent mille oranges ; voilà le positif. Cela paraît tellement simple aux gens du pays, que si vous leur parlez de la beauté de tel ou tel jardin, ils vous répondent naïvement : « Oui, c'est joli; cela vaut tant de mille écus! » Comme ils mépriseraient nos jardins de plaisance si élégans, si bien disposés, composés avec un goût si parfait!

La chambre où naquit Massillon est une des curiosités que les étrangers ne manquent guère d'aller voir à Hyères! Elle est dans une maison fort modeste de la rue Rabaton; une femme encore jeune et assez belle nous en fit les honneurs avec complaisance. Elle nous y introduisit par une porte étroite, ouverte sur la rue, au pied d'un escalier tournant; nous traversâmes une cuisine obscure, pauvre, et nous entrâmes dans une petite chambre mal meublée, éclairée par une fenêtre basse où nous eûmes assez de peine à lire deux inscriptions latines placées, l'une contre le plafond sur le mur où était sans doute appuyé le lit de la mère de Massillon, l'autre beaucoup plus bas et sur le mur opposé. Ce n'est qu'en 1825 que fut placée la première de ces deux légendes, faites pour rappeler que J. B. Massillon, l'auteur du *Petit Carême*, naquit là en 1663. En 1832 seulement on éleva sur la place royale la colonne au sommet de laquelle nous vîmes le buste de l'indépendant orateur chrétien. Un berceau d'enfant était où fut sans doute celui de Massillon ; un petit sabre de fer-blanc servait d'ornement à la muraille, innocent jouet de l'hôte actuel de la chambre que nous visitions avec respect. Cet enfant, que le hasard a fait naître ici, que sera-t-il ? Qu'ont été tous ceux qui, depuis 1663, y ont reçu le jour ?....

Les rues grimpantes d'Hyères sont pittoresques. Nous montâmes jusqu'à la petite place du Bon-Dieu, et de la terrasse nous eûmes une vue délicieuse : sous nos pieds la ville jaunâtre, aux maisons pressées dans des rues étroites que de vieux arcs, d'anciennes portes voûtées couvrent en beaucoup d'endroits ; plus bas une vallée d'orangers et de grenadiers qui porte sa verdure jusqu'à la mer ; au loin, à gauche, des montagnes éclairées par les échos de la lumière du soleil qui perçait difficilement de larges nuées noires ; sur le rivage, des salines ; puis la mer que le mistral agite et blanchit ;

l'escadre qui a prudemment calé ses mâts élevés; les îles, les anciennes Stœchades, qui ont aujourd'hui les noms de Porqueroles, de Port-Croz et du Titan; enfin à droite, les vallées de La Garde et de La Valette, Condon qui sert de point de reconnaissance aux navires, la Colle-Noire que son aspect sombre a nommée autrefois dans l'ancien dialecte roman, et, au dernier plan, la roche grise qui domine Toulon!

Un gros orage se formait; le ciel ardoisé nous annonçait une pluie très-prochaine; on commençait à entendre le tonnerre gronder dans les montagnes. Nous nous hâtâmes de partir, saluant en passant la pyramide élevée à M. le baron de Sultz, ancien tailleur, qui a laissé dans le pays d'honorables souvenirs. Un tailleur baron! que disent donc nos démocrates quand ils nous parlent de l'aristocratie actuelle? Est-elle donc si fière, la noblesse qui admet un artisan? Je ne sais lequel prouve mieux le règne de l'égalité sous lequel nous vivons, d'un tailleur qui prend le titre de baron ou d'un aristocrate qui met des manchettes, a besoin pour exister de 30,000 francs par an, et se pare du titre de républicain?

L'orage ne nous épargna point; notre pauvre cheval eut bien de la peine à nous ramener à La Garde, trottant de saut en saut sous la pluie battante et à la lueur des éclairs dont chacun était pour lui un effrayant et toujours nouveau phénomène. La nuit, le nord-ouest redoubla de force; je crus qu'il arracherait la maison de ses fondations, et qu'il déracinerait les deux platanes qui, je l'avoue, sont de trop chez M. S.... Quand le mistral a ses rages, il donne sur les côtes de Provence les bruyantes parodies de l'ouragan des Antilles.

VI

De Toulon à Nice. — Cuers. — Pressoirs. — Le Luc. — M. Jourdan. M. Lebas. — Chanteurs impitoyables. — L'auberge des Adrets. — Cannes. — Le golfe Juan. — L'olivier de Napoléon. — Antibes. — Vie de garnison. — Navire suspect. — Le pont du Var.

Le 21, nous partîmes de Toulon. L'ennui du changement de voiture, du transport des effets et de ce qui s'ensuit de tracasseries dans un long voyage, commença pour nous ce jour-là. Nous n'y fûmes pas très-philosophes, et cela nous gâta un peu cette partie de la route qui, de Toulon, mène à Antibes. Le courrier, — un carrosse qui ne va guère vite, et qu'on appelle peut-être ainsi par antiphrase,—nous conduisit à Cuers, à travers la riante vallée de Solliès, plantée de vieux oliviers aux troncs déchirés, les plus beaux de la Provence. Il nous fallait un cabriolet pour nous porter au Luc; on se mit en quête pour en avoir un, et ce ne fut pas la chose la plus simple du monde. Tout le pays battu par notre commissionnaire, on vint me dire qu'il y avait bien la carriole de monsieur un tel, la patache de madame une telle, la charrette de celui-ci, le char-à-bancs de celui-là, mais que rien de cela ne pouvait ou ne voulait marcher; qu'il fallait aller à une lieue chercher un cheval et un cabriolet qui y devaient être, et que j'eusse la patience d'attendre en voyant la ville. Bien obligé! Voyons donc la ville; le conseil est peut-être bon!...

Si vous passez jamais à Cuers, ne vous donnez pas la peine de sortir de l'auberge, si mal qu'on y soit. Rien à Cuers; car qu'est-ce que la Place-Royale, malgré son couvert de platanes et sa fontaine pyramidale, soutenue par trois dauphins, ornée de bas-reliefs médiocres et timbrée de deux clefs, armes papales de la petite cité? Sur cette place, je remarquai, pour la première fois, la romaine au large et profond bassin, que j'allais trouver à la porte de toutes les villes d'Italie, peson pour le poids public dont l'Antiquité a laissé la tradition à tous les peuples du Midi. Que faire pendant deux heures à Cuers? Quand on a vu la place, l'église, la façade de la maison commune qui a l'apparence d'une bonne maison bourgeoise; quand on a regardé assez long-temps les canards au brillant plumage, à la haute stature, qui se promènent sur le bord d'un ruisseau que la muse rendrait aisément poétique, grâce à ses eaux limpides et à son murmure d'idylle; quand on a vu la population de l'endroit, brutale, grossière, les femmes laides et mal habillées, les hommes vêtus de drap brun et coiffés du feutre blanc, sans consistance, sans forme, on a tout vu. Pour passer le temps, je m'amusai à dessiner les détails d'un de ces pressoirs publics roulant sur trois roues en brouettes, qui ont deux vis verticales, et qu'à la saison où nous étions on trouve sur toutes les places de tous les villages de la Provence. Ces pressoirs à vin sont, comme la romaine, un héritage des Romains.

On vint enfin nous annoncer que le cabriolet arrivait, et que nous allions partir. Dieu soit donc loué! Il était temps de quitter Cuers et ses délices! A quatre heures nous arrivâmes au Luc, le pays qui a nommé les plus beaux marrons, et qui ne produit cependant pas un marron. La voiture d'Antibes ne devait repartir qu'à dix heures; il fallait l'attendre six heures chez M. Jourdan, dans une salle commune, entre la cuisine et la souillarde! Cette journée ne finira jamais! il nous semble qu'elle a commencé depuis un siècle!

M. Jourdan est un homme à part; directeur du bureau de la diligence, hôtellier et chef de la cuisine de sa maison, il a, comme Maître-Jacques, deux ou trois costumes, deux ou trois langages; il vient vous recevoir, le chapeau à la main et la redingote boutonnée, à la portière de la voiture, et tout de suite après, avec sa veste de fourneau, son bonnet de coton, son tablier blanc que décore le grand couteau de Vatel, le voilà cuisinier, allant, tournant, montant son tourne-broche, salant, poivrant, flambant le gibier, troussant la volaille, fumant sa pipe, parlant patois aux postillons, aux conducteurs, aux marchands des environs ses pratiques ordinaires, parlant un français assez élégant à sa femme, personne distinguée et qu'on ne s'attend pas à rencontrer dans une auberge d'un petit bourg du Var. J'ai vu bien des maîtres hôtelliers, aucun ne m'a plu autant que M. Jourdan, jeune et de bonnes manières, sachant son monde, et, ce qui ne gâte rien chez un artiste culinaire, travaillant à merveille.

J'écrivis un peu pour attendre plus patiemment le dîner; puis j'allai chez le barbier de l'endroit, où j'appris que le Luc a fort à cœur la fin de l'entreprise du *Luxor*, qui est l'érection de l'obélisque sur la place de la Concorde, à Paris, parce que M. l'ingénieur Lebas est du pays. Après le repas, je me régalai d'aller lire les journaux dans un taudis horrible que la vanité du propriétaire et l'indulgence du peuple de l'endroit décorent du nom de café. Je ne hasarderai pas la description de ce bouge pour laquelle il me faudrait d'ailleurs la verve de Scarron ou le pinceau hasardeux de Téniers. Toute vérité ressemblerait trop à la caricature, et je ne me plais point aux choses qui ont la couleur de l'exagération. Quand je revins à l'hôtel de M. Jourdan, je ne sais quelle mouche en avait piqué les habitans, mais tout le monde chantait ; c'était un vacarme insupportable. Un grand fou de valet d'écurie débitait en patois des chansons égrillardes ; une laveuse de vaisselle chantait, heureusement d'une voix très-juste et très-jolie, des airs nouveaux d'opéras-comiques; un paysan chantait; madame Jourdan chantonnait ; le petit Jourdan disait aussi sa chanson ; mais tout cela n'était rien : ce qu'il y avait de plus terrible, c'était un beau chanteur, un stentor prétentieux, à roulades, à cadences, à grands éclats de voix, un commis-voyageur gascon qui rossinisait à en perdre la respiration. Quand nous n'aurions pas été les plus ennuyés du monde, toute cette abominable gaîté aurait suffi à nous rendre bien tristes. Nous essuyâmes, deux heures durant, ce feu croisé d'airs de vaudevilles et d'opéras, dans tous les tons, dans tous les mouvemens, chantés faux ou juste, charivari diabolique à faire fuir un factionnaire, un solliciteur ou un amant, les trois espèces d'hommes qui ont le plus de constance et de résignation.

Dix heures arrivèrent cependant, et nous nous éloignâmes de ce maudit bourg du Luc pour gagner Fréjus, où nous passâmes à la nuit. Ce fut à peine si, aux clartés incertaines de la lune à son premier quartier, nous pûmes voir les grandes ruines de l'aqueduc romain que coupe la direction de la route de Cannes. Le lendemain matin, après un long trajet à pied dans la montagne de l'Estrelle où je fus frappé des très-beaux aspects qui s'y rencontrent à chaque pas, nous arrivâmes à la très-célèbre auberge des Adrets. On nous avait annoncé cette station dès la veille, et j'avoue que j'étais fort curieux de voir ce repaire dont Frédérick

Lemaître a rendu fameux le nom qui, jusqu'au jour où cet acteur horriblement facétieux s'avisa de prendre le crime en plaisanterie et de le rendre amusant, n'avait guère été prononcé que dans quelques actes obscurs d'un tabellion de province ou dans le prétoire d'une cour d'assises. Il est devenu presque littéraire aujourd'hui, grâce au talent singulier de l'artiste plein de verve et d'*humour* qui a jeté dans le moule des caricatures diaboliques le personnage bouffon de ce fat en guenilles qu'on appelle Robert Macaire. L'auberge des Adrets est placée sous l'invocation de la *Paix*, ce qui changea tout d'abord mes idées. C'est une maison ancienne d'une assez médiocre apparence, n'ayant pour voisinage qu'un petit poste de gendarmerie. M. Jourdan, riche propriétaire des bois de la montagne, fait faire une construction vaste en face de l'hôtel de la Paix; elle est destinée à devenir une caserne pour la brigade que l'on veut renforcer, dit-on. Le village est éloigné de près d'une demi-lieue de l'hôtellerie, si bien qu'on peut dire qu'elle est complètement isolée. Sa situation est très-agréable; placée au pied d'un piton boisé couvert, comme toute cette chaîne alpestre, de pins, de chênes verts, de liéges, de houx et de genevriers, elle est dans une gorge sauvage qui en domine plusieurs autres. De grands châtaigniers et des noyers, arbres rares dans ce canton, sont plantés à la porte de l'auberge, au-dessus des écuries de la poste. J'entrai dans la salle commune de l'hôtel, au rez-de-chaussée, et j'avoue que sa décoration, éclairée par la flamme d'un fagot qui faisait pâlir celle du jour extérieur pénétrant avec difficulté par une croisée étroite et garnie de quatre petits carreaux de vitre fort obscurcis, me parut très-propre à quelque scène mélodramatique. Une large cheminée béante dans laquelle bouillait une petite marmite; un lit garni de baldaquins et de rideaux d'une étoffe que la fumée et le temps ont fait passer du bleu à je ne sais quelle couleur douteuse; une grande table, au milieu de la chambre; un bahut ou pétrin; à côté quelques chaises et des bancs; une étagère garnie de vaisselle et de poterie d'étain; un tourne-broche dont les travaux anciens d'une famille d'araignées attestent le long repos; un plafond à solives noires et saillantes; un plancher à carreaux jaunes et rouges, gras et brisés; une batterie de cuisine où un autre Drolling aurait de la peine à trouver les éclats brillans et les reflets d'une lumière cuivrée; tels sont les détails de cet intérieur où régnait une femme vieille et rechignée, grondant un joli enfant qui se défendait de son mieux dans le patois barbare où l'attaquait cette horrible fée. Je demandai du lait chaud, on me répondit anisette, ratafia et café noir; je demandai du pain frais, et la vieille Alecton m'offrit un certain gâteau croquant, asez bon, qui valait bien un sou, mais qu'on me fit payer vingt-cinq centimes; trop heureux de me tirer à ce prix d'un pareil coupe-gorge!

En quittant l'Estrelle pour entrer dans la plaine, nous vîmes le golfe Juan dont les eaux calmes portaient un brig cinglant vers la terre. Ce navire nous rappela celui qui le 1er mars 1815 aborda le rivage que nous côtoyions, ramenant Napoléon que le flot devait bientôt remporter encore. La pierre où l'Empereur mit le pied, nous ne la vîmes que de loin; le sentier par où il vint à la grande route, l'arbre sous lequel il se reposa et prit un repas où il but à sa fortune, nous les saluâmes en passant. Au bout du sentier, on a bâti une maisonnette qu'habite un cantinier. L'hôte de ce cabaret a placé son commerce sous les auspices du *petit caporal* dont il a fait peindre la figure sur le mur blanchi de sa façade, avec cette inscription, complément naïf d'une mention du débarquement : « On sert à boire et à manger à son honneur, à la minute. »

A onze heures, nous aperçûmes Grasse la parfumeuse, qu'on flatte en l'appelant la parfumée; et à midi nous entrâmes dans Antibes. Il ne faut voir Antibes que de dehors et sur la route de Nice; il ne faut pas y entrer; il faut surtout n'avoir affaire ni au maître de poste ni au restaurateur de *l'Aigle d'Or :* le restaurateur est un cuisinier plus que médiocre; le maître de poste est un petit Provençal fort incivil.

Antibes est bien heureuse de ses forts, de sa petite darse entourée d'arcades qui, vues d'une demi-lieue, sont d'un joli effet, de son siége à je ne sais quelle époque du dix-huitième siècle, et de sa résistance aux efforts des armées ennemies, pendant les mois d'août et de septembre 1815; sans cela, elle ne serait pas grand'chose. Louis XVIII rendit une ordonnance consacrant le souvenir de l'acte courageux des Antibais; ordonnance que la petite cité, devenue une des *bonnes* villes du royaume, a écrite sur le marbre d'une colonne surmontée d'une tour. Le monument, l'ordonnance, le nom du roi ont été respectés par la révolution de juillet, plus sage que les restaurations et les révolutions ses aînées. Je ne crois pas qu'il y ait quelque chose de plus triste que la vie d'Antibes pour de pauvres officiers, forcés d'aller tenir garnison dans les plus petits trous où l'intérêt national et la dignité de notre position militaire veulent qu'un pompon et un uniforme se montrent tous les jours. Que faire dans une ville sans ressources pour l'instruction? Dormir une portion de la journée; puis marcher, pendant tant d'heures et comme à la tâche, pour sa santé; aller pêcher à la ligne sur le bord de la mer; courir sur la jetée pour voir arriver des navires; piétiner sur la place royale en causant des prétentions du commandant ou des droits des capitaines; passer une heure et demie à une table d'hôte où le souvenir d'un plat de la veille, la critique d'un ragoût d'aujourd'hui, l'espoir d'une pâtisserie pour le lendemain, sont les invariables sujets d'une conversation toujours froide et mesquine; ne voilà-t-il pas un bel emploi du temps?—Travaillez, dira-t-on.—Et comment travailler quand on est sous le poids d'une atmosphère d'ennuis qui vous écrase, sans noble distraction, sans plaisir, sans société, sans amour? Certes, j'aime le travail, je ne perds guère mon temps partout où il y a une plume et un carré de papier, eh bien! je crois qu'à Antibes la force me manquerait et que j'aurais bientôt désappris à lire!

Pendant que nous étions dans le port, où nous allâmes après avoir parcouru les rues grimpantes de la vieille cité phocéenne d'Antipolis, un petit bâtiment du cabotage faisait voile vers la darse; nous fîmes comme tout le monde, nous montâmes sur le rempart pour le voir donner dans le petit bassin où il allait mouiller. D'où venait-il? qui était-il? C'est ce que chacun se demandait; c'est ce qu'il apprit au capitaine de port qui le fit raisonner. Une bonne scène se passa alors. Quand la grande voile fut amenée et que le navire eut fait tête au vent, le patron descendit dans son canot et vint au quai, sa patente à la main. Le capitaine du port l'attendait; il lui fit un signe impératif, et le marin s'arrêtant ouvrit son papier qu'il montra de loin au vérificateur. La pose de celui-ci alongeant le cou, se tirant les yeux pour tâcher de lire la patente, était parfaite; jamais caricature ne fut plus drôle que celle de ce brave homme dont la peur de communiquer avec un suspect de peste ou de choléra courbait le corps, arrêtait la respiration, affolait le regard! Il fut long-temps à lire, parce qu'il avait l'air, le respectable fonctionnaire, de n'être pas plus fort à la lettre écrite qu'à la lettre moulée ; enfin il reconnut que la patente était nette, et il accorda la libre pratique aux trois hommes et au mousse de la goëlette. Sa prudence fut fort louée par les assistans qui se retirèrent satisfaits, parlant du bâtiment, de sa provenance, de sa cargaison, de son équipage, sujet de conversation que la journée ne vit pas s'épuiser sans doute : car on n'en a pas fini tout de suite à Antibes avec un évènement de l'importance de celui-là. C'est une république de fourmis dans laquelle tombe une feuille sèche ou le cadavre d'une mouche ; il y en a pour long-temps d'agitation, de courses, d'inquiétude ou de joie.

Nous changeâmes de diligence à Antibes ; et le hasard nous donna pour compagnons trois courriers qui rentraient en Italie, après avoir quitté les familles étrangères que leurs soins avaient accompagnées jusqu'à Marseille, et un artiste allant à Rome. Ce n'était ni un peintre, ni un statuaire, ni un architecte, ni un musicien, ni un antiquaire, ni un poëte, mais un de ces heureux génies que l'Europe envie à la France et qu'elle lui emprunte à la condition de les enrichir; un de ces hommes qui partagent avec nos danseurs la gloire de représenter partout le goût français; un cuisinier enfin. Il allait à Rome chez un prince de cette maison Colone, dont la cuisine a donné une baronne à la peinture.

Cagnes, perché sur une colline, est dans une situation délicieuse; nous traversâmes à pied ce petit village du haut duquel nous aperçûmes les premières maisons nisardes. La voiture nous emporta bientôt à travers une véritable forêt de gros et vieux oliviers jusqu'au pont du Var. Là, finit la France; là un *visa* de commissaire de police vous donne le droit de franchir la frontière. Ce ne fut pas sans quelque difficulté que j'obtins cet *exeat*. On était en grande défiance contre tout ce qui se présentait au pont; sous tous les noms, sous tous les visages, on cherchait des visages et des noms espagnols. Je ne sais si l'on me prit pour un partisan de don Carlos; mais on me fit bien des questions, on tourna et retourna mon passeport, on m'examina des pieds à la tête; je vis le moment qu'on viendrait s'assurer si mes moustaches n'étaient point postiches et mes lunettes un déguisement. Le commissaire, fort peu poli avec les femmes, voulait contraindre la mienne à descendre de voiture pour aller à son bureau répondre à je ne sais quelles interrogations; je m'y opposai si formellement qu'il se désista de sa prétention incivile et finit par devenir plus aimable. Je crois que le voisinage de l'Italie a gâté le magistrat du pont du Var et lui a donné cette méticulosité ridicule; ce qu'il y a de sûr, c'est que quand on a passé une demi-heure à son audience, on est tout préparé pour l'avenir aux ennuis des rencontres que, par toute l'Italie, on fait à chaque pas des agens de la surveillance politique. Du reste, ce commissaire est un brave homme au fond, et quand nous fûmes raccommodés, il devint avec moi très-communicatif, très-facile; il me parla de sa famille, d'un fils qu'il a dans la marine, de son petit jardin, de la modicité de sa place, de l'incommodité de sa maisonnette, de tout ce qui l'intéresse en un mot; et je finis par plaindre ce pauvre *Acthintircoff* du Var.

On ne quitte pas la patrie sans éprouver une vive émotion, même quand on sait qu'on la reverra bientôt! Ce n'était pas la première fois que je m'éloignais de la France, libre d'y revenir tout de suite, de repasser la barrière qui m'allait séparer de mon pays, et je sentis encore combien l'exil doit peser sur le cœur. La patrie n'est point un vain mot! Je ne voudrais pas faire ici parade d'un sentiment qui, formulé en phrases élégiaques, a un air de sensiblerie assez niais que je n'aime guère; mais il m'est impossible de ne pas dire l'impression profonde dont je fus saisi lorsqu'arrivé au milieu du pont de bois jeté sur le lit large et desséché du Var, je vis le premier factionnaire piémontais : je ne pus m'empêcher de retourner la tête, et de regarder en soupirant les montagnes françaises. Je ne savais pas que j'aimerais tant la Provence un jour!

Cependant une grande joie succéda à ce moment de trouble. Voilà donc l'Italie, cette Italie que j'ai tant souhaitée, cette Italie qu'il faut avoir vue quand on aime les arts et la poésie, comme il faut être allé à la Mecque quand on est un vrai croyant ! Ce n'est donc pas une illusion ! cette terre où je viens de poser le pied est donc la terre italique?... Pas encore apparemment, car un brigadier des carabiniers royaux me demande mon passeport dans un dialecte français très-pur. Un douanier qui vient de visiter mes malles sollicite en véritable italien la *buona mano*; c'est trop juste, il m'a rendu le service de chiffonner mon linge, de lire le titre de mes livres, de désarrimer mon porte-manteau, le tout par pure formalité et pour obéir à une consigne qu'il doit détester beaucoup, quand il a affaire à des voyageurs, prévenus comme je le suis contre les mendians de toute espèce qui s'acharnent aux étrangers, du Piémont au fond de la Calabre. Je remercie le carabinier royal du cachet apposé sur mon passeport ; et je ne donne rien au douanier.

8.

Une heure après nous entrions dans le faubourg de la Croix-de-Marbre, et avant la nuit tombée nous étions débarqués à Nice.

VII

Nice. — Un Anglais renforcé. — Querelle à propos de marine. — La Corniche. — Ville-Franche. — Ancienne prétention. — La Turbie. — Monaco. — Roquebrune. — Un déjeuner à Mentone. — Vintimiglia. — Le chevalier de Vintimille. — Borghetto. — Les palmiers de San-Romulo.

Il nous fut difficile de nous loger ; l'hôtel des Étrangers, un des plus beaux établissemens de ce genre qu'on puisse rencontrer en Europe, regorgeait de monde, et ce fut à peine si nous pûmes trouver une chambre à l'hôtel de Londres. Le gîte nous importait assez peu ; nous ne voulions passer qu'une nuit ; s'il avait fallu faire un plus long séjour, nous aurions été plus à plaindre, parce que cette maison située au nord est très-froide, et que le proverbe italien a bien raison qui dit : « Où le soleil n'entre pas, le médecin entre. »

La diligence de Gênes partait le lendemain matin, j'y retins nos places; et comme nous avions *la Corniche* à voir, je les pris au coupé. La voiture de Gênes à Nice est excellente, bien qu'un peu étroite ; sa largeur a été calculée sur celle de la voie qu'elle a à parcourir; nous y fûmes donc très-serrés, quoique le tiers occupant de la banquette fût d'un embonpoint médiocre.

Ce cohabitant du coupé était un Anglais, mais un Anglais comme j'en ai peu vu : vingt-six à trente ans, blond, une de ces figures insignifiantes que les femmes trouvent cependant quelquefois jolies ; grand, sans grâce, mais non pas sans l'apparence de la force; voyageur qui a lu tout ce qu'on a écrit sur le pays qu'il parcourt et qui, son itinéraire à la main, jette en passant un coup-d'œil rapide sur les objets que son indicateur mentionne; entêté discuteur, ne cédant jamais sur aucun point; fier de tout ce que produit l'Angleterre; tory comme un gentilhomme quoiqu'il soit très-roturier, tory par bon ton, par vanité, par haine de la réforme et de notre révolution de juillet; faisant grand bruit de sa fortune, et avec cela parcimonieux à l'excès, croyant toujours qu'on veut le voler, marchandant tout, et protestant, encore après qu'il a payé, contre le prix convenu, contre la délicatesse des marchands, contre une cherté qui démcnt toutes ses données sur l'Italie.

Je fus rarement d'accord avec cet original, l'homme le plus positif, le plus prosaïque, le plus ergoteur, le plus questionneur, le plus étranger au sentiment des arts; poli, tout au plus, même avec les femmes, et d'une outrecuidance qui serait allée quelquefois très-loin si l'on ne l'avait rappelé tout de suite à la modestie. Un de ses sujets de prédilection, quand il se fut aperçu que la gloire de la marine française m'était à cœur, ce fut d'exalter sans cesse les faits et gestes des marins anglais.

Par politesse, d'abord, je concédai à mon antagoniste tout ce que loyalement je pouvais lui accorder; mais il poussa un jour si loin les choses à table d'hôte que je fus forcé de prendre avec lui le parti de lui faire entendre des vérités historiques assez crues. Je ne pouvais pas m'exposer à lui citer des faits qui ne fussent point dans la mémoire de tout le monde : il les niait; ainsi la conduite de l'amiral Herbert devant Tourville au combat de l'île de Wight, en 1690, il n'en avait jamais entendu parler, disait-il; les campagnes de Suffren, il ne se les rappelait point; les exploits de Bouvet, d'Hamelin et de Duperré dans l'Inde, on ne lui en avait rien dit en Angleterre; il n'était à cheval que sur Nelson, et comme il savait très-bien cet illustre amiral, il ignorait le combat mémorable du vaisseau *le Redoutable* contre *le Téméraire* et *le Victory* où mourut le lord commandant l'escadre anglaise ! Il m'échappait toujours par quelque mauvaise raison. Enfin un jour le hasard me servit, et j'en profitai. C'était à Gênes; la salle à manger était ornée de cadres anciens contenant des gravures maritimes : la prise de Rio-Janeiro par Duguay-Trouin, le plan de la bataille de Trafalgar, où *le Redoutable* était représenté combattant deux vaisseaux à trois ponts, et un vaisseau de 74, la fin glorieuse du vaisseau *le Vengeur*, un des combats de la frégate *la Loire*, commandés par le brave Segond, enfin la prise de *l'Embuscade* frégate anglaise par *la Bayonnaise* petite corvette de France. M. Mit.., suivant son habitude, mit la conversation sur la marine et donna les mêmes preuves de bon goût qu'il avait données déjà souvent à nos convives; je le laissai aller avec patience pendant long-temps ; puis quand je dus paraître le plus accablé des fortes raisons qu'il accumulait contre nos marins, je l'arrêtai une minute, et le prenant par la main, je lui fis faire le tour de la salle, stationnant à chaque cadre et lui expliquant avec une vivacité assez verveuse d'ironie chacun des sujets. La scène fut plaisante et amusa même des Anglais qui, jusque-là, avaient été étonnés peut-être de ma modération. Ce coup de théâtre amena la fin de nos conversations maritimes. M. Mit.. n'eut plus la velléité de me replacer sur ce terrain; mais le cruel se vengea en m'ennuyant sur beaucoup d'autres ! Au reste je dois ajouter que chez cet Anglais, la *patrioterie* — il ne faut pas compromettre ici le beau nom de patriotisme — est un système; il eut une fois la naïveté de nous l'avouer : « Un Anglais, nous dit-il, qui par toute l'Europe ne s'en va pas disant qu'il n'y a au monde de bon, de beau, d'excellent, de parfait que l'Angleterre, n'est pas digne d'être de son pays. — Et alors pourquoi quitter ce pays s'il est aussi beau et bon ? N'est-ce pas aller chercher le dégoût ailleurs? Quand je ne verrai plus d'Anglais sur le continent, je croirai à cette incontestable supériorité de la Grande-Bretagne sur tous les pays où l'on ne peut faire un pas sans être heurté par un lord ou un marchand enrichi.

M. Mit.. ne me rendit point injuste envers ceux de ses compatriotes que j'eus de fréquentes occasions de voir pendant mon voyage; il est heureusement une exception, non pas la seule, je l'avoue; et chez la plupart des Anglais que j'ai un peu pratiqués, j'ai trouvé de bonnes manières, une instruction solide, de la civilité, de l'esprit, et des idées aristocratiques fort accommodantes.

Le petit port de Ville-Franche fut ce que nous aperçûmes d'abord quand nous eûmes gravi, au point du jour, la montagne qui commence cette admirable route de *la Corniche* où nous nous engagions, assez effrayés peut-être, à notre début, de la hauteur imposante du chemin au-dessus de la mer où il est souvent comme suspendu. Ce port est joli, peu considérable, et il n'a joué jamais un bien grand rôle. Un bâtiment qui passait à l'horizon, sans prendre garde à Ville-Franche, me rappela l'étrange prétention que M. le duc de Savoie voulut faire valoir en 1698. Ce prince s'était mis en tête que les navires français qui passaient à la hauteur de Ville-Franche à la distance de cent milles devaient payer à la cour de Turin un droit égal au prix du cinquantième de la valeur de leurs marchandises. Pour appuyer cette extravagante imagination, il avait fait armer dans son port une petite barque chargée de la police du recouvrement de cet impôt; un certain jour, elle amarina un bâtiment marchand de Nantes, qui fut confisqué et dont la cargaison fut vendue 50,000 francs. M. de Brion, notre ambassadeur à Turin rendit compte de cet événement à Louis XIV. Le roi fit dire à M. de Savoie que la France trouvait sans fondement aucun le petit air qu'il se donnait de maître et souverain de la mer à plus d'une portée d'arquebuse des murs de Ville-Franche; qu'il l'engageait à réparer sa faute; et que lui, roi de France, avait défendu à tous les bâtimens marchands de payer à Ville-Franche un autre droit que le droit d'ancrage. Le duc de Savoie se le tint pour dit.

Louis XIV avait souvent de ces leçons-là à faire aux petits princes. M. de Monaco n'était pas le moins exigeant de tous ces potentats; il voulait que les secrétaires d'Etat en lui écrivant l'appelassent Monseigneur : mais le roi défendait qu'il en fût ainsi; il voulait à une procession des chevaliers de l'ordre avoir le pas sur tous les ducs dont l'étiquette faisait marcher quelques-uns devant lui : mais le roi le replaçait à son rang ; il voulait.... que ne voulait-il pas ! Le prince de Monaco actuel n'a pas de ces exigences, je crois; il n'y a que deux choses dont je lui sais fort mauvais gré : on ne peut traverser ses États sans être visité par la douane et sans payer un droit de passeport qui, pour n'être pas très-cher, n'en est pas moins vexatoire.

Avant d'arriver au point de la côte qui domine Monaco, on voit le village et la tour antique de la Turbie, ruines modernes et ruines d'un autre âge, masures que la misère habite, et débris des trophées d'Auguste. Quels étaient ces trophées? Qu'était cette construction sur laquelle le moyen-âge éleva un de ses castels? C'est ce que l'on ne sait plus, je crois. Qu'importe, au reste? Cette apparence de tour n'a plus guère d'intérêt que pour un successeur de Lautherbourg ou de Robert[1] ; elle est d'un

---

[1] Peintres de ruines et de paysages, célèbres à la fin du dix-huitième siècle. Robert mourut en 1808; il n'avait pas eu de maîtres.

effet charmant dans le paysage qui est un des beaux points de vue de la côtière de l'ouest. Des tronçons de colonnes, de larges pierres gisent dans les champs rougeâtres qui sont au pied des vieux trophées, et attestent l'ancienne présence en ces lieux d'un monument considérable, d'un de ces monumens que la grandeur des Romains plantait comme des bornes géantes pour attester leur passage sur toutes les routes où leurs aigles s'étaient posées.

Monaco est une ville en miniature, propre, jolie, avec une place grande relativement, trois ou quatre clochers, un port pour des barques, un boulevard planté d'arbres, et des remparts. Tout cela tient sur un rocher beaucoup moins large que le Champ-de-Mars à Paris. Vue à vol d'oiseau, comme on la voit de la route de Nice, cette cité microscopique a l'air d'un de ces joujous de bois blanc qu'on travaille en Allemagne pour le plus grand plaisir de nos Vitruves en jaquette. Elle est si considérable qu'il semble qu'une tuile qui tomberait sur elle de la Turbie l'écraserait. Une jolie route, longeant une petite vallée agréablement plantée d'arbres de toutes les nuances de vert et couverte de maisons de campagne, mène par le bord de la mer à Mentone. J'ai cherché de tous mes yeux les restes d'un temple d'Hercule qu'on m'avait dit être près de Monaco ; je ne les ai point aperçus. Qu'avait affaire Hercule sur ce roc entouré d'eau ? Un temple aurait pu être élevé ici à l'Hercule politique qui a fait de Mentone, de Roquebrune et de Monaco un royaume aussi fort, aussi grand, aussi puissant, aussi florissant que la république de Saint-Marin, cet autre État que l'Italie semble avoir en pendant d'oreille à gauche comme elle à Monaco à droite. Monaco voulut avoir un jour d'indépendance dans sa vie historique ; quand toute l'Italie aspirait à la liberté, quand la France s'assurait la sienne, il fit son émeute, il se souleva ; mais quatre carabiniers et un brigadier le replacèrent sous l'autorité de ses souverains légitimes ! La révolution fut en proportion avec l'importance de la monarchie ; elle dura quelque cinq minutes.

Elle n'eut qu'un retentissement dans le monde et qu'un effet réel ; les voyageurs seuls l'apprirent parce que seuls ils eurent à en pâtir : la police devint très-sévère au chapitre des passeports, et la douane fut très-peu endurante sur le transport des livres philosophiques. M. le prince de Monaco, pair de France, législateur dans un pays constitutionnel, n'aurait-il pu donner une petite charte à ses États ? Ses voisins l'en ont peut-être empêché, de peur de la contagion. Quoi qu'il en soit, Monseigneur est un grand prince et tout-à-fait de ces hommes dont madame la maréchale de La Meilleraye disait le plus sérieusement du monde : « A des gens de cette qualité-là, croyez bien que Dieu y regarde à deux fois pour les damner. »

Roquebrune n'a pas plus d'importance que Mentone, et Mentone en a si peu ! Mentone est port de mer ; Roquebrune est jeté sur la croupe d'une montagne ; Mentone est d'un aspect triste, ses maisons sont noires, sa darse est assez profonde pour abriter quelques bateaux de pêche ; sa tour de défense est sans canons, son quai planté de lauriers est agréable ; Roquebrune, avec ses maisons hautes, étroites, grises, ne ressemble pas mal, sur le dos du rocher qui lui sert de base et d'abri, à une de ces espèces de ruches qu'habitent des vers testacés sur la tête et aux flancs de la baleine. Les douaniers nous attendaient en dehors de Mentone, sur la grève, où l'on arrête et décharge les diligences. Il faisait beau, et nous n'eûmes point à nous plaindre de la visite en plein air; seulement la mer, en déferlant sur le rivage, aurait suppléé la pluie et gâté nos effets, si nous n'avions pris la précaution de nous mettre le plus près possible d'un mur assez éloigné du petit rocher où se brisait la vague. Pourquoi n'y a-t-il pas un hangar où les effets des voyageurs puissent être garantis en cas de mauvais temps ? Pourquoi ne visite-t-on pas dans quelque maison de la ville ? Si M. le prince de Monaco rencontrait quelque part en Europe une douane en plein vent, où ses broderies fussent exposées à être flétries, il trouverait cela très-mal ordonné et peu digne d'un pays civilisé.

Je n'avais point de broderies à perdre ; je fus fort surpris cependant qu'on en usât aussi sans façon avec mon linge. Il est, du reste, très-possible que M. de Monaco ignore comment les choses se passent dans son empire, car il est prince absolu, comme tant d'évêques, sans résider. Un colonel de carabiniers, gouverneur du pays, le remplace, et ce brave officier, pourvu qu'il donne ses *visa* et qu'il timbre les papiers des étrangers du losange couronné, sceau géométrique de son maître, ne s'inquiète guère du reste.

Pendant que les *facchini* mettaient les bagages sur la voiture, nous fûmes conviés au plus singulier, au plus détestable déjeuner que j'aie fait en ma vie, et j'en ai fait beaucoup de mauvais. La table était dressée sous une baraque de planches, dans une partie du jardin où l'odeur des fleurs du citronnier n'était pas certainement la plus forte. L'hôtesse de ce lieu, qui n'attendait pas tant de visiteurs (nous étions quatorze), se hâta de mettre la poële au feu pour nous faire la classique *frittata*, qu'on nous servit bientôt. La bonne dame, entre autres excellentes qualités qu'elle a sans doute, et qui doivent faire la gloire et le bonheur de son mari, a celle qui fait les personnes économes ; nous nous en aperçûmes, car elle n'employa dans son omelette que le moins d'œufs possible, pas l'apparence de fines herbes, et d'huile strictement ce qu'il en fallait pour que les œufs ne brûlassent point. Elle mit à côté de cette sorte de pâte coriace, que recommandait médiocrement un certain goût de couvée quelque peu prononcé, le squelette d'un bipède de la famille des gallinacées, offert sous le nom pompeux de *polastro rosto*. Ce poulet rôti était si maigre, si sec, si anciennement cuit, qu'en vérité il pouvait passer pour une parodie ; déjà sans doute depuis plusieurs jours il avait fait cet effet à bien des voyageurs, car il était sorti intact de ces rencontres. Nous eûmes le courage de l'attaquer ; ce qu'il y eut de résistance de son côté et de ténacité du nôtre ne peut se dire. Jamais plus rude assaut ne fut livré ; jamais avec plus de gaîté. Nous déjeunâmes fort mal, mais nous rîmes beaucoup; ce qui parut faire un grand plaisir à notre aubergiste, qui craignait fort que nous ne prissions la plaisanterie sur un autre ton. Comme elle nous trouva bonnes gens, et que d'ailleurs elle voulait avoir le droit d'enfler le mémoire, elle nous fit apporter un morceau de veau, où un parti de guêpes s'était logé; il nous disputa énergiquement cette proie, qui, avec des oranges assez bonnes et un peu de fromage, fut le plus positif de notre festin. Payer était le dernier acte de la farce; le Véry féminin nous demanda cinquante sous par tête, en faisant valoir surtout, pour justifier cette exorbitance, le prix où était la volaille et la bonne qualité du poulet. C'était hardi! Les marchands italiens ne manquent pas de ces témérités-là. Nous en fûmes surpris et nous protestâmes; elle insista, sans faire la moindre attention à nos reproches; enfin, moitié gré moitié force, elle capitula, et nous nous en tirâmes pour deux francs. Elle eut donc vingt-six francs d'une fourniture qui, en la cotant largement, en valait bien huit. L'hôtesse de la baraque de Mentone devrait s'enrichir à de pareils marchés; elle a l'air pauvre cependant. Paierait-elle donc des droits si énormes à son gouvernement, que le plus clair de ses profits passât dans la caisse du seigneur de Monaco?

Vintimiglia est la première ville que nous traversâmes en sortant de Mentone; elle est fort haut perchée sur une roche immense. Une forteresse toute neuve est là pour la défendre. Ses rues en pente sont très-pittoresques; du côté opposé à la mer, elle est curieuse à voir; la rivière Bibera ou Rota, je ne me souviens plus lequel des noms est le véritable, qui coule de ce côté dans un lit de torrent, vient d'une gorge charmante. Son port ne vaut pas qu'on en parle. Je ne voudrais pas habiter Vintimille; mais je voudrais bien la peindre. On salua, pendant que je traversais la rue principale, le ruban rouge que j'ai l'honneur de porter. Les soldats sardes ne manquent jamais à cette politesse; je n'y aurais pas fait attention peut-être si dans le cours de mon voyage je n'avais voulu me rendre compte de beaucoup de choses qui intéressent un peu la considération dont nous jouissons à l'étranger. Dans tout le Piémont, on rend les honneurs militaires à la croix instituée par Napoléon ; quelquefois il en est de même à Naples, mais il semble que la consigne n'y soit pour rien ; on la salue rarement en Toscane, jamais à Rome ; et dans les États dépendans de l'Autriche, où les soldats portent les armes à tous les insignes militaires, à tous les petits cordons, le ruban rouge de France est négligé avec une sorte d'affectation ; on lui tourne presque le dos.

Vintimille est une cité antique qui a la gloire de deux citations classiques : l'une de Tacite, l'autre de Cicéron. Le nom de ce petit pays se rattache à la marine française par un ancien officier du grand corps, M. le chevalier de Vintimille, lieutenant de vaisseau, homme de résolution et quelquefois d'une singulière circonspection. Il lui arriva un jour d'être prudent de la façon la plus étrange. Il était avec la corvette *la Sardine*, de quatorze canons, à la poursuite de quelques forbans; un bateau lui fut signalé comme suspect de piraterie; il courut dessus; le prit, et vit sous le marchand déguisé qui n'avait point de patentes, point de marchandises, mais beaucoup d'armes et de poudre, le forban albanais le mieux conditionné. Soixante-dix hommes étaient à bord du bateau; c'était embarrassant pour *la Sardine*, qui en avait moins; et puis la nuit venait, et c'était pendant la nuit surtout qu'il avait à faire bonne garde sur la côte: il fallait donc que rien ne le gênât. Il prit son parti tout de suite, fit jeter à la mer les soixante-dix hommes et fusiller ceux qui cherchaient à s'accrocher à la corvette ou à la chaloupe! Le lendemain, il mit le feu au bateau, dont il tira des armes et sept cent sept pièces de monnaie, dites *caragroux*. Il fit son rapport; on parut trouver très-simple qu'il se fût défait des Albanais sans autre forme de procédure; cependant l'or et les armes qu'il avait confisqués, le conseil des prises les réclama pour le roi [1]. Etait-ce une peine qu'on infligeait à M. de Vintimille pour sa noyade turque? Etait-ce un avertissement pour d'autres officiers d'être plus circonspects en matière de prises? C'est ce que je ne sais pas. La cour eut l'argent, la mer eut les pirates, M. de Vintimille n'eut rien, et *la Sardine* continua à courir sus aux écumeurs de mer.

Ce souvenir m'occupa jusqu'à Borghetto, qui n'a d'intéressant que ses nombreux palmiers. Ces beaux arbres, isolés ou par groupes, prêtent à cette riante partie de la côte un caractère de grandeur et d'élégance, quelque chose d'africain et de tropical, qui plaît et a sa poésie particulière. Je ne saurais dire l'impression que fait toujours sur moi la vue des palmiers. Ici je fus enivré. Le ciel était si beau, l'air si suave et si embaumé, le soleil si chaud, la mer si brillante! Les orangers étaient chargés de si beaux fruits, les aloës avaient de si hautes

---

[1] Voir les registres du *Conseil des Dépêches* : 4 mars 1775, aux archives de la marine, à Versailles.

fouilles, les oliviers avaient de si belles formes; le terrain se découpait en accidens si pittoresques, que les palmiers, ennoblissant tout ce paysage, me rendirent Alger et tous les souvenirs de la campagne de 1830. Pourquoi y a-t-il là plus qu'ailleurs des palmiers? Je ne songeai pas à le demander tant que je fus en présence du spectacle qui me passionnait ; quand je l'eus perdu de vue, je m'informai. Les palmiers sont cultivés entre Vintimille et San-Remo pour les marchands de Gênes et de Nice qui font de l'arête des palmes des cannes originales et assez belles. On dit aussi que San-Romulo fournit chaque année les palmes des Rameaux aux dévots de Rome, par un privilége qui date de deux siècles et demi, et que Sixte-Quint accorda à un certain Bresca, pour un avis donné à propos quand on dressa l'obélisque de Saint-Pierre. Ce fut lui qui, au péril de sa vie, cria : «Mouillez les cordes! » Les cordes étaient trop longues, on les mouilla ; chaque goutte d'eau fait dans le filain l'effet d'un coin et le raccourcit; l'obélisque qui n'avait à monter que la hauteur de quelques lignes; monta; Bresca, qu'on devait pendre et qui s'était allé livrer au bourreau, fut récompensé par le Pape. Il reçut de l'argent et obtint le droit exclusif d'envoyer à Rome les rameaux de la sainte semaine. La marine de San-Remo, peu active, je crois, a la mission de transporter chaque année dans le Tibre les branches coupées aux palmiers de San-Romulo. M. Valery dit, que depuis deux cent quarante-cinq ans, aucun des navires chargés de cette modeste cargaison n'a fait naufrage; cette circonstance fut omise par le bon paysan qui me conta la tradition très-suspecte du mouilleur de cordes.

VIII

San-Remo. — San-Estefo. — Porto-Maurizio. — Oneglia. — L'amiral Truguet. — Alassio. — Gourmades du postillon. — Danger à Finale. — Savone. — Cogoleto et Christophe Colomb. — Voltri. — Pegli. — Sesti. — Cornigliano et Massena. — San Pier d'Arena. — Fin de la Corniche. — Gênes. — Priviléges des facchini.

C'est à San-Remo que je rencontrai, sale et vilain, le premier moine italien, à San-Estefo que je vis la première jolie femme; et je note cela parce que les jolies femmes sont très-rares dans tous les villages que nous parcourûmes, de Nice à l'ancienne capitale de la république génoise. Cependant, quelques instans après avoir quitté San-Remo, nous en admirâmes trois charmantes à Porto-Maurizio : une paysanne et deux demoiselles coiffées du voile blanc des femmes de Gênes. Port-Maurice et Saint-Remi sont deux villettes très-agréables, bien situées, assez bien bâties, la tête au ciel, le pied dans la mer; deux de ces gros bourgs vivans, agités, aux maisons peintes de jaune ou de vert, avec des ornemens de couleurs éclatantes, avec des fresques religieuses, des images de saints, des représentations de fruits et de fleurs, gaies habitations où l'on se plaît à placer le bonheur, mais où la misère ne fait que trop souvent élection de domicile. Saint-Remi passe pour riche; Port-Maurice a une population bourgeoise qui paraît aisée.

Je n'ai pas la moindre idée d'Oneglia que j'aperçus seulement de loin à la tombée de la nuit. Oneglia vit naître le grand Andrea d'Oria ; quand j'y entrai, je me découvris avec respect pour saluer ce berceau d'une des gloires de la marine du seizième siècle. A la fin du dix-huitième siècle, une division navale française aux ordres de M. Truguet, aujourd'hui le doyen de nos amiraux, fit une entreprise contre Oneglia; elle fut sans conséquence, et comme notre fortune militaire dans la guerre de la Révolution ne devait pas dépendre de l'issue d'une pareille attaque, je n'ai pas le courage de regretter que nos vaisseaux n'aient point réussi à ruiner la ville de d'Oria.

Oneglia nous reçut à souper. Le poulet de Mentone ne nous empêcha point de faire fête à un repas tout italien, où le potage au parmesan, les brocoli violets, la viande sur des pruneaux, le chevreau rôti et la vinaigrette de pimens, jouèrent leurs rôles à la grande satisfaction de tout le monde.

Il n'y a pas loin d'Oneglia à Alassio, mais ce fut lentement que nous fîmes cette petite traite, grâce à notre postillon, grand fumeur, chanteur intrépide, Beaufils d'écurie, vêtu et coiffé à la polonaise, qui n'avait en vérité qu'un défaut, celui de n'aimer point à galoper. Le petit trot était son pas de prédilection; nous avions beau le piquer d'honneur et stimuler son zèle, à chacune de nos remontrances il répondait par un trait de chant, par une bouffée de tabac ou par un claquement de son fouet, inutile démonstration, car de la main gauche il retenait ses chevaux qu'il avait l'air de lancer de la main droite. Au relais d'Alassio le conducteur lui fit des reproches, et pour le punir lui refusa la *mancia* [1] que l'usage accorde à tout postillon qui a mené galamment une voiture. Les reproches avaient glissé sur sa conscience cuirassée; le refus du pour-boire l'exaspéra. Il s'irrita, s'emporta, tempêta, menaça du fouet et du poing le digne conducteur qui ne repondit pas d'abord; mais les choses en vinrent à ce point qu'il fallut bien que celui-ci se fâchât à son tour. Alors des cris furent échangés à ébranler les maisons, à réveiller toute la ville; les habitans arrivèrent leurs lampes à la main, et le terrain une fois éclairé, le combat ne put pas se faire attendre long-temps. On avait juré

---

[1] Étrennes, bonne main.

tous les jurons connus; les noms des saints, du Christ et de la Vierge avaient été compromis vingt fois dans cette contestation furieuse; le postillon bondissait, le conducteur plus calme aidait à atteler ses nouveaux chevaux; j'espérais que les choses se passeraient comme elles se passent d'ordinaire en Italie : des clameurs forcenées, des outrages et rien de plus; il n'en fut pas ainsi. Le postillon qui était un petit homme, mais violent, porta un coup au conducteur; celui-ci était grand, fort, mais une espèce de *monsieur* qui trouvait apparemment indigne de lui de se mesurer avec un homme de cette classe, et reçut le horion sans le rendre; ce que voyant son ennemi, il lui en donna à l'aise jusqu'à lui mettre la figure en sang. Ce qu'il y eut de commentaires sur la générosité ou la peur qui retenait le conducteur; ce qu'il y eut de hautes clabauderies de la part des spectateurs, et de blasphêmes jetés au vent par toute la race des Automédons de la poste, vous le devinez sans que je le dise, si vous songez, que sur la côte de Gênes comme en

France, les postillons sont une famille très-insolente et ennemie des conducteurs, si vous vous figurez le nombre de commères qui entouraient la voiture et pour qui nos deux hommes jouaient leur drame. Cependant, loin de se calmer, le petit postillon s'exaltait, chaque coup qu'il donnait l'enflammait d'une fureur nouvelle, et si je ne craignais d'abuser d'une comparaison classique, je dirais : Chaque fois que de sa main il touchait la face ensanglantée de l'Hercule pacifique, cet autre Antée grandissait en rage et en force. Cela pouvait durer quelques minutes encore, et nous perdions plus de temps à régler ce compte du relais fini que par la négligence du postillon nous n'en avions perdu déjà; il fallait partir. Nous fîmes, notre Anglais et moi, ce que nous pûmes pour séparer le battu du battant, mais inutilement; un jeune franciscain que nous avions pris à Oneille, intervint à son tour, mais sa robe ne fut point un porte-respect, et je vis le moment que le charitable moine allait relever le conducteur de la faction pénible qu'il faisait depuis un demi quart-d'heure, par bonheur la conciliation vint d'ailleurs. Nous avions avec nous deux officiers des carabiniers royaux; l'un d'eux descendit sa canne à la main et dit un mot, je ne sais lequel, au terrible postillon; à l'instant même, et comme s'il eût été médusé, celui-ci devint doux, tranquille, poli, et nous pûmes quitter Alassio. Le lendemain matin, notre beau conducteur avait le nez gros et un œil entouré d'une auréole violacée qui donnait à cet accessoire de son visage l'air d'un jais brillant enchâssé dans de l'améthyste.

A la fin de la nuit, par un clair de lune ravissant, après avoir assez long-temps côtoyé le rivage et avoir laissé derrière nous la Galinara, grande et large roche isolée dans la mer, à la hauteur d'Albenga, nous montions tout doucement la rampe de Finale. La diligence, appuyée à sa gauche au mur taillé à pic dans la montagne, avait à sa droite un effroyable précipice. Elle marchait sur un chemin, très-bon sans doute, très-bien entretenu, très-uni, mais qui ne laissait guère à la voiture de déviations possibles, dans la rectitude de sa route, que sept à huit pouces de chaque côté. La Corniche sur laquelle nous roulions n'est pas haute de moins de deux cents pieds au-dessus de la mer, et c'est à peine si quelques pans de murailles, quelques bornes plantées au bord dangereux, quelques tas de pierres, sont là pour rassurer le voyageur. Il y a vraiment de quoi frémir de se voir livrer ainsi à toutes les chances fatales que la rencontre du moindre achoppement peut faire naître! Heureusement que les postillons sont habiles et soigneux, que leurs chevaux sont habitués à suivre toujours la même voie tracée, que la course est longue, et que la raison venue après la peur, on s'endort; c'est ce que nous fîmes, nous abandonnant à la garde de Dieu et à la sagacité éprouvée d'un guide que nous ne connaissions pas, mais auquel nous eûmes toute confiance. Nous dormions profondément par besoin, et peut-être aussi pour ne plus entrevoir des périls que nous nous exagérions malgré la réflexion, quand l'incommodité d'une position nouvelle nous réveilla comme en sursaut; nous nous trouvions presque debout dans le coupé. C'est que la voiture descendait sur un plan très-incliné dont la déclivité semblait nous mener rapidement à un abîme. Le carrosse glissait et ne roulait plus, tant on l'avait enrayé; le postillon retenait ses chevaux dont le porteur et son voisin le sous-verge étaient dans un écartement, oblique au timon, qui assurait leurs pieds contre les glissades, et les plaçait comme un premier obstacle au-devant des roues, au cas où ils seraient tombés; le conducteur veillait aux sabots; un homme, dont c'est le métier unique, marchait à côté de la diligence avec des pierres, pour caler les grandes roues au besoin; tout le monde était descendu, moine et militaires, excepté notre trinité dormeuse, qui se repentait un peu d'être restée enfermée; c'était quelque chose de risible et de solennel que cette situation, et elle devait durer, car nous avions douze longues révolutions ou zig-zags à parcourir, pour arriver à la plaine. Ces zig-zags, pris dans la montagne comme ceux de Tarare, sont bordés d'un mur d'appui; ils ont cependant cela de très-effrayant qu'à leurs angles le timon tourne tout-à-fait au-dessus de la falaise, et qu'on ne peut se figurer que ces murs seraient assez résistans, si la voiture, trop vite emportée, allait s'y frapper. Nous arrivâmes cependant au bas de la descente sans aucun accident, mais non sans émotion. Je ne sais si le passage de Finale est le plus dangereux de cette route de soixante lieues, où les dangers sont de tous les instans, comme les magnificences; mais que la nuit y fût pour quelque chose ou non, c'est là seulement que nous eûmes une de ces appréhensions fortes qui vous arrachent un cri de détresse. L'angoisse passée, nous pûmes jeter un coup-d'œil plus calme sur la montagne pour admirer sa forme où se jouait bizarrement la lumière blanche de la lune.

Nous ne vîmes Savone qu'à l'extérieur, le 25, à l'heure du premier repas de la journée. Nous avions passé à Vado sans avoir eu le temps de demander s'il existe encore là quelque descendant obscur de cet empereur charbonnier et marchand de bois qui se para de son opiniâtreté, et, César têtu, échangea le nom d'Auguste contre celui de Pertinax.

Savone n'a plus de port; les Génois le comblèrent; pourquoi? Je l'ignore. Ils avaient été fort jaloux cependant de cette possession, et à tel point que les Français ayant occupé Savone et ne se hâtant pas assez de la rendre à la seigneurie de Gênes, André d'Oria en fit ses plaintes au roi François Ier, quitta son service, et passa à celui de Charles-Quint. Les souvenirs du pape Pie VII sont encore vivans à Savone où les archevêques ont gardé avec respect l'appartement que cet illustre proscrit occupa pendant sa captivité.

Nous approchions de Gênes, que nous apercevions depuis le matin dans la chaude vapeur dont le golfe était couvert. Cogoleto et Varaggia furent bientôt loin de nous, Varaggia que rien ne recommande au voyageur, Cogoleto qui veut toujours attirer le regard par des inscriptions menteuses. Ce hameau dispute Christophe Colomb à la cité génoise; mais sa prétention est insoutenable après l'excellente dissertation de l'abbé Spotorno sur la naissance de l'amiral de Ferdinand et d'Isabelle. Cogoleto pouvait cependant être excusable dans sa persévérance, car qui sait si aucun de ses habitans connaît le *codice diplomatico* et le travail de l'ingénieux et savant bibliothécaire de Gênes? Qui sait si l'homme le plus lettré de ce petit village a jamais entendu parler du testament où Cristoforo Colombo déclare être né à Gênes? Et puis, deux Colombo, marins et compagnons de Christophe, sont de Cogoleto; n'a-t-on pu les confondre avec *l'almirante mayor del mare Oceano?* La bonne foi est peut-être très-grande, d'autant plus que je ne vois guère à quoi sert la supercherie si elle est intentionnelle. Qui va à Cogoleto pour voir la cabane où Cristoforo aurait versé les premiers pleurs de sa vie agitée? Personne assurément. Un douanier, un garde-côte, un je ne sais quel fonctionnaire de cette importance, habite cette chaumière, et il n'est point enrichi des présens des visiteurs ; cette humble maisonnette vaut pourtant la villa d'Horace à Tivoli, et tant de prétendues maisons de Lucullus ou de Cicéron que l'on montre partout et dont les ruines sont pour leurs gardiens d'assez bonnes exploitations !

Voltri, riant, ouvert sur le golfe, est un bourg d'une physionomie très-agréable. Sa plage couverte de petits navires, tirés à terre comme ceux des Grecs à la fin de chaque navigation, est large et droite; la mer s'y joue mollement sur un beau sable. Quand nous longeâmes ses eaux calmes, la houle longue et plate venait mourir au rivage, semblable à une nappe frangée que le vent plisse sur la plaine et dont il soulève la frange, blanche et brillante au soleil.

Voilà Pegli et Sestri aux gracieuses maisons de campagne; voilà le pont de Cornigliano et la riche vallée de la Polcevera ! Cornigliano est un nom historique pour la France comme celui de Massena : ces deux noms sont unis par le souvenir de la longue résistance et de la noble capitulation du général français. Voilà enfin San-Pier d'Arena, admirable faubourg qui, ailleurs, serait une ville; faubourg actif, marchand, industrieux; les charrettes s'y croisent, s'y pressent, et s'y chargent comme à une demi-portée de canon de-là se chargent, se pressent, se croisent les navires dans le port de Gênes.

D'ici, Gênes est magnifique à voir. On a fait si souvent le portrait de cet ancien géant du golfe dont les deux grands bras, partant de San-Pier d'Arena au levant, et au couchant, de la colline de Carignano, s'étendent jusqu'à Hyères et Piombino, que je me dispenserai de la peindre encore.

Nous achevions donc notre route si pittoresque, où chaque pas fait changer la scène, où chaque détour découvre une surprise, où chaque montagne, chaque vallée, est un curieux objet d'étude pour qui sait la voir! Nous avions donc admiré tout à notre aise, sous tous ses aspects, à toutes les heures du jour et de la nuit, ce petit Océan génois dont les bords profondément striés ressemblent à un feston brodé par la main des fées. L'écume de la mer en marque *l'orletto;* cent points de vue différens, vingt bourgs ou villages du plus intéressant aspect, des rocs nus, des montagnes boisées, la vigne suspendue en guirlandes à la façon lombarde ou toscane, le mûrier piémontais qui s'élève et porte ses branches en parasol, le mûrier plus humble, mais plus productif, qui pousse son bois tout chargé de feuilles d'un petit tronc à peine sorti de terre, l'olivier déjà plus grand qu'il ne l'est en Provence, les nopals et le palmier de l'Afrique, les nombreuses espèces de citronniers et d'orangers, le grenadier au corps tourmenté, tourné en hélice, l'arbousier à la feuille luisante, le myrte en buisson, le laurier en broussailles, les bruyères fleuries : tout cela en remplit les dents capricieuses; tout cela se groupe, se dispose, se suit, se mêle, s'harmonie ou éclate comme dans une décoration fantastique qu'un génie puissant d'artiste aurait créée en s'inspirant des plus belles natures.

La Corniche est une des routes les plus délicieuses qu'on puisse suivre : tantôt la plaine, tantôt la montagne, tantôt le rivage; des gués à passer, des torrens à franchir, des rochers percés en galeries à traverser, cinquante petits ports à apercevoir, des églises d'un curieux caractère à visiter; de la peinture partout! Et le danger qui a son charme aussi : un chemin large comme la voiture qui vous porte; ce chemin jeté sur l'angle saillant de la falaise comme un pont étroit sur un abîme; des chevaux qui galopent là-dessus à vous donner le vertige, à vous faire mourir d'effroi si vous manquez de cœur, à vous émoustiller seulement si un péril possible, mais au moins fort douteux, ne vous décourage pas! c'est ravissant en vérité. Les deux premières heures sont pénibles, inquiétantes; mais on se fait bien vite à des appréhensions que le raisonnement condamne; tout devient plaisir alors, et quand la fatigue incite, on s'endort tranquillement sur cette route comme on ferait sur celle de Paris à Versailles. Les matelots ne s'endorment-ils pas sur les barres de perroquet, au sommet des mâts de hune, quand le roulis les a bercés un peu long-temps et que le sommeil l'emporte sur les rigueurs de la consigne qui les a placés en vigie? C'est bien autre chose, vraiment, d'être là-haut, perché, un bras passé dans le nœud de quelque cordage qu'il peut abandonner dans un mouvement du navire, ou d'être dans une bonne voiture, bien appuyé, bien étendu, quand l'œil du postillon veille à tous les cahots!

A trois heures nous parcourions le quai de la Lanterne, nous passions devant le palais de. d'Oria, nous franchissions la porte Saint-Thomas où le sang du jeune Jannetin d'Oria fut versé par un des Fiesque, et nous arrivions à la place de *l'Annunziata* en traversant celle de *l'Acqua-Verde* et la superbe rue Balbi. Nous ne pûmes échapper aux faquins dont les priviléges sont fort respectés à Génes et placés sous la protection de la police. Quatre de ce ces gaillards-là se partagèrent notre bagage, comme chose à eux appartenant, et l'emportèrent à l'hôtel des Quatre-Nations. Deux auraient suffi, encore n'auraient-ils pas été fatigués parce que *l'albergo* est à vingt pas du bureau de la diligence; mais il n'y avait pas d'observation à faire : les portefaix ont pour eux le droit, c'est-à-dire la coutume qu'ils ont établie, et que le tarif officiel a consacré. Ils peuvent se mettre autant d'hommes pour transporter vos effets, qu'il y a d'objets séparés, et chaque paquet ils peuvent le faire payer un franc. Je dois dire qu'ils mettent à l'exercice de leur prérogative une assez grande mesure, et que les menus objets ils les portent par-dessus le marché. Ils furent assez généreux pour me permettre de porter moi-même ma canne et mon parapluie, ce que les crocheteurs de Marseille, gens privilégiés aussi, ne m'auraient pas permis sans doute. Pour quatre francs, je fus donc quitte de mes premiers rapports avec les faquins que je ne trouvai pas plus déraisonnables que ceux d'Avignon, bien plus grossiers et aussi chers.

Notre installation fut bientôt faite aux Quatre-Nations, où l'on nous donna une chambre très-bien située, d'où nous pûmes contempler un de ces admirables couchers du soleil, sur le ton desquels Claude Lorrain monta si souvent sa brillante palette.

Avant de me me mettre au lit, je pris une foule de renseignemens, et, quand je m'endormis, je savais déjà passablement Gênes, sans l'avoir aperçue encore autrement qu'à vol d'oiseau.

IX

Ma fenêtre à Gênes.

26 octobre 1834.

J'ai mal dormi; la nuit m'a paru longue. Dix fois je me suis éveillé pour savoir si le jour allait bientôt éclairer ce port, cette baie, ces collines, cette gracieuse ville que j'ai tant d'impatience de connaître; dix fois j'ai retrouvé l'obscurité, au milieu de laquelle brillent seuls les feux des jetées et d'admirables étoiles.

La lanterne, ce phare élevé qui de loin marque aux marins la position de Gênes, est au pied de mon lit comme une veilleuse discrète dont la lumière serait adoucie par un rempart de porcelaine. L'éloignement lui donne cette apparence...

Mais j'entends le chant d'un coq; et le marteau des calfats m'annonce que les travaux vont commencer.

Il est six heures; l'orient s'éclaire de quelques rayons encore incertains. Je distingue à peine les objets. Ouvrons ma fenêtre, pourtant... Des mâts, des antennes devant moi, à gauche, loin, très-loin!

Est-ce le nouvel armement fait par les Génois pour aller disputer Ptolémaïde aux Vénitiens? Mais il y a là plus de vingt-cinq galères; et puis elles dorment quand on les attend en Syrie! Ce n'est point cela. Gênes n'en est plus à combattre contre sa rivale pour la possession d'une église (1257). De plus grands intérêts la préoccupent; elle a appris qu'une ligue a été formée par Venise qui a engagé contre elle les

Grecs et le roi d'Aragon. C'est une armée navale qu'elle prépare pour aller livrer un de ces terribles combats où la mort et la nuit d'intelligence conspirent la ruine des nations navigantes. Courage, braves Génois! Que tout ce qu'il y a dans votre cité de vrais gentilshommes s'arme et porte son bouclier sur les galères. Vous aurez bon marché des Grecs, malgré leur résistance. Mais Aragon et Venise se serrent, se pressent, et vous attendent dans la double profondeur de deux croissans de navires. Forcez de rames, domptez le vent du midi qui vous devient contraire; tenez ferme, car voilà l'instant du choc! Il sera terrible. Si vous êtes vaillans, vos ennemis sont vaillans aussi, et le nombre est pour eux! Le jour baisse, voici l'obscurité, l'allié ne reconnaîtra plus son allié et le frappera comme un adversaire! Les galères s'abordent; d'affreux craquemens, des plaintes horribles, des cris de rage se font entendre de toutes parts. Pour qui ferais-je des vœux? Pour vous, Génois qui êtes mes hôtes aujourd'hui. Comme la nuit est longue, ne finira-t-elle jamais? Il me semble que la mer est teinte de sang...

Mais non; je me réveille. Une effroyable hallucination m'avait reporté à 1352 dans le canal du Bosphore. C'est le soleil qui fait rougir la mer, et non le sang de quatre peuples jaloux. Je n'ai point à féliciter Gênes de sa victoire; je n'ai point à compter ses galères ralliées après la mêlée, et à faire l'appel de ses soldats et de ses gentilshommes... Gênes ne se souvient plus aujourd'hui peut-être de cette nuit affreuse qui lui coûta treize galères, sept cent nobles et autant de plébéïens, et qui affaiblit la ligue arago-vénitienne de vingt quatre vaisseaux et trois mille huit cents combattans. Elle ne se rappelle pas davantage la revanche prise l'année suivante par Pisani contre Antonio Grimaldi, qui lui coûta deux villes en Sardaigne, et trente-deux navires. Elle a tout oublié, la ville de Gênes, depuis deux siècles! Elle n'a plus de joies pour le triomphe de ses généraux, plus de larmes pour leurs défaites : c'est qu'elle n'a plus de généraux. Grimaldi n'est plus pour elle qu'un être de poésie, comme les d'Oria, comme tous les grands hommes. Quand elle voit des voiles pointues, de hautes antennes doubler son môle, elle ne tressaille plus jusqu'au fond de ses entrailles. Quelques cœurs de marchands et de banquiers bondissent, et voilà tout ; elle sait bien que ce ne peut plus être Andrea rentrant vainqueur après avoir battu les Tunisiens (1519), ou Philippin revenant de Rome après avoir pris les bâtimens commandés par Moncade (1528). Si une épaisse fumée s'élève dans le port, ils savent bien que ce n'est pas un nouveau Selavoni qui vient brûler leurs navires marchands pour venger par cette heureuse témérité une autre défaite des Génois à Gorzola (1290). Non, cette fumée ne les émeut point, c'est celle d'un bâtiment abattu en carène et qui chauffe son vieux goudron, ou bien celle du bateau à vapeur qui part pour Livourne. Ils sont plus calmes que je ne l'étais tout à l'heure sous l'empire des rêves dont le jour, à la fin venu, vient de me délivrer.

J'y vois clair maintenant. Point de galères à la bannière blanche croisée de rouge ; point de soldats bardés de fer, faisant sur le rempart une vigie l'arbalète ou la pertuisane à la main ; point de jeune seigneur revenant le matin de chez la dame dont il est l'heureux amant, et se glissant, le long de la muraille obscure du port, enveloppé dans son manteau. Cette petite embarcation qu'un enfant dirige tout seul, debout avec ses deux avirons, ce n'est pas celle avec laquelle jouait Christophe Colomb tout jeune. Ce canot est un des bateaux qui par centaines courent dans le port, messagers de la terre aux navires, ou voituriers des curieux qui vont visiter des bâtimens de guerre ; cet homme qui passe en sifflant un air insouciant, c'est quelque commis de boutique, ou un matelot au bonnet rouge, à la veste jetée négligemment sur l'épaule, qui va gagner la porte de *Ponte-Reale ;* ce soldat qui fait faction sous ma fenêtre et se promène le sabre à la main sur la muragliette, c'est un canonnier marin, veillant en dehors de l'arsenal ; les bâtimens qui m'avaient illusionné un instant et que j'avais cru voir parés des pavillons de la Gênes antique, ce sont des navires de toutes les nations, de toutes les formes, de toutes les grandeurs, brigs et chebecks, felouques et pinques, corvettes et tartanes. Oui, voilà près de moi, contre le magasin de la darsine, deux hourques hollandaises dont le galipot rougeâtre, tout frais, brille au soleil; voilà, non moins propres, mais d'une construction plus fine, deux grands trois-mâts américains que je reconnais à leurs raies de peinture jaune accompagnées de listons blancs, et à leur mâture solide et légère. Derrière ce groupe à droite, un steamboat qui à déjà arboré le yac anglais; un peu plus loin le bateau à vapeur de Marseille avec son pavillon tricolore, le seul au surplus que j'aperçoive et puisse saluer comme une vieille connaissance. Un seul bâtiment français à Gênes, quand il y a vingt ans!... Mais comment le hasard fait-il qu'il y ait ici des Espagnols, des Lévantins, des Suédois, des Américains, des Anglais, et point de Français? Cela m'afflige.

Le pavillon sarde, avec sa double croix blanche et rouge dans l'angle d'une bannière bleue, flotte sur presque tout ce que je vois, du pont de Spinola au vieux Môle. Une corvette vient de l'arborer aussi à sa corne, aussi bien qu'un brig de guerre, enfant de l'Amérique transplanté en Sardaigne. Ce brig est joli, élégant, haut mâté; aussi les Génois en sont fiers. Les Génois fiers d'un brig sarde de construction américaine ! Il y a deux siècles, ils ne s'émerveillaient point pour si peu.

Jetons un coup-d'œil sur l'amphithéâtre au milieu duquel je suis placé. Au fond et tout à gauche le quartier du vieux Môle, un des plus anciens de Gênes, auquel il pourrait suffire pour son illustration d'avoir donné naissance à Colomb, le fils de l'ouvrier en laine, l'amiral de l'Océan. Plus près de moi, deux tours carrées, restes anciens des défenses dont chaque noble génois entourait son palais pour y soutenir un siége, et y placer ses archers. Elles ont encore bon air, bien que le rouge de leurs briques se soit fort teinté de noir, et que des constructions parasites attestent aujourd'hui leur destination pacifique. Entre ces deux tours, et un peu plus loin, un clocher à la pyramide quadrangulaire écrasée ; c'est celui de Notre-Dame des Grâces, que la tradition religieuse et populaire tient pour une des plus anciennes églises de la ville, sinon pour la plus ancienne. On veut qu'elle date des premiers temps du christianisme et soit contemporaine de Néron. C'est là, disent les bonnes gens, les moines et les *ciceroni* que saint Nazaire débarqua quand il vint prêcher l'évangile aux Génois idolâtres. Je n'ai, pour moi, rien contre cette croyance, et je m'y abandonne très-volontiers. Saint Nazaire subit le martyre sous le fils d'Agrippine, et un homme qui a le courage de mourir en confessant sa foi mérite tout mon respect. Pourquoi l'église ne s'appelle-t-elle plus Saint-Nazaire ? La Vierge a tant d'églises, tant de chapelles, tant d'images ici !

La masse de petits clochers à coupoles, à girouettes historiées, m'annonce l'église de saint

Augustin et le couvent des capucines. Les pauvres filles sont montées haut sur la colline, et peuvent voir en face d'elles, mais encore mieux placés, les capucins leurs frères en saint François, qui sont sur la montagne Ruci. Les capucins mendient, et en voilà justement deux qui passent dans la rue des Vaches, leur besace à la main, allant quêter pour leur couvent qui vit, par bonheur, de quelque chose de plus substantiel que les aumônes pies des Génois.

Ici, la pointe d'une pyramide quadrangulaire, dont le toit d'une maison me laisse voir à peine la forme et la couleur : c'est le clocher taché de blanc et de noir, de la chapelle des Fiesque. Un grand vide reste entre cette petite église et celle de Carignano. Depuis plus de doux siècles, ce vide est là attestant la puissance des d'Oria et la défaite de leurs ennemis. Sur cette place s'élevait le palais de Fiesque, renversé, démoli, broyé par la rage populaire, quand le sang de Jannetin d'Oria eut coulé à la porte Saint-Thomas où j'en cherchais hier la trace; quand Louis Fiesque, montant sur une galère, fut jeté à la mer dans la **Darsina**, à l'endroit même où je vois rangées les canonnières que la Sardaigne envoya naguère à Tunis parodier la large expédition française d'Alger. Il semble qu'on n'ait point osé bâtir sur cet ancien cratère de la conjuration, comme si l'on craignait encore que l'ombre du grand André et celle de Jannetin ne vinssent demander compte d'une témérité qui les offenserait! On a peur de braver ces hommes, la gloire de Gênes, dont la mémoire est sainte. L'église des Fiesque fut épargnée, parce qu'en ce temps-là Dieu était en dehors des querelles humaines. Les décombres du palais rasé ne furent point jetées à la mer; c'était assez que le chef des conjurés eût été précipité dans les eaux du port : la fureur des partisans d'Oria n'alla pas plus loin; les marbres roulèrent sur la croupe de Cariguano, mais quand ils furent arrivés à la vallée on n'eut plus de colère contre eux. Plus tard on les ramassa, et pour que du palais de Fiesque tout ne fût pas perdu, on en construisit cette maison de pierres noires et blanches alternatives qui domine la place *delle Fontane Amorose*, et dont la façade chargée d'inscriptions montre quelques vieilles images fiesquines échappées à toutes les haines des factions.

Près du petit clocher pointu, la coupole de Santa-Maria *di Carignano*... Ce pays-ci est plein de traditions; j'en ai déjà la tête farcie, depuis hier soir que j'ai causé avec Vincent [1]; je ne sais ce qu'elles ont de vrai, mais elles m'amusent, et je n'ai pas la force de les rejeter, quand elles ne sont pas trop absurdes. Voici celle qui a trait à l'église de Carignano. La famille Sauli, riche et puissante, habitait près des Fiesque vers le milieu du XVIe siècle. Madame Sauli n'avait point de chapelle particulière dans son palais, et c'était toujours à celle de Fiesque qu'elle allait entendre la messe. Un certain jour, retardée par quelque soin, indisposée peut-être, la noble dame ne pouvant se ren-

[1] Voir chapitre X.

dre à l'église à l'heure juste où l'office se disait d'ordinaire, envoya prier qu'on retardât quelques instans la célébration de la messe. Les Fiesque refusèrent. Madame Sauli se sentit outragée d'un pareil refus, et pleura son époux qui était en voyage ; il revint et trouva sa femme baignée de larmes, ne pouvant pas digérer l'affront fait à sa maison, à sa qualité, à sa dignité. « Ah! pourquoi n'ai-je pas une église à moi? » Sauli était un galant homme, un de ces excellens maris pour qui un désir de leurs femmes est plus qu'un ordre. Il n'envoya point provoquer un des Fiesque, mais il envoya chercher un architecte. « Pouvez-vous me bâtir une église, mais une église grande, belle, somptueuse, imposante? — Oui, Monseigneur. — Une église qui domine Gênes et écrase cette mesquine chapelle des Fiesque? — Oui, Monseigneur. — Et quand sera-t-elle faite? — Quand vous voudrez, Monseigneur, si vous agissez noblement en ceci comme toujours en use votre maison. — L'argent ne manquera pas; à l'œuvre, donc. Des plans bien vite, et que l'édifice jaillisse de la terre de cette colline, comme de mes jardins jaillissent les jets d'eau. » Galéas Alessi, le très-célèbre architecte, se tint la chose pour dite, et il apporta à Sauli des projets qui furent approuvés tout de suite. Sauli alla à Rome, se jeta aux pieds du pape, obtint pour son église, qui grandissait à vue d'œil, des priviléges considérables, et vers 1554, cette petite imitation de Saint-Pierre du Vatican fut achevée, et madame de Sauli ne pleura plus, et elle ne fut plus réduite à aller à la messe chez des voisins incivils dont l'orgueil fut à la fin humilié. Et ceci prouve deux choses : d'abord que Sauli aimait bien sa femme, ensuite qu'il était fort riche. Fort riches, les Sauli l'étaient sans doute, car cette église n'est pas le seul monument qu'ils aient fait construire : le pont si hardi, si élevé, qui joint les collines de Sarzano et de Carignano, est leur ouvrage.

Plus près de moi, l'église cathédrale Saint-Laurent, aux assises alternatives de marbre blanc et de marbre noir; plus près encore un des palais Sera, avec sa tour carrée où veillaient jadis des hommes d'armes, où se croisent aujourd'hui tranquillement en berceau quelques plantes grimpantes, où des laveuses domestiques étendent au soleil le linge qu'elles veulent faire sécher. Tout le long de la rue, des hôtels établis dans d'anciens palais que leurs larges dispositions rendaient très-propres à l'usage public auquel ils sont consacrés aujourd'hui. Au premier étage de chaque maison une terrasse avec des vases et des caisses où poussent de jolies fleurs et des arbustes, des fontaines de coquillages du plus pur *roccoco*, des statues plus ou moins mauvaises, le tout composant ce qu'on a appelé si hyperboliquement les jardins suspendus de Gênes, les merveilles rivales de celles de Babylone. Il y a fort loin de cela aux jardins de Sémiramis, ou bien c'était assez peu de chose que ces labyrinthes, ces bosquets, ces mystérieux asiles de la poésie et de la volupté créés par la reine de Babylone. Les terrasses de Gênes sont agréables, d'un effet heureux; elles exhalent le matin, à cette heure où je les vois, où j'en goûte les parfums, une odeur suave de fleurs d'oranger; mais c'est tout ce qu'on en peut dire, à moins de vouloir se jeter dans de ridicules exagérations.

A ma droite, et au-dessous de moi, la *Porta di Vacca*, où venait autrefois la mer, avant qu'on la repoussât pour faire la *Darsina* ou port de guerre. Cette darsine, la voilà. Deux grandes frégates désarmées, quelques chaloupes canonnières, un ou deux brigs, et là, sur le devant, deux demi-galères, tout ce qui reste, je crois, de flottant encore dans la Méditerranée, des derniers bâtimens à rames, successeurs traditionnels de la galère antique. Dans le fond, et sur un terrain solide qui a remplacé le bassin ouvert aux galères que l'on armait, des magasins, et tout autour de cette place des ateliers établis dans les cales couvertes où se construisaient les flottes de la république. Ces cales sont adossées à un quartier dont je vois quelques hautes maisons et qui a conservé son ancien nom : le quartier *di Pré* ou du partage. C'était là qu'au retour d'une course, d'une campagne, tout le butin se déposait, et se partageait entre les équipages, chacun ayant sa part selon son droit, son rang, sa paie, son engagement.

Au fond du tableau de ce côté, la montagne et l'église de *la Madonetta* que domine le bastion de Saint-George; le jardin du palais d'Oria où la colossale figure de Jupiter se détache en blanc sur le fond d'un épais feuillage; le palais d'André d'Oria; le quartier de Saint-Lazare qui va jusqu'à la Lanterne; l'ancien couvent que le besoin a transformé en un hôpital militaire vaste et de belle apparence; le sémaphore, le phare, le môle-neuf, et au-dessous les bâtimens en quarantaine; entre le môle neuf et le *Molo Vecchio*, l'entrée du port que cherchent à cette heure vingt bâtimens de toutes grandeurs; et derrière les deux masses de ces jetées, le golfe, cette mer incessamment couverte de barques, de navires et qui mérite si bien l'épithète de *Velivolum* donnée par Virgile à la mer italique.

Quel panorama que celui-là! quel tableau

mouvant! que de choses piquantes on y découvre quand on l'examine bien ! et puis quelle histoire tout cela rappelle! Gênes glorieuse, et les d'Oria vainqueurs, et Dragut dans un des souterrains de leur maison, et Charles-Quint visitant le port des galères ; Gênes humiliée et le doge Lascaro allant faire amende honorable à Versailles où il devient presque amoureux de la princesse de Conti; Gênes conquise et sa liberté détruite, et son port devenu un port français, et une préfecture impériale succédant au pouvoir des nobles seigneurs de l'office de Saint-George, et Napoléon habitant le palais d'André d'Oria, couchant dans la chambre où avait couché Charles-Quint, changeant dans sa tête les distributions de cette demeure historique pour en faire une succursale de Saint-Cloud; enfin Gênes devenue sarde ou piémontaise sous un roi qui se défie d'elle, sous une double ligne de forts toujours prêts à l'écraser si l'opposition boudeuse de ses nobles s'appuyait un jour de l'assentiment du peuple ! Qu'une heure passée à ma fenêtre inspirerait de belles pages à un poëte comme Victor Hugo, Lamartine ou Châteaubriand, à un peintre comme Claude Lorrain, Salvator Rosa ou Gudin ! Je m'humilie devant ces génies ; je ne suis peintre ni poëte, mais seulement un pauvre voyageur, assez peu lettré, esquissant comme il peut les beaux paysages qui l'impressionnent, et mettant au net le journal de son voyage, sans autre prétention que de s'amuser en se souvenant, et d'amuser peut-être un peu les autres par le récit tout simple de ce qu'il se rappelle avoir vu.

X

Dimanche. — Les cloches de San-Teodoro. — Uniforme des troupes sardes. — Messe à l'Annunziata. — Les Lomellini et Dragut-Reïs. — D'une redevance au Pape. — Artistes ignorés. — Crime et talent de Carlone. — Le balayeur du couvent des capucins. — Saint-Cyr et le basilic. — Promenade de la strada-nuova. — Les *legni*. — Costumes des femmes de la bourgeoisie. — Fra Pallavicini. — Vincent Rivara le valet de place.

C'était dimanche, et je n'avais pas l'espoir de commencer ce jour-là mes travaux de recherches. Le dimanches et les fêtes, tout est fermé à Gênes; ce n'est pas qu'on y soit meilleur chrétien qu'à Paris; mais l'usage et la consigne que l'Église donne à la population obéissante le veulent ainsi. Ne soyons pas trop fiers, d'ailleurs, nous autres Francais; il n'y a pas si long-temps que l'huis d'une boutique ne devait s'ouvrir à certains jours de l'année chez nous, sans la licence des supérieurs. Pour conserver du jour, les boutiquiers, qui ne pouvaient en avoir que par la porte de leurs boutiques, étaient obligés de barbouiller de je ne sais quel brouillard d'amidon ou de blanc d'Espagne délayé, les vitres de leurs devantures! Il y a beaucoup de fêtes religieuses à Gênes, grandes fêtes, petites fêtes, demi-fêtes, fêtes moyennes, c'est à n'en pas finir; donc, quand on veut travailler, et qu'on a besoin, pour ce que l'on veut faire, d'avoir recours aux dépôts publics, bibliothèques et autres lieux de cette espèce, il faut se bien informer et prendre ses précautions, sans quoi l'on est exposé à une grande perte de temps. Dès ce jour-là, je fis la part de mes heures, celles-ci appliquées à mes études, celles-là à mes visites des palais, des églises, des *ville*. Ce fut le calendrier grégorien à la main, et sous la dictée de notre valet de place, que nous fîmes ce partage indispensable. Pour aujourd'hui rien de possible que la promenade, un coup-d'œil à quelques monumens, et ce que le hasard nous fera trouver.

Les cloches sonnaient de tous les côtés. — C'est, je crois, la ville de la chrétienté où l'on est le plus importuné par les cloches. Il y a surtout le carillon de *San-Teodoro*, sur le quai de la Lanterne, qui est une des choses insupportables qu'on puisse ouïr; il est monté sur un ton très-haut, et, comme la manie de son sonneur est de jouer des airs de vaudeville assez vifs et sautillans, c'est quelque chose de très-impatientant, je vous assure, que ce branle en fausset dont on n'est pas quitte à moins d'une heure de cris aigus de trois ou quatre clochettes.—On annonçait l'office. Il était un peu moins de huit heures. La garnison s'apprêtait à aller entendre la messe. Elle y va en deux divisions, l'une à huit, l'autre à neuf heures; l'infanterie à *l'Annunziata*, le génie à *Santa-*

Sabina; l'artillerie de terre et l'artillerie de marine, je ne sais plus où.

Je voulais voir les troupes, c'était l'occasion. J'allai à la place de *l'Acqua-Verde*, voisine d'un des quartiers de l'infanterie et de la caserne des artilleurs; ces deux corps étaient en bataille : l'artillerie en habit court, bleu avec tous les ornemens jaunes, exercée d'ailleurs et organisée comme l'artillerie française; la brigade de Savoie avec ses habits bleus, ses boutons blancs, ses retroussis rouges, ses collets et ses paremens de velours noir, ses cravates rouges d'un assez bon effet, son organisation et son armement empruntés à notre armée. Les troupes sardes sont belles, bien tenues, bien équipées, bien disciplinées, et je dois ajouter fort dévouées à Charles Albert. La brigade de Savoie tout entière parle français, et je ne sais pourquoi cela me fit à la fois peine et plaisir. La brigade de la reine n'est pas moins belle que l'autre; son uniforme diffère par le col qui est noir, le collet et le parement de l'habit qui sont blancs. Les compagnies de cadets, plus élégantes sous le même costume, sont composées de jeunes gens destinés à l'avancement militaire. Je trouvai l'artillerie plus coquette que grave ; la nôtre, bleue et rouge, est bien plus sévère. Les soldats du génie sardes ont un costume triste, où le noir domine par la flamme du shako et des buffleteries ; le collet, lie de vin foncée, fait assez bien sur leur habit gros bleu. L'artillerie de marine ne me plut point avec son habit-veste bleu à revers droits, couleur d'amaranthe, et ses épaulettes aux pattes de cuivre, et à la frange de laine jaune si courte, qu'elle dépasse à peine d'un pouce le demi-cercle où elle est attachée.

Au reste, si ces épaulettes sont petites, par compensation celles des officiers de toutes armes sont grosses, et tellement qu'elles paraissent monstrueuses et écrasantes. A les voir, on ne conçoit pas comment les épaules d'un homme ordinaire ne fléchissent point sous un pareil poids. Les officiers supérieurs portent deux épaulettes à graines d'épinards ; les officiers subalternes-les ont à petites torsades brillantes. Les grades ne se reconnaissent qu'au nombre de cordons ou de zig-zags saillans sur le corps de l'épaulette qui est de métal blanc ou doré suivant l'arme : ainsi, sous-lieutenant, un cordon ; lieutenant , deux ; capitaine, trois ; chef-de bataillon ; un zig-zag, lieutenant-colonel, deux ; colonel, trois. Ces distinctions ne sont pas assez sensibles, et l'on peut leur reprocher ce qu'on reprochait, sous l'Empire, aux épaulettes des capitaines et des lieutenans, qu'un fil rouge rendait seul distinctes.

Les officiers de l'armée sarde ou piémontaise ont en général assez bonne tournure ; on ne sait pas ce qu'ils valent comme militaires en temps de guerre, parce que la paix ne leur a point fourni d'occasions de se faire connaître, mais on dit qu'ils sont d'une grande ignorance. Je n'affirme point cela, je n'en ai connu aucun ; on me l'a assuré, voilà tout ce que je puis dire, et la personne qui m'a donné ce renseignement devrait les connaître. La ceinture est dans l'armée du roi Charles-Albert, comme dans presque toutes les armées étrangères, le signe du service actuel. C'est beaucoup plus élégant sans doute que le hausse-col, mais c'est plus cher.

A Gênes, il y a un escadron de dragons, habit-veste bleu, collet rouge, épaulettes blanches, casque à haut cimier, très-saillant et très-recourbé par devant. Le paquet de plumes de vautour bleues, blanches, frisées, légères, qu'ont les officiers sur leurs casques, est d'un bon effet.

Après l'inspection des troupes dont une partie seulement était armée, les corps défilèrent par pelotons, et chacun se rendit à l'église où l'attendait un prêtre prêt à monter à l'autel. C'est à *l'Annunziata* que je suivis la brigade de Savoie. La messe fut bientôt dite, et deux morceaux de musique en remplirent la durée. Cette musique était très-bonne et d'une exécution presque irréprochable; c'étaient la marche de *Norma* et un air de Méhul, dits par une masse de symphonistes exercés et sûrs de leur ensemble, parmi lesquels je distinguai un trombone fort habile qui nous régala d'excellens solos.

L'Annonciade est une belle église, riche en marbres de toutes couleurs, en peintures remarquables, en ornemens dorés, sculptés, coloriés; grande, à trois nefs, à hautes colonnes de marbre blanc cannelées, dans les cannelures desquelles montent des moulures de marbre rouge et blanc de France. Elle est longue de deux cent trente pieds et large de soixante-huit, sans compter la profondeur des chapelles qui sont au nombre de douze, toutes curieuses et bien ornées. Chacune de ces chapelles serait, pour le luxe, fort supérieure à beaucoup de nos églises qui passent pourtant pour bien décorées. Des capucins desservent ce temple que la famille Lomellini enrichit pendant des siècles, mais qu'elle ne put achever, parce que sa fortune ne suffisait plus à toutes les dépenses qu'elle eut à faire à certaine époque. Ces Lomellini étaient pourtant plusieurs fois millionnaires; le commerce avait donné à leur maison cette splendeur qui la faisait l'égale des plus nobles maisons génoises. Ce sont eux qui, en 1544, payèrent à d'Oria la rançon de Dragut-Reïs (le capitaine Dragut), ce célèbre corsaire algérien que Jannetin d'Oria, tout jeune encore, avait pris quatre ans auparavant [1]. Solyman fut si reconnaissant du service que les Lomellini, fort bons chrétiens d'ailleurs, mais gens d'affaires avant tout, rendaient à sa marine, qu'en échange du prix de la rançon de Dragut il leur donna Tabarca en toute propriété. Je ne sais si Lomellini eut des remords d'avoir délivré l'ennemi des Génois en acceptant la souveraineté d'une petite île tunisienne,

---

[1] « Dieu le punit (d'Oria), pour avoir donné la liberté à Dragut, pour 3,000 écus, » dit Brantôme. Qu'André d'Oria ait eu tort de se fier à la parole de Dragut, l'événement l'a prouvé ; mais que Barberousse ait prêté les 3,000 écus au corsaire turc pour se racheter, c'est ce qui n'est point. J'ai lu dans les papiers de la maison d'Oria que ce furent les Lomellini qui rachetèrent Dragut ; le fait est entièrement à la charge de leur mémoire, s'il peut être blâmé. Barberousse n'y fut pour rien, quelque intérêt qu'il eût pu y avoir. Il peut se faire pourtant que cet amiral se fût porté intermédiaire entre Solyman et Lomellini ; mais les chroniques manuscrites des d'Oria n'en parlent point.

ou s'il voulait seulement à la face des hommes s'accorder avec le ciel pour ce marché, peu catholique assurément; mais ce fut surtout à partir de 1544 que l'Annonciade prit le caractère de magnificence qu'elle a conservé. Les Tunisiens reconquirent Tabarca en 1741.

La façade de l'église est brute, en briques recouvertes d'une terre grise qui attriste la vue, percée de mille trous carrés où devaient s'accrocher le marbre et la pierre sculptés, et qui ont le malheur de ressembler aux loges symétriques d'un colombier; elle est devant cette somptueuse habitation du Seigneur comme serait devant un palais la façade d'une misérable chaumière. A l'intérieur, tout ce qui touche au portail est inachevé aussi, et c'est grand dommage.

Parmi les cent mille contes qu'on fait aux voyageurs, il en est un qui a cours dans toute l'Italie et que la crédulité accrédite un peu partout, même en France où l'on ne croit plus guère cependant aux exigences du pape; la face incomplète de l'Annonciade me le rappelle. On dit que toute église achevée doit un tribut annuel au souverain pontife ; il n'en est rien. Le grand nombre d'églises non finies que l'on rencontre en Italie a donné lieu à cette fable par laquelle je ne sais quel ingénieux *cicerone* aura voulu expliquer sans doute la bizarrerie de cette fréquente opposition d'un extérieur mesquin et pauvre avec un sanctuaire éclatant d'or et de magnifiques produits des beaux-arts. La vérité est que beaucoup de fondateurs ont mal calculé les dépenses où devait les entraîner leur zèle pieux ou leur vanité, et que l'argent devant leur manquer pour parfaire l'œuvre ébauchée, ils ont donné la préférence au dedans sur le dehors, ce qui au reste est un parti plus raisonnable que le parti contraire.

Des choses dont je fus frappé dans l'Annonciade, celle qui me parut la plus belle, c'est un grand tableau de *la Cène* par Procaccino ; morceau énergique, d'une composition large et sage, d'une couleur solide et d'un effet qui serait plus grand encore, si cette toile placée au-dessus de la porte de l'église n'était pas éclairée seulement par des reflets incertains. Procaccino est un de ces artistes d'un mérite réel qui abondent dans la peinture italienne de second ordre, et dont les noms, dignes de plus de renommée, n'ont guère franchi les Apennins. La *Cène* dont je viens de parler suffirait à la réputation de trois habiles gens de notre époque, et c'est la vingtième partie du bagage de Procaccino. Daniel Crespi, Cambiaso, les Piola, Sarzana, Pomerancio, les Mentanazi, Giovanni David, Ferrari, Scotto, les Castello, Semino, le Capucino, Parodi, Raggi, Solimène, Galeotti, Franceschini, les Carlone, et tant d'autres sont à peine connus en France, et il y a de bien belles choses pourtant de ces hommes qu'ont écrasés les chefs-d'œuvre et la réputation universelle des Raphaël, des Léonard de Vinci, des Michel-Ange, des André del Sarte, des Rubens, des Carrache, des Titien, des Palme, des Corrège, des Tintoret et des grands rivaux de ces maîtres.

Je viens d'écrire les noms de Carlone et de Piola; le souvenir de ces deux artistes se lie d'une manière tragique aux embellissemens de l'Annonciade. Voici comment. J'avertis d'abord que je n'affirme point le fait que je vais rapporter ; je le donne comme une de ces nombreuses traditions populaires qui courent les villes d'Italie, toujours redites et jamais discutées. Carlone avait eu pour élève Pellegro Piola. Cet enfant était prodigieux ; à l'âge de quinze ans il faisait des merveilles. Carlone en devint jaloux, tellement qu'un jour il le jeta par la fenêtre, dans cette rue des Orfèvres où l'on voit encore une charmante madone de Piola, exposée à la vénération des fidèles, derrière deux lampes incessamment ardentes. Carlone arrêté protesta que Piola était tombé par malheur ; mais la voix sévère du peuple qui connaissait le Vénitien Carlone pour un envieux l'accusait, et il fut condamné à mort. Les églises étaient alors des lieux de refuge où le bourreau ne pouvait venir saisir les criminels. Le condamné se jeta dans l'Annonciade qui n'était pas encore achevée ; il s'y établit, et les moines le reçurent à condition qu'il rachèterait son crime par des œuvres pieuses, c'est-à-dire par des peintures dans l'église. Il se mit avec ardeur au travail sauveur et peignit successivement la voûte, vaste composition très-distinguée, et les deux côtés du sanctuaire. De l'Annonciade, il passa à Saint-Ambroise dont il peignit la grande coupole, puis à San-Syro où il représenta dans les tableaux de la voûte l'histoire de saint Pierre. Tous ces bons ouvrages rachetèrent sa vie.

Un martyre de saint Clément, aussi de Carlone, placé dans la première chapelle à gauche de *l'Annunziata*, est une assez belle chose. Le corps du patient sur la roue est remarquable également par la forme et la couleur. Je n'ai rien à dire de la chapelle française de Saint-Louis, quoiqu'il y ait un tableau notable de Bernard Carlone — un autre que le précédent, dont le prénom est Jean-Baptiste — représentant saint Louis, adorant la croix. Cet ouvrage est dans le goût de Van Dyck dont Bernard s'était fait le trop scrupuleux imitateur. Le souvenir du maréchal de Boufflers vit à

Gênes, grâce à l'inscription de son tombeau placé dans cette chapelle par la reconnaissance de la république génoise sauvée, en 1747, des ennemis que combattit le maréchal.

Quoique je ne puisse pas aimer la sculpture coloriée qui a pour moi l'horrible défaut de vouloir être un trompe-l'œil et de ressembler à la nature animée justement comme y ressemble la face hideuse d'un cadavre humain à laquelle on a mis du rouge, je ne fus pas insensible à quelques groupes d'un effet assez vif, et aussi bons, je crois, que choses de cette espèce peuvent l'être. Un capucin me les fit remarquer avec une sorte de tendresse, qui s'explique très-bien quand on sait que le principal morceau représente le fondateur des franciscains en extase.

Au surplus, mon capucin ne me fit pas grâce d'une des beautés même les plus équivoques de son église; colonnes droites ou torses, noms des peintres et variétés des marbres, légendes pieuses et traditions mondaines, nomenclature des bienfaiteurs du temple et tableau de la pauvreté des desservans, il n'oublia rien. Sa complaisance ne fut jamais en défaut; et il y eut d'autant plus de mérite que je l'entendais fort peu, ce qui le contraignait à répéter souvent la même chose. Ce moine parlait le patois de Gênes, et eût-il parlé la parfaite langue toscane avec l'accent romain (*lingua toscana in bocca romana*), j'étais si novice encore que bien des paroles importantes m'auraient échappé sans doute. Je faisais pourtant de grands efforts pour entendre et surtout pour être entendu; ce que je savais d'italien, et j'en savais juste tout ce que j'avais pu en apprendre depuis que j'avais quitté Nice, c'est-à-dire depuis quatre jours, je l'alongeais de latin de cuisine, de français et de je ne sais quoi encore, mélange ingénieux qui composait un dialecte barbare qu'un homme plus savant ou plus sorcier aurait apprécié et compris. Mais le jeune frère n'avait jamais appris le latin, et ne connaissait du français que le seul monosyllabe *oui*, dont il faisait un usage fréquent, et pas toujours très-heureux. A force de soins et de persistance, nous finîmes cependant par nous tirer des défilés où nous nous engagions à tous momens. Nous nous comprimes parfaitement, excepté sur un point délicat que je ne soupçonnais pas du tout, celui d'une gratification attendue par le capucin. Il est d'usage que le visiteur de l'Annonciade donne une petite pièce de monnaie à son guide encapuchonné. Je n'ignorais point que les soldats de Saint-François sont une milice mendiante ; mais, au milieu des richesses de leur église, je n'aurais pas osé offrir à l'un d'eux une ou deux pièces de huit sous : je me contentai donc, quand je sortis, de lui faire une révérence fort polie, en lui tournant de mon mieux un compliment sur son obligeance pour les *forestieri* que la célébrité de *l'Annunziata* attirait à Gênes. Il mit les mains dans ses manches, salua d'un air assez triste, et s'en alla comme un honnête pauvre à qui l'on n'a rien donné. Je sus, le lendemain, que j'avais dû beaucoup désobliger ce brave balayeur de l'église des capucins — car ce n'était pas un dignitaire d'un ordre plus élevé — je retournai à l'Annonciade et je fus généreux : je glissai dans la main du servant tonsuré un franc, en trois pièces de cuivre, et je connus à son *mille grazzie* qu'il était raccommodé avec moi. Il me reconduisit à la porte en me traitant d'excellence, de seigneur chevalier ; je ne me rappelle plus les autres titres dont il m'accabla, et que je fis, d'ailleurs, semblant de ne pas entendre, tant je trouvais qu'un franc était un présent indigne d'un gentilhomme.

Il était midi quand notre valet de place nous ramena de Saint-Cyr, où nous étions allés en sortant de l'Annonciade, et où nous avions passé plus d'une heure à examiner ce temple, célèbre par les assemblées qu'y tint l'Église dans les premiers siècles de la chrétienté, et par le miracle que le saint fit à l'occasion d'un basilic sorti d'un puits où le diable le tenait en réserve pour la désolation de la cité. Cyr dompta le basilic, plus puissant en cela qu'Apollon qui ne put que tuer le serpent Python. De belles colonnes, des marbres éclatans, des tableaux remarquables de Sarzana, de Pomerancio, du Guide et de Castelli, des peintures d'ornément de Carlone et de Dominique Piola, donnent à l'église de Saint-Cyr une importance presqu'égale à celle de l'Annonciade....

La promenade était commencée, et j'étais fort curieux de voir la population génoise. Nous allâmes donc à la rue *Carlo-Felice* qui, avec les rues *Nuova*, *Nuovissima* et de *Balbi*, est le cours sur lequel les promeneurs se donnent rendez-vous, de onze heures à cinq. La petite bourgeoisie commence; et à deux heures et demie environ la noblesse, la banque, les riches négocians, les étrangers, l'état-major général, les moines les plus mondains viennent à leur tour mesurer, deux ou trois fois, dans toute sa longueur, le pavé large, plat, à bandes dallées sur le milieu de la voie, à trottoirs sur le côté, où hommes et chevaux ne courent guère le risque de la fatigue, tant il est bien entretenu.

La bonne compagnie est à Gênes ce qu'elle est partout, et la rue Nuovissima, à trois heures, ne diffère en rien d'Hyde-Park, du bois de Boulogne ou de l'allée des Tuileries; les femmes sont mises là comme à Paris, car c'est Paris qui leur envoie ses modes; Paris est par toute l'Europe, grâce à deux ou trois couturières, à quelques modistes, et à un journal fashionable. Les hommes se ressemblent dans toutes les capitales et dans toutes les villes un peu grandes; même habit, même chapeau, même manière de se cravater. Paris pèse de toute son influence civilisatrice sur Gênes et sur Pétersbourg, sur Vienne et sur Naples, sur Édimbourg et sur Rome; il a le privilége de donner aux hommes comme aux femmes la façon extérieure; et loin que l'on fuie sa tyrannie, on la recherche, on s'y soumet aveuglément, on en exagère même les rigueurs. A Gênes peu ou point d'équipages pour les promenades dans les *strade*; si l'on a voiture, c'est pour les jours solennels de bals, ou pour aller à la *villa* à quelques milles de la cité. On voit cependant des carrosses dans la ville, c'est-à-dire dans les rues principales qui sont assez larges pour laisser à leurs évolutions un peu de liberté ; mais ce sont des voitures de place. Ces *legni* ¹ sont de méchans cabas, durs, mal suspendus, assez comparables aux mauvais fiacres que nous avions autrefois à Paris ; ils sont à cent lieues de valoir les calèches légères, propres et douces de Naples, de Rome ou de Florence.

Le *mezzo ceto* a son caractère particulier à Gênes. C'est une classe qui garde dans tous les pays un cachet que le temps efface lentement ; on retrouve chez elle les vieilles modes, les traditions perdues dans la haute société, comme on retrouve chez les paysans les vieilles langues descendues à la condition des patois. Un voile de mousseline blanche est la coiffure conservée par les femmes de ce rang, intermédiaire entre le petit peuple et la noblesse ; c'est l'ornement de fort bon goût

¹ Les Génois appellent une voiture *legno*, comme les Vénitiens appellent un vaisseau, par métonymie. Nos anciens marins appelaient aussi le navire un *bois*, et ils avaient pris cette figure aux Latins, ainsi que les Vénitiens et les Génois ont fait.

que portaient toutes les dames génoises aux xvie et xviie siècles. La tête, le col, les épaules et la taille enveloppées du *mezzaro* ont de la grâce et beaucoup d'agrément. Je suis fâché que les vieilles femmes n'aient pas adopté une espèce de coiffure plus convenable à leur âge. Il en est pourtant à qui le mezzaro va bien ; ce sont celles qui prennent un peu de soin de leur chevelure blanchie. Je fus très-désagréablement frappé tout le long de la Corniche et à Gênes de la négligence que les femmes âgées du peuple apportent à leur coiffure ; elles vont échevelées, sales, ayant l'air de Parques ou d'Euménides. A Nice et dans la Basse-Provence, elles se cachent du moins le sommet de la tête avec la capelline, chapeau de paille qui a la forme d'un cône tronqué et qui abrite très-bien la figure. A Gênes rien, excepté le dimanche où le mezzaro d'indienne à larges sujets de couleur, sur un fond blanc, masque un peu des cheveux gris mal attachés par derrière et mal retenus par un ruban noir en couronne. Le voile d'indienne est charmant, et beaucoup de jeunes filles d'ouvriers ou de matelots le portent avec une coquetterie qui les rend fort agaçantes. Les femmes de Gênes ne sont pas jolies en général, mais leurs yeux sont vifs, et leurs têtes, enveloppées dans les plis du voile, sont d'un effet fort agréable; c'est ce que je fus à même de remarquer dans la longue promenade que je fis, de la rue Balbi à la place San-Domenico.

Parmi les moines qui affluaient à la promenade, moines blancs olivétins, moines bruns de l'observance franciscaine, moines croisés de rouge ou frères de la croix, moines noirs de Saint-Benoît, moines noirs et blancs qui suivent la règle de saint Dominique, un de ces derniers nous surprit tant il était élégant, tant il affectait la recherche dans ses habits. Il était jeune, bien de figure, assez grand, mince, chaussé de souliers fins, brillans de cire anglaise et floquetés de larges rubans noirs; il avait des bas de coton bien blancs, un scapulaire d'étamine noire, soyeuse et légère, des manchettes, des gants blancs, un col soutenant le menton comme le col d'uniforme d'un mousquetaire, un chapeau bien retapé, luisant et mis un peu sur le coin de l'oreille. Il regardait les femmes sans rougir, et de manière à étonner celles qui n'étaient pas faites encore à ces façons libres et cavalières du clergé italien ; comme il avait la vue basse ou qu'il savait la mode, il s'aidait d'un lorgnon pour voir sous les chapeaux des dames, à travers les plis transparens de leur mezzaro, ou dans l'ombre des jalousies relevées, sous lesquelles s'abritent les Génoises du beau monde qui, demeurant sur le terrain de la promenade, en ont la jouissance sans quitter leurs fenêtres. Ce jeune frère dont le nom célèbre est Pallavicini, je crois, je l'ai revu plusieurs fois, et toujours aussi petit-maitre. Au reste je dois dire que les moines de son ordre sont de beaucoup les plus proprement tenus de tous les moines cisalpins. Soit qu'il y ait parmi eux plus de gens riches, soit que le divorce avec les idées du monde soit là moins profondes qu'ailleurs, il y a force dominicains assez distingués de manières, de tournure et de toilette ; mais il y en a peu qui aient cet air de houzard déguisé qu'avait celui dont je viens de faire le portrait sans charge, je vous assure.

Cinq heures nous ramenèrent à l'hôtel où nous vîmes arriver nos futurs compagnons de voyage, monsieur et madame Brunton. Après le dîner nous fîmes notre plan de campagne et nous décidâmes que j'irais à Venise pendant que M. Brunton se rendrait à Florence, où il m'attendrait pour gagner Rome et Naples. Quant à notre séjour à Gênes, j'en fis deux parts, l'une donnée à mon travail que je combinai avec les jours non fériés et les heures consacrées au public dans les bibliothèques, les musées et les autres lieux où je pouvais espérer de faire quelques bonnes trouvailles maritimes ; l'autre toute à la curiosité, à la visite des palais, des églises, des jardins, des campagnes voisines.

Je restai maître de mes directions pour ce qui était de la première ; pour la seconde nous nous confiâmes aveuglément à l'intelligente sagacité de Vincent Rivara, notre valet de place.

Je dois une mention à cet excellent serviteur que je recommande à tous les Français, amis de la bonne plaisanterie. Vincent Rivara est un gros garçon réjoui, parlant convenablement le français, original dans l'expression de ses pensées, grand faiseur de tropes qui n'a jamais lu Dumarsais ou Veneroni, actif, soigneux, empressé, babillard si vous aimez que l'on cause, réservé si vous préférez que votre guide n'aille point au devant de vos questions, spirituel comme un candidat à l'Académie, leste comme un figaro, bien qu'il ait quarante-cinq ans, piquant, mordant, railleur aujourd'hui, doux, facile au prochain, louangeur même si c'est sa veine d'indulgence demain; sachant Gênes sur le bout de son doigt, comme on dit, gazette du pays, chronique vivante à qui rien n'est caché, de la sacristie au boudoir des marquises, mais discret s'il voit que vous ne méritez pas sa confiance; c'est en un mot un homme unique, qui, pendant douze jours, a fait notre bonheur par ses saillies, ses récits, et le tour pudique de ses singuliers cancans. Vincent ne se laisse pas marchander ; son prix fait est quatre francs par jour. Mais, sans être positivement intéressé, s'il voit qu'il a sous la main un *maître* qui ira jusqu'à donner la piastre, il est tout attention, tout esprit, tout verve et gaîté. Il comprit sans doute que nous l'avions apprécié à sa juste valeur et que notre reconnaissance ne laisserait aucun regret à son dévouement, et il fut ce qu'il aurait été pour des Russes. Car il a un faible pour les Russes, il me l'a avoué ! Les Russes *paient mieux* que les Français, et ils aiment autant à apprendre ; deux belles qualités pour Vincent, qui veut que l'on sache la ville dont il est un des enfans zélés, et qui, ayant une fille à marier, pense, ce qui est bien naturel, à lui composer une petite dot. Le voyageur qui lui déplaît toujours, quelle que soit sa générosité, c'est l'Anglais. Il n'a aucune sympathie pour l'Anglais, parce que c'est en courant qu'il voit tout et seulement pour avoir le droit de dire qu'il a vu.

A l'Anglais, Vincent montre Gênes en deux jours; au Russe et au Francais, en huit jours au moins. Ce qui chagrina un peu Vincent Rivara, c'est que dans notre compagnie était M. Mit.... mon Anglais du coupé de la diligence, assez embarrassé de nous pour sa part, car nous n'avions ni les mêmes admirations ni les mêmes goûts. M. Mit.... fut très-malheureux avec nous; il aurait visité toute l'Italie pendant que nous visitâmes Gênes. Une chose m'avait attaché tout de suite à Vincent : c'est un ancien matelot qui a servi autrefois à bord du vaisseau *le Génois*, quand Gênes était une enclave de l'Empire.

Je ne dois pas oublier de dire que Vincent Rivara demeure rue de Balbi, près du palais du Roi, dans le beau quartier, comme un valet de place de bonne compagnie qu'il est.

XI

Un demi-saint. — L'amiral des Genêts. — La corvette *le Triton*. — *Ponte della Legna*. — Les capucins peseurs de bois. — Banque de Saint-George. — Loge des banquiers. — Orfévrerie génoise. — Jolis ornemens des maisons. — La place *Fontane Amorose*. — Théâtre *Carlo-Felice*. — Palais ducal. — Un combat naval du seizième siècle. — La grande salle du conseil. — Statues de paille. — Façade du palais. — Cinq tableaux de marine. — Saint Ambroise. — Tradition sur deux crucifix génois. — Saint Laurent. — Consigne contre les femmes. — La statue du remouleur. — Le soldat du bastion Saint-Michel. — Le *sacro Catino*. — Notre-Dame-des-Vignes. — *Le siége d'Anvers* au théâtre des Marionnettes.

Encore aujourd'hui c'était fête, petite fête, la fête d'un *demi-saint* comme disait notre Vincent. Point de bibliothèques ouvertes, point de port abordable; d'ailleurs pour le port, il me fallait un introducteur, une permission, quelqu'un ou quelque chose qui m'aidât à franchir la porte dont une consigne sévère défend l'entrée aux profanes, comme si l'arsenal de Gênes était encore l'asile mystérieux de la force d'un empire puissant sur mer.

Le destin se montra soigneux de *me* pourvoir.

Gênes a un amiral, directeur de toute la marine sarde et piémontaise, M. le comte des Genêts; j'allai lui faire visite, mais sans le trouver. Son aide-de-camp me donna un laisser-passer pour la Darsina, en attendant que Son Excellence m'accordât des entrées plus libres, gracieuseté qu'elle voulut bien faire, le soir même, au recommandé de messieurs les amiraux Jacob et de Rigny. M. des Genêts a été plein de bienveillance pour moi, sans m'avoir vu; car dix fois j'ai essayé d'arriver jusqu'à lui, et jamais les rendez-vous pris n'ont pu réussir. Cet amiral est fort laborieux; il passe une partie de ses journées dans le port où il a fait depuis quelques années de notables améliorations : aussi l'on peut dire que, sous le rapport du matériel, sa petite marine n'est inférieure à aucune autre. Il jouit d'une grande considération dans la ville dont il a été gouverneur et où il n'occupe plus que le second rang, depuis qu'un événement politique où il fut compromis eut mis trop en évidence des idées libérales qui ne peuvent plaire au roi, jadis prince de Carignan.

Une corvette était mouillée à l'entrée du port marchand, bâtiment d'une jolie apparence, haut mâté, bien gréé et dont j'étais curieux de voir la tenue intérieure ; je proposai à mes compagnons d'aller à bord. Un jeune sous lieutenant de vaisseau nous y reçut avec une politesse courtoise qui est aujourd'hui dans l'éducation et dans les habitudes des officiers de toutes les marines. M. le chevalier de Villa-Foletti était de garde, et le capitaine absent. Il nous fit les honneurs du *Triton* que je trouvai assez propre. C'est un vieux navire qui de loin a encore un peu de cette tournure qu'ont, chez les hommes, ce que nous appelons les ci-devant jeunes gens; de près c'est bien différent : on peut compter ses rides ; tout dénonce son âge, et il est trop facile de voir qu'on n'a plus pour lui cette tendresse qu'on a pour son jeune cheval, son jeune bâtiment ou sa maîtresse toute jeune. On n'est plus coquet pour lui, on n'est plus jaloux de lui, on le lave, on l'approprie, mais on ne songe plus à le parer. *Le Triton* revenait depuis quelques mois du Levant, et j'eus par M. Villa-Foletti des nouvelles de plusieurs de mes camarades. Je ne puis rendre ce que j'éprouvai de plaisir à entendre prononcer leurs noms par une bouche étrangère, sur un navire étranger, dans un port qui n'était pas français ! Je sus gré à cette corvette d'être allé à Smyrne, à Nauplie, et il me sembla que je comprenais mieux en ce moment la mission du Vaisseau ! M. de Villa-Foletti nous fit d'obligeantes offres de service pour les jours suivans, et nos dames l'acceptèrent comme *cicerone* pour une visite à faire dans l'arsenal.

Nous revînmes à terre et nous fîmes débarquer au *ponte della Legna* — la jetée au bois — sur laquelle d'énormes piles de bois à brûler entraient en distribution par les soins et sous l'inspection des capucins qui ont le privilége de peser le combustible. Un moine à barbe blanche présidait au marché; vous l'eussiez vu, un large chapeau de paille sur la tête, un carnet à la main, grave et arbitre souverain allant d'un tas à l'autre, d'une romaine à un âne chargé, donner ses ordres aux facchini et se faire obéir ponctuellement par les frères novices qui livraient aux ardeurs du soleil leurs têtes rasées, couronnées seulement d'un étroit cordon de cheveux. Ce vieillard était beau, en vérité; je ne sais ce qu'il aurait valu en chaire ou dans une conversation d'une certaine portée; mais à la cale au bois, entre ses frères et les ânes, il était admirable.

Comme nous nous trouvions tout près de la banque de Saint-George, nous y allâmes. La banque de Saint-George, grande et large institution du moyen-âge, n'existe plus depuis 1815. C'était ce qui restait de la république

~~génoise~~; et ce reste a fait peur à la royauté du ~~Piémont~~ qui n'avait pas plus à en redouter ce~~pendant~~ que la monarchie française n'eut à redouter de la compagnie des Indes à laquelle M. Valery l'a justement comparée. La banque de Saint-George fut puissante et riche; elle posséda des villes et eut des trésors qui furent l'objet de l'envie des ennemis de Gênes et de leur convoitise armée. Le peuple l'administrait par ses délégués joints aux élus de la seigneurie génoise. Ses fondateurs et ceux qui la dotèrent de quelques bienfaits se virent dresser des statues autour de la grande salle. Ces statues ne sont très-remarquables que par l'intention qui les consacra. L'orgueil des Génois ne s'est point éteint sous les diverses dominations qui ont pesé sur eux; et aujourd'hui qu'ils ne peuvent avoir une pensée ou faire un mouvement que le gouverneur sarde n'en soit instruit à l'instant, ils se vengent de la contrainte où ils sont tenus en rappelant leur passé glorieux. C'est ainsi qu'à la banque de Saint-George ils aiment à montrer les assises basses de l'édifice faites en pierres provenues d'un château que les Vénitiens avaient à Constantinople, et que la flotte génoise démolit par mépris pour Venise; c'est ainsi qu'ils se plaisent à faire voir aux étrangers la figure emblématique de leur ancienne force dans un groupe de marbre qui présente un griffon étouffant dans ses serres l'aigle impériale de Frédéric et le renard des Pisans; c'est ainsi que partout ils montrent des fragmens de la grosse chaîne dont les Pisans avaient fermé leur port et que Conrad d'Oria, commandant quarante galères de Gênes, rompit en 1290, alors qu'il saccagea Pise et détruisit Livourne. Hélas! les pauvres Génois ne rompent plus de chaînes, ne détruisent plus de villes ou de châteaux-forts, n'étouffent plus de renards ou d'aigles; un petit roi les tient sous son pied où ils n'osent bouger!

La douane est établie dans l'ancienne banque de Saint-George.

Personne au port-franc, aujourd'hui; passons.

Nous allâmes du port à la loge *de'Banqui*, ce *bel azardo* d'un homme de génie, Galéas Alessi, qui en eut plus d'un dans sa vie d'artiste. C'est une hardie construction que celle de cet abri vaste, sans soutien au centre, voûté en ogive obtuse, et supporté du côté de la place et du côté de la rue des Orfèvres par seize élégantes colonnes de marbre au chapiteau dorique. Tous les hommes de l'art s'accordent à dire qu'il est difficile de produire plus d'effet avec moins de dépense, résultat dont le secret paraît inconnu à l'architecture moderne qui prodigue tant les moyens et les matériaux pour arriver à des fins si mesquines.

En remontant la rue des Orfèvres où les boutiques étaient à demi-fermées, nous nous plûmes à regarder les travaux en filigranes d'or et d'argent dont les Génois tiennent peut-être des anciens Arabes les procédés délicats et le goût fantastique. Les pendans d'oreilles, les colliers, les épingles à coiffures, les chaînes et le reste nous surprirent par l'agrément de leurs formes, la finesse incroyable de la matière filée et la singulière variété des dessins exécutés avec une précision exquise. Dans cette rue, une des plus vivantes et des plus jolies de Gênes quand on ne chôme pas quelque saint, je remarquai sur la porte d'allée d'une maison très-ordinaire d'ailleurs, une *adoration des mages*, bas-relief en marbre noir ou plutôt en cette espèce de pierre dure, noire, qui tient de l'ardoise et qu'on emploie beaucoup dans les constructions génoises. Ce morceau que je crois appartenir à quelque bon artiste du quinzième siècle, est d'une exécution large et fine à la fois; c'est un des meilleurs ouvrages de ce genre qu'on trouve en grand nombre sur les portes des maisons de particuliers qui, n'étant pas assez riches apparemment ou assez grands seigneurs pour se bâtir des palais de marbre, se construisaient des demeures simples où les chambranles des portes et des fenêtres recevaient des ornemens de bon goût, mascarons, compositions grotesques, ou gracieux rinceaux dont l'art à sa renaissance emprunta les contours, les fleurons, les figures, les animaux imaginaires aux stucs et à la peinture ornementale des Romains et des Grecs. Tel encadrement de la boutique d'un apothicaire ou d'un marchand de papier, telle porte d'un hôtel garni ou d'une maison inconnue d'un obscur *vicolo*, mériterait qu'on le moulât pour en conserver l'empreinte. Il y a à Gênes dans cette branche secondaire de l'art autant de choses précieuses peut-être qu'à Pompeï. On les néglige, on les laisse se dégrader, et un jour viendra qu'on en recueillera les débris avec respect, avec amour; ce sera celui où les vers auront mangé tout ce qui reste dans les églises de belles œuvres de bois, et où les traces du moyen-âge et de la renaissance ne seront plus que sur quelques murs des anciennes villes grandes, riches et féodales.

C'est au palais ducal que nous nous rendîmes en passant par la place *Fontane Amorose* où nous vîmes l'édifice assez beau dans lequel est établie la poste, le palais habité par M. Delarue riche banquier, quelques autres palais revêtus de peintures du XVI° siècle encore bien conservées, et cette grande maison de marbres blanc et noir, par zônes alternatives, construite des débris du palais des Fiesque, si l'on en croit la tradition. Des inscriptions et des statues d'un bon caractère en ornent la façade qui domine la place comme l'ancienne habitation de Fiesque dominait la ville. Nous jetâmes un coup-d'œil sur le théâtre *Carlo-Felice*. Il a la plus belle réputation entre les monumens de ce genre; grand et noble en effet, mais d'un caractère trop grave, il est remarquable par son porche aux six colonnes immenses en marbre blanc, profondément cannelées, et surmontées d'un large attique que couronne un comble triangulaire. Sur le comble une statue du génie de la Musique; sur l'attique une inscription naïve qui dit que cet édifice fut construit, en 1827, pour qu'une ville si riche en monumens insignes ne manquât pas d'un théâtre. La façade sur la rue *Carlo-Felice* est simple, d'un style fort et cyclopéen, qui a peut-être un peu de lourdeur. Les piliers de pierre soutenant la terrasse, larges et solides, avec leur architrave de marbre de Carrare, ornée de couronnes, de chars et de masques, me plut beaucoup : c'est ce qu'il y a de plus original dans la composition de cet édifice qui fait honneur à M. Charles Barrabino, architecte génois, mais où j'aurais voulu plus d'élégance et de légèreté.

Nous arrivâmes enfin, par la petite porte du côté de la place Saint-Dominique, au palais du gouverneur, de la police et de la municipalité, qui fut l'ancienne résidence des doges.— Je m'avisai de demander en italien je ne sais quel renseignement au factionnaire de cette porte; il me répondit en fort bon français. Le sourire dont il accompagna son obligeante réponse me fit rougir jusqu'au blanc des yeux ; je fus assez sot pour en être comme humilié. Ce soldat était un Savoyard que mon méchant baragouin aux apparences italiennes avait un peu diverti, et qui s'amusait à me donner indirectement l'avis de parler le plus que je pourrais ma langue maternelle que tout le monde à peu près comprend et parle à Gênes. —

Un vestibule d'une grandeur peu commune, couvert de voûtes dont les retombées sont appuyées sur une forêt de colonnes de marbre, nous frappa d'abord par sa magnificence pleine de simplicité et l'heureuse témérité de sa construction. J'étais décidé à fureter partout, parce que je sais tout ce que peut le hasard pour les recherches auxquelles je me suis voué, je sais tout ce que je lui dois déjà de trouvailles intéressantes : autour du vestibule étaient des portes ; j'allai en pousser une. J'entrai dans une espèce d'antichambre obscure, prétoire d'un commissaire de police de quartier dont le bureau est au fond de cette pièce ; un grand tableau était là, et quand mon œil fut familiarisé avec la lumière douteuse qui l'éclairait, quelle fut ma joie d'y voir la représentation d'un combat naval du xvie siècle ! Je trouvai là des galères génoises, et de ces vaisseaux aux châteaux élevés, dont j'avais déjà une idée par la précieuse gravure, exécutée aux frais de la société des antiquaires de Londres, et représentant le départ de Henri viii pour le camp du Drap-d'Or. L'œuvre de Callot et quelques rares estampes de la bibliothèque du Roi m'avaient d'ailleurs familiarisé avec des formes sur lesquelles aucun doute n'allait plus me rester ; car si j'avais pu craindre que Callot et les autres artistes eussent abusé du droit que le peintre a de prendre les objets du côté pittoresque et de donner au positif de certaines formes, une tournure qui plaît à l'art, ici j'étais en présence d'une peinture simple, faite presque d'après nature, par un artiste naïf, dans un pays maritime où un mensonge dans la figure des navires n'eût pas été toléré tant il eût été ridicule, le dernier des Génois pouvant juger de la vérité tout comme un capitaine des galères. Je remerciai ma bonne fortune qui m'avait si bien servi, et je me promis de venir dessiner là.

Quand Vincent — cet homme d'intelligence dont j'ai déjà parlé — vit que je prenais intérêt aux représentations des choses maritimes, il me dit de n'être point en peine, et que dans ce même palais ducal il me montrerait des tableaux qui ne sont jamais regardés par personne, mais que j'aurais du plaisir à étudier, moi. Dès ce moment il se fit une consigne de mon désir curieux, et son attention incessamment éveillée à côté de la mienne, nous trouvâmes cent objets qui m'auraient peut-être échappé sans cet effort de son zèle.

Nous montâmes à la grande salle où siégeait autrefois la suprême magistrature de la république, et quand nous y entrâmes, notre Anglais s'écria : « Bah! ce n'est que cela! nous avons à Londres bien des salles plus belles dont on ne parle point. » M. Mit... était ainsi fait; rien de ce qu'il voyait ne pouvait le surprendre ou le satisfaire; il s'était fait un thême en quittant l'Angleterre, et ce thême toujours le même, il en variait à peine les expressions. Le fait est que le grand salon du palais ducal est beau et qu'il devait être plus beau encore au temps de la grandeur de Gênes, avant qu'une bombe, partie d'un des vaisseaux de Louis XIV irrité, l'eût incendié en 1684 ; alors qu'on y pouvait admirer les fresques historiques de Marc-

Antoine Franceschini et les ornemens du Bolonais Th. Aldrovandini. Des niches ouvertes autour de la salle abritent d'étranges statues de paille, drapées de percale assez bien ajustée. Ce sont les vertus et les sciences qui ont remplacé, dans cet ancien panthéon génois, les images des hommes honorés par la république depuis les Grimaldi et les vieux d'Oria jusqu'aux maréchaux de Boufflers et de Richelieu. Ces vénérables statues tombèrent, en 1797, sous le marteau révolutionnaire qui semblait devoir s'être lassé en France, et qui eut encore la force barbare de mutiler tant de choses belles et glorieuses en Italie. Les simulacres qui leur furent substitués ne datent que du passage de Napoléon à Gênes; on les improvisa pour une fête donnée au grand homme qui venait de confisquer toutes les libertés italiennes. La flatterie fut là plus forte que l'ancienne vanité génoise; personne ne songea à livrer l'aigle française au griffon de la république; on la caressa, on lui fit un lit de roses, on lui baisa la patte. Quand le délire du peuple sacrifiait aux nouvelles idées des images longtemps vénérées, l'enivrement qui suit de pareilles victoires ne pouvait s'arrêter tout de suite; il poussa les choses à bout, et fit tomber les deux grandes statues d'André et de Jean-André d'Oria que l'enthousiasme d'une autre époque avait élevées sur les piédestaux qu'on voit au bas du perron de la cour, veuf du sauveur de la patrie et de l'amiral de Charles-Quint.

Le perron dont je parle est un escalier en marbre, digne en tout de la façade du palais. Sur cette façade, entre autres ornemens remarquables, sont quelques statues d'esclaves qui, sans être vraiment belles, ont cependant du caractère ? Je ne comprends pas pourquoi l'on a bâti sur la place attenant au palais ducal une hideuse caserne qui masque l'œuvre de Simon Cantoni, l'architecte de cet édifice après l'incendie de 1777. Le génie italien est-il donc, comme le nôtre, indifférent aux bonnes choses qu'il a créées ? Se plaît-il à voir des baraques attachées aux monumens comme l'agaric au chêne? Notre Louvre a servi pendant un siècle d'appui à de sales échoppes; au pied de la colonne de la grande-armée, nous avons bâti une cabane pour un gardien; nous n'avons pas une de nos sublimes églises gothiques qui n'ait dans quelque angle extérieur la boutique d'une fruitière, l'étalage d'un fripier, ou la chaise à parapluie d'un réparateur de vieilles chaussures; c'est désolant, en vérité! J'espérais ne rien voir de semblable en Italie, et voilà qu'au premier palais que je visite je trouve un de ces maudits champignons français, qui poussent insolemment partout pour déparer nos monumens.

Vincent me tint parole; il nous descendit dans une pièce attenante au bureau de la municipalité, et je pus — au grand chagrin de M. Mit... qui craignait de perdre une minute — contempler tout à mon aise cinq tableaux représentant les travaux du port et les agrandissemens successifs de la ville de Gênes, ouvrages exécutés à la fin du xvie siècle. Dans ces peintures, les bâtimens de toutes les formes, de toutes les grandeurs, abondent à ce point que je pouvais avoir l'embarras du choix. Je me fixai pourtant sur les navires que je voulais copier, et je m'ajournai au lendemain pour les dessiner.

Saint-Ambroise était ouvert; nous y entrâmes pour admirer *l'Assomption* du Guide et le *Saint Ignace guérissant une possédée*, chef-d'œuvre d'expression, de style et de couleur qui me montra Rubens sous un jour nouveau. Quoique nous ne fussions pas loin de Saint-Jérôme, nous n'y allâmes point. Cette église n'a de curieux que le crucifix qui parla à sainte Brigite, conversation dès long-temps oubliée à Gênes où l'on se rappelle aussi peu l'affirmation judiciaire donnée par un autre crucifix que les jeunes filles reconnaissantes allaient adorer jadis à Santa-Maria del Castello. Cette image du Christ était alors plantée sur une des places de la ville; on s'asseyait familièrement sur les marches qui l'exhaussaient, et le soir des amoureux s'y donnaient rendez-vous. C'était mal, sans doute, mais enfin c'était; je ne l'invente point; j'ai pour garant Vincent et de vieux auteurs non moins respectables. Tant il y a, qu'un gentilhomme épris d'une jeune bourgeoise qu'il ne voulait point épouser, un soir qu'au pied du crucifix il voulait obtenir d'elle un peu de ses faveurs obstinément refusées, lui promit mariage. Elle céda, et quelque temps après réclama le bénéfice de cette promesse. Le gentilhomme renia sa parole; procès, et juges fort embarrassés. La pauvre enfant se rappela le lieu où s'était engagé son séducteur; elle attesta le crucifix, auprès duquel le tribunal envoya des commissaires. — Est-il vrai que le comte tel m'a promis de m'épouser, si je voulais l'aimer autant qu'il le souhaitait? — Le Christ baissa la tête, et le gentilhomme fut condamné à donner sa main et son nom à la petite bourgeoise.

A Saint-Laurent où nous descendîmes en sortant de la riche église des jésuites, point de crucifix miraculeux, mais dans une chapelle magnifiquement ornée de marbre aux sculptures fines, gracieuses, riches et d'un goût curieux, les cendres de saint Jean-Baptiste, conquises par les Génois à la fin du xie siècle, en Lybie. Cette chapelle, toute dorée à l'intérieur et décorée de huit grandes statues, est du plus bel effet. Nos dames n'y purent point entrer, elles ne dépassèrent point la balustrade singulièrement jolie qu'y mit il y a plus de deux siècles l'architecte Bonomini. Les femmes n'entrent point dans la chapelle de Saint-Jean; on les punit toutes du crime d'Hérodiade. Il y a, au reste, une foule d'endroits en Italie dont les femmes n'ont pas l'accès, je ne sais pas trop pourquoi. Saint-Laurent est la cathédrale actuelle de Gênes; elle a succédé dans cet honneur à Saint-Cyr. C'est un beau monument gothique de la dernière moitié du xie siècle; il est de marbres noir et blanc, et d'un aspect très-sévère. Le martyre originalement représenté de saint Laurent est sculpté sans perspective au-dessus de la grande porte; ce bas-relief a des détails naïfs qu'on n'oserait pas hasarder aujourd'hui; de ce nombre est un des bourreaux qui souffle le feu avec l'instrument vulgaire de nos cuisines, dans lequel Téniers a mis la tête d'un diable à la *tentation de saint Antoine.* La façade de Saint-Laurent de Gênes est là pour affirmer que l'invention des soufflets date de plus de sept cents ans. Chacune des trois portes de cette façade, en ogive sur-baissée, voit ses arcs élégans accompagnés d'un faisceau de vingt colonnettes, droites, torses, épineuses, cannelées, incrustées de mosaïques, en marbres de toutes couleurs, dont l'ensemble est beau.

Je ne parlerai point des mille détails de sculpture qui accompagnent ces colonnes, ou qui chargent la face et les côtés de Saint-Laurent, des inscriptions gothiques où le nom de Janus, fondateur antique de Gênes, se trouve écrit, des trophées romains placés sans ordre le long des hautes murailles du temple ; cela me mènerait trop loin. Mais une chose dont il est impossible que je ne parle pas, c'est la statue du Remouleur qui est à l'angle extérieur de l'église. Le bonhomme, fort laid et fort raide, est représenté sa meule à la main ; et pourquoi un remouleur est-il sur la façade de la Métropolitaine, tout près de Saint-Laurent? Le voici. Cet homme ayant aiguisé tous les instrumens qui avaient servi pour la construction de l'église, ne voulut point recevoir le prix de son travail; mais il demanda qu'on lui permît de placer à un endroit très-apparent de l'édifice sa statue en marbre qu'il ferait lui-même : on accéda à son vœu, et, en 1100, il monta son image où on la voit encore.

Ce n'est pas à Gênes le seul exemple d'un pareil honneur sollicité et obtenu, comme récompense de services rendus. Au bastion de Saint-Michel, sur la place du prince d'Oria, j'ai contemplé avec respect la ruine de la statue d'un soldat qui donna un bon avis à la république. C'était au moment où l'on projetait des ouvrages de fortification supérieurs à ce bastion; tous les hommes de l'art avaient donné leur avis et l'on commençait les travaux, quand le soldat se hasarda à représenter le danger de ce qu'on allait faire : « La défense du bastion de Saint-Michel sera impossible si vous faites ceci. — Tu crois? — J'en suis sûr; examinez plutôt. » Et il démontra jusqu'à l'évidence le péril qu'il dénonçait. Le Sénat voulut reconnaître un si excellent office rendu à l'État, et lui offrit une grosse somme d'argent. « De l'argent, Messeigneurs! point s'il vous plaît. Je n'ai pas besoin d'argent; la république me paie assez, et ma famille vit des triomphes de nos flottes sur les infidèles. C'est d'honneur que je veux être riche, et pas d'argent. Une statue sur le parapet du bastion que je conserve à la république, c'est tout ce que je veux. Point de marbre, Messeigneurs, je ne suis pas si exigeant; mais cependant une matière qui dure. » On le prit au mot; on éleva son image armée sur le parapet; et ce ne fut pas en marbre qu'on la fit : si ma vue ne m'a pas trompé, c'est en brique revêtue d'une espèce de stuc, comme les anciens ont fait les colonnes de tant de leurs palais et de leurs temples quand ils n'avaient pas de pierre ou de marbre à prodiguer. Une chose me fâche, c'est qu'on n'entretienne pas cette figure qui n'existera plus du tout quand celle du remouleur sera encore entière. Je n'ai pas pu m'assurer même avec ma longue vue si le nom du soldat était inscrit au-dessous de son portrait mutilé.

Saint-Laurent a un trésor dont quelques pièces de monnaie nous ouvrirent les portes. On nous montra une riche croix byzantine, d'or enrichi de pierres précieuses, que Constantin donna à je ne me rappelle plus quel évêque; puis nous vîmes *il sacro Catino*, le tant célèbre bassin hexagone pris à Césarée en 1101, par les Génois. Ce vase a deux anses, l'une polie et achevée, l'autre ébauchée seulement. Il est d'un seul morceau et passe pour être d'émeraude. L'Anglais Mit... se récria contre cette assertion, prétendant que la plus belle émeraude connue est.... en Angleterre, bien entendu. Au reste, qu'*il Catino* soit de verre ou d'émeraude, c'est ce que je n'ai pas la prétention de décider. Il paraît que le doute n'est pas nouveau et que La Condamine voulut le rayer avec un diamant pour savoir à quoi s'en tenir; mais le moine qui le gardait le lui enleva assez à temps pour qu'il ne pût faire son épreuve. Ce moine, au surplus, ne soupçonnait peut-être point l'intention du savant, mais il connaissait la loi de 1476, qui punissait de mort quiconque aurait touché volontairement *il Catino* avec un métal quelconque ou toute autre matière dure, tant on craignait de voir endommager ce vase que Gênes regardait comme un de ses trésors les plus précieux. Hélas! ce vase n'est plus l'objet du même respect; des sacristains le gardent au lieu des anciens chevaliers *clavigeri;* un prélat n'a plus seul le privilége de le porter par un cordon d'or et de soie, tout le monde le touche; l'Empire français le prit en 1809, et il s'est brisé entre ses mains profanes! Aujourd'hui personne ne fait de gros traités pour prouver qu'il fut trouvé en effet dans le temple de Salomon, que la reine de Saba l'avait donné à Salomon, et que Jésus-Christ y fit la Pâque avec ses disciples; on le regarde comme une prodigieuse pierre précieuse ou comme un morceau fort vulgaire de verre qui n'a de mérite que son ancienneté; et fût-il entier, de la plus parfaite conservation, sans fêlure, je ne crois pas qu'on trouvât à présent un juif qui prêtât sur ce gage sacré vingt-cinq francs, quand, au dernier siége, les banquiers israélites avancèrent à la république quelques millions, hypothéqués sur *il Catino* qu'ils croyaient certainement d'émeraude, car ce n'était point la Pâque de Jésus qui pouvait lui donner un grand prix à leurs yeux ! Tout est bien changé, comme on voit, pour ce vase que les Génois vainqueurs préférèrent à toutes les richesses de Césarée: on l'exposait jadis aux regards une fois l'an ; on le voit tous les jours, maintenant qu'il est livré en monopole à quelques enfans de chœur, à quelques officiers de sacristie au surplus sale, et à la soutane déchirée, mendians qui demandent l'aumône une relique à la main, comme on en trouve sur toutes les grandes routes de l'Italie!

Nous rentrâmes par Notre-Dame-des-Vignes. Nous n'y vîmes, ni la bombe qui tomba dans l'église au siége de 1684, sans faire aucun dégât, sans éclater même, bien que la poudre eût pris feu; ni l'image de la Vierge trouvée miraculeusement, dit-on, en 1603. Ce qui me frappa particulièrement, ce fut une belle figure en bois du Christ par Maragliano. L'autel de la Vierge est très-riche, très-chargé de ces *ex-voto* en argent, couronnes, colliers, croix ou cœurs enflammés, qui ornent les autels de tous les saints et surtout des madones. La statue de Marie par Orsolino n'est guère au-dessus du médiocre, malgré la réputation que lui ont faite les *ciceroni* de Gênes, et la grande estime où elle est dans l'esprit de notre Vincent Rivara.

Nous devions revenir le soir au quartier des Vignes, non pour assister à l'office de la Vierge, mais pour faire connaissance avec les marionnettes. Vincent nous retint une loge à l'ordre noble, c'est-à-dire au second rang; car Vincent est là-dessus très-formaliste; il veut que ses maîtres lui fassent honneur, qu'ils soient placés le mieux possible, et qu'ils paient un peu cher parce que cela donne de la considération à eux et à lui. L'ordre noble, dans la grande baraque qui s'appelle *teatro delle Vigne*, est distingué comme les avant-scènes des Funambules ou de madame Saqui à Paris, comme le premier rang dans la foule qui entoure la maison de polichinelle sur le quai des Esclavons à Venise; il est composé de loges qui ferment à peine, dont les cloisons de côté sont disjointes, et dont la peinture est assez malpropre; d'ailleurs charmantes et commodes, garnies, par devant, de draperies un peu fanées sans doute, mais encore éclatantes de couleur, et meublées de chaises plus ou moins inégales sur leurs pieds, qui me rappelèrent les escabeaux chancelans de la vieille Baucis. On nous donna le *Siége d'Anvers*, drame militaire singulièrement mêlé d'amour et d'intrigues politiques. Cette pièce, jouée avec approbation des supérieurs, pourrait bien brouiller le roi de Sardaigne avec son frère de Hollande, malgré les nombreux correctifs que la prudence du *signor poeta* a su jeter à propos dans le dialogue. Car les marionnettes parlent, et même d'un ton si déclamatoire que nous pûmes croire un moment être transportés à la Comédie-Française au temps de MM. Lafond et Desmousseaux, de mesdames Volnais et Duchesnois. L'ouvrage, très-favorable à l'armée française, est honorable aussi pour la garnison d'Anvers ; le général Chassé n'est pas moins digne d'estime que le maréchal Gérard ; il y a, entre ces deux braves militaires, échange de nobles procédés et de belles paroles. Le maréchal Gérard était représenté, en héros d'Homère, par une marionnette grande, forte, colossale, barbe et moustaches à la Bergami, costume de tambour-major, gesticulant avec de longs bras, parlant très-haut, ouvrant une énorme bouche, et roulant dans leurs orbites *deux* gros yeux à faire peur à quelqu'un de moins calme et de moins brave que le vieux Chassé. Pour celui-ci, c'était un petit vieillard, habillé à la Frédéric II, longue queue, large chapeau, perruque blanche, habit à basques étoffées et retroussées avec des épingles ; fort beau, au surplus, entêté, énergique et disert comme un professeur de l'université de Turin ou de Padoue. Je fus fâché de voir les soldats français habillés à la piémontaise, et une dame d'Anvers vêtue à la hongroise du temps de Marie-Thérèse : c'est probablement que la compagnie Maggi n'a pas des magasins bien fournis. Le spectacle nous amusa ; ce qui nous plut surtout dans l'assaut, c'est un tambour battant avec énergie la charge.... à côté de sa caisse, et ne touchant pas la terre tant il mettait d'enthousiasme dans son action. Un ballet médiocre, médiocrement dansé par deux bergers de l'ancienne famille de Blaise et Babet, termina la soirée. Ces marionnettes danseuses n'ont pas la célébrité de celles de Milan ; elles sont, au surplus, relativement aux marionnettes du drame, comme les danseurs du théâtre Carlo-Felice sont à la troupe chantante.

XII

M. Galloni d'Istria. — Les agens français en Italie. — M. Bacigalupo. — Un vaisseau de 1597. — Une galère du seizième siècle. — Les deux salles du conseil des Décurions. — Monument élevé à Christophe Colomb. — *Codice diplomatico.* — Un dessin de Colomb. — Sa description. — Signature énigmatique de Christophe. — Devant d'autel de 1100.

Il n'y avait, le mardi, ni saint, ni demi-saint à fêter ; j'allais donc pouvoir travailler ! Gloire à Dieu !

D'abord, M. Brunton et moi, nous allâmes faire visite au consul de France. M. de Cases avait quitté Gênes ; et nous trouvâmes à la maison consulaire M. Galloni d'Istria, gérant du consulat. Ce jeune homme nous fit un excellent accueil, et nous éprouvâmes pendant notre séjour combien il est doux de trouver à l'étranger, dans le protecteur naturel que le droit des gens vous y ménage, un compatriote bienveillant et quelquefois un ami. M. Galloni fut pour nous un ami dévoué; sa femme fut d'une amabilité parfaite pour les nôtres. Il est impossible de trouver une personne plus charmante que madame Galloni; Anglaise élevée en Toscane, bonne autant que belle, spirituelle autant que modeste, élégante, distinguée et gracieuse, autant d'esprit que de corps, elle ressemble à ces divines créations de Shakspeare, de Walter Scott et de Byron, dont on adore avec respect les chastes beautés, comme on adore celles des vierges de Raphaël.

J'aime à payer les dettes de ma reconnaissance, mais je ne sais comment acquitter celles que j'ai contractées en Italie envers tous les agens diplomatiques français, en qui j'ai trouvé des hommes de la meilleure compagnie, très-obligeans, représentant la France avec dignité, et d'autant plus méritans dans leur zèle à aider ou à recevoir leurs compatriotes que le nombre des Français qui voyagent s'est prodigieusement accru, et qu'il se passe peu de jours que de nouveaux arrivans ne se présentent chez eux. Je sais un consul-général qui, pour tenir une maison où l'hospitalité a les formes les plus nobles, et pour garder le rang qu'un agent de la France doit avoir au milieu des autorités d'une très-grande ville, grève généreusement son avenir en écornant son patrimoine. Il est donc très-vrai de dire qu'il est certains postes diplomatiques trop peu rétribués. J'ai entendu quelques Français se plaindre des consuls et des ambassadeurs, et prétendre que protection leur a manqué dans certaines occasions; j'ai pu juger de l'injustice de ces plaintes, parce que j'ai vu la peine que se donnaient nos consuls pour les tirer de mauvaises affaires où leur imprudence les avait engagés. Ces extravagans allaient, en pays de police autrichienne, par exemple, chanter des chansons révolutionnaires dans les cafés; ils étaient arrêtés, retenus quelques jours, puis relâchés à la sollicitation du consul; et ils s'indignaient que la France, c'est-à-dire son agent, ne déclarât pas la guerre à l'Empereur après une aussi indigne abus de son pouvoir despotique! Tenez pour certain qu'en Italie, tout Français qui sait ce qu'il doit au peuple qui le reçoit, qui a de bonnes manières et ne va point à l'étourdie braver les coutumes et les lois, ne sera molesté nulle part, s'il a un passeport en règle, et si en arrivant dans une résidence consulaire, il va se mettre tout de suite sous la protection du pavillon national. Je l'ai éprouvé, quant à moi; pour savoir si je serais inquiété, je ne suis jamais allé à la police, malgré la prescription des permis de séjour; et jamais on ne m'a demandé qui j'étais : c'est qu'on avait pu le demander au consulat ou à l'ambassade de France. L'étranger est parfaitement libre en Italie; on connaît à la vérité toutes ses démarches, épiées par la police; mais cette surveillance il ne la soupçonne point, tant elle est habilement dis, simulée. Elle ne le gêne point ; que peut-il vouloir de plus ?

C'est au palais ducal qu'en sortant de chez cet aimable M. Galloni d'Istria, j'allai m'établir pour dessiner les bâtimens que j'avais choisis. Il me parut tout simple de me munir d'une permission, et j'entrai au bureau de la municipalité pour la demander. Le hasard m'adressa à un employé parlant très-bien le français, à qui je pus faire comprendre tout de suite quel intérêt j'avais à recueillir des figures de navires anciens ; il me dit poliment que j'étais le maître de dessiner tout ce que je voudrais, et que le palais entier était à ma disposition, avec lui, mon serviteur. J'arrivais sans recommandation, parfaitement inconnu, un crayon et un album à la main ; eussé-je été mal reçu, je n'aurais pas eu à m'en étonner ; je fus au contraire comblé de prévenances par ce jeune employé, et je reconnus là les obligeantes manières des Italiens dont j'avais beaucoup entendu parler, et qu'on ne loue point assez ou qu'on loue mal, puisqu'on les confond souvent avec l'obséquiosité. Les gens du peuple sont obséquieux; chacun de leurs saluts, de leurs complimens, de leurs bons offices, est une pétition; les hommes bien élevés sont obligeans. M. Bacigalupo est très-bien élevé; il a de l'esprit, des façons engageantes, de la vivacité et ce *brio* de la conversation qui la rend pétillante. Son nom est connu dans les arts génois; quant à lui, il n'est artiste que par occasion et en amateur; il chante au théâtre de la société philharmonique l'emploi Bouffe, d'une manière très-plaisante : je l'ai vu dans le rôle du Charlatan de l'*Elisire d'Amore* (le *Philtre*, avec la musique de Donizetti); il y était plein de verve et de gaîté.

Je m'établis dans la salle des cinq tableaux mentionnés au chapitre précédent, et je fis quelques croquis, dont furent très-étonnés des sergens de ville qui me dirent que jamais personne ne s'était amusé à faire ce que je faisais là de ces *bastimenti di guerra*. Au tableau qui porte la date de 1597, j'empruntai une galère et un vaisseau rond. Ce tableau était fort curieux pour moi, par la représentation qu'il me donnait du vieux port de Gênes, avec l'arrangement des galères et les différentes opérations faites pour le radoub et le gréement des vaisseaux. Je remarquai, entre autres choses qui m'intéressèrent beaucoup, que les bâtimens s'abattaient en carène pour se chauffer et se recalfater, comme ils s'abattent encore aujourd'hui dans les ports qui n'ont pas de bassins. Seulement leurs mâts de gabies n'étaient point calés, ce qui me fait croire qu'ils avaient des mâts à pible, ou d'une seule pièce ou hantés par adents, à la hauteur des gabies, sous le capelage des bas haubans. Je suis d'autant plus fondé à avoir cette opinion que dans aucune des figures de vaisseaux du xvi⁰ siècle, qui m'ont passé sous les yeux, — et j'en ai vu beaucoup — je n'ai aperçu de chouque et de mât de hune en avant du bas mât. Au reste, il n'est pas étonnant que le bâton supérieur à la gabie fût inamovible, car il portait une voile grande à peine comme nos plus petites voiles de perroquet, et il ressemblait assez à ce que nous nommons maintenant la flèche de perroquet. Un vaisseau se démâtant avec des bigues me fit connaître que ce procédé ingénieux de démâtage est fort ancien, et qu'il est peut-être une tradition antique, car il n'est qu'une application de la chèvre dont se servaient les Grecs et les Romains.

Le vaisseau que je dessinai est à trois mâts verticaux, dont les deux premiers seulement, le mât de misaine et le grand mât, ont des gabies et portent des voiles carrées. Le mât d'artimon, sans flèche notable, porte une antenne dont la voile allait se border à l'extrémité d'un boutehors fiché dans les œuvres mortes du château d'arrière ; lequel boutehors, faisant l'office des bâtons de tapecul de nos canots, et de ceux de quelques bâtimens à voiles auriques de la Méditerranée, a de chaque côté de la poupe, et dans une disposition pyramidale, un hauban pour l'appuyer et le servir dans sa résistance. Les gabies sont rondes. Les bas haubans sont disposés à peu près comme ils sont aujourd'hui; les haubans de hune s'attachent au rebord de la gabie; il n'y a point de gambes de revers apparentes. Les vergues de gabie en croix sont, à la hauteur de la gabie, soutenues par des balancines. Des marchepieds sont sous les vergues aux extrémités desquelles flottent de petites bannières carrées, clouées à leurs bâtons de pavillon, fichés verticalement aux empointures. Une croix est au sommet de chaque mât principal; c'est à cette croix qu'a succédé le paratonnerre. La vergue de misaine et la grande vergue sont en deux pièces ajustées comme les antennes; celle de misaine officie, car le vaisseau s'en va vent arrière sur sa voile de l'avant; l'autre est apiquée, descendue au milieu du mât. Le grand mât a deux étais qui vont au pied du mât de l'avant; le mât d'artimon, qui ne monte pas à la hauteur de la grande gabie, a aussi deux étais, lesquels vont se raidir sous cette gabie. Le vaisseau n'étant pas très-grand, le peintre a négligé les autres étais et les bras, ce qui me fâcha beaucoup, car je perdis une occasion d'analyser un gréement complet qui m'aurait appris jusqu'à quel point le vaisseau pouvait aller près du lit du vent. L'échelle de poupe est pendue à l'extrémité du boutehors d'artimon, comme aujourd'hui elle est au bout du gui. Sur le couronnement s'élève le bâton de pavillon portant une bannière, fendue en cornette, rouge, au milieu de laquelle est l'aigle noire des d'Oria. C'est la bannière de l'amiral de l'escadre; la bannière nationale, blanche à croix rouge, énorme cornette à deux longues jambes, flotte en tête du grand mât. Deux petits pavillons, semblables à ceux des bouts de vergues, c'est-à-dire blancs avec une bande noire horizontale supérieure, à trois dents rondes, sont sur la poupe, à côté de la bannière du prince d'Oria. Quant au corps du navire, lourd, massif, fort élevé sur l'eau, il est largement assis sur la mer, où il n'a pas l'air d'entrer profondément. Ses flancs, très-élargis par le bas, se rétrécissent en montant, avec une rentrée courbe; si bien qu'un plan vertical qui passerait par le vaisseau, entre le grand mât et le mât d'artimon, donnerait la figure d'une lyre. La poupe est plate, et les bordages partent de dessous la voûte basse, de chaque côté de l'étambot, descendant parallèles, obliques, et formant entre eux un angle assez ouvert, au milieu duquel tourne le gouvernail. Cette pièce est grande, large, importante, et démontre par ses dimensions ce que le reste de sa forme établit assez, que le vaisseau a peu de tirant d'eau. La poupe est chargée d'un château à trois étages, dont le plus élevé, dunette sans habitation, est un plan d'une déclivité rapide. Un pavois rouge et dentelé orne le tour du château, comme un tapis ornerait un balcon. Sous la barre d'arcasse, deux sabords; sous les deux voûtes supérieures, deux fenêtres. Le château d'avant est à triple étage, comme celui de l'arrière, s'avance hors de la guibre et se couronne par une lisse dont la figure est celle d'un cœur à pointe coupée. Les ancres, à formes de grapin et à deux pattes seulement, sont peintes en rouge. Elles sont pendues au côté du vaisseau, les unes en avant, les autres en arrière du mât de misaine. Peu de canons apparens sur ce bâtiment de guerre, dont la peinture toute noire est assez peu transparente pour ne laisser voir que difficilement les détails. J'ai pu cependant découvrir sous cette nébuleuse couche de noir de pêche, quatre ou cinq côtes extérieures, espèces de ceintures verticales faites pour rendre solides tout le système de baux, de membrures, de préceintes et de bordages qu'elles lient apparemment du pont à la quille. On doit concevoir combien ces courbes saillantes sur la surface des flancs du navire devaient nuire à sa marche. Les seuls canons qui donnent signe de vie sont ceux de la dunette et du second château, à babord; ils saluent les forts de Gênes que le vaisseau rallie.

Quiconque aura lu avec un peu d'attention, et le crayon à la main, cette description du vaisseau que je dessinai à Gênes, reconnaîtra dans ce navire celui dont l'ordonnance du Commandeur de La Porte (1640) réforma en France la construction vicieuse et si étrangement faible, que le Considérant de la nouvelle loi maritime en fut réduit à avouer qu'on avait vu des vaisseaux *s'ouvrir à la mer sans qu'on sût pourquoi.* Le vaisseau du xvie siècle, héritier déjà fort et puissant du vaisseau presque informe qui succéda aux rondes hourques du xive, porte en lui tous les élémens du navire de guerre du xviie, que Sané devait perfectionner au xviiie siècle, de manière à en faire le plus beau marcheur et le plus solide combattant.

La galère que je copiai ne diffère que par la grandeur et le nombre des mâts, des dernières galères du xviiie siècle. Elle est longue, élancée, menée par de nombreuses rames, mâtée d'un seul arbre planté à l'avant, à un tiers environ de la longueur totale du bâtiment. Ce mât porte une seule voile, immense, enverguée sur une antenne, hissée seulement aux deux tiers du mât auquel elle est fixée par un raccage aux deux tiers aussi de sa propre longueur. Le point d'amure de la voile est sur l'éperon ; le point d'écoute fort près du petit château de poupe qu'en France on appelait le carrosse, et dont je n'ai pas encore trouvé le nom génois. Ce carrosse fait en un berceau de treillage de fer et de bois est recouvert d'une longue draperie d'étoffe rayée de bleu sur fond blanc. Sur quelques autres galères cette tente, qui traîne magnifiquement ses côtés dans la mer, est de pourpre ou blanche et rouge. Le rouge était au reste la couleur chérie des Génois, comme de tous les naviguans de cette époque; les corps des galères sont peints en rouge, en rouge sont les rames et le mât, le tentelet est amaranthe, pourpre ou cramoisi, quand il n'est pas de drap d'or ou de riche velours éclatant de broderies; la bannière de d'Oria est rouge ; la croix de Saint-George est rouge ; enfin du rouge partout, pour que le sang répandu parût moins peut-être, et n'intimidât point le guerrier novice. La bannière de l'amiral est plantée verticalement sur le pont qui recouvre l'embrasure où le coursier montre sa large bouche ouverte, la terreur des ennemis. La bannière de Gênes, inclinée sur l'éperon, vole la première au combat. Deux penonceaux carrés qui changent de couleur suivant l'escadre ou le chef qui la commande, mais point de nombre et de place, sont debout et superposés au premier banc de la chiourme; un autre s'agite en avant du mât sur la tête des derniers rameurs; un dernier plus large couvre de sa grande ombre l'arrière du carrosse. Donc, six bannières, ou pavillons de soie chatoyante sur ce joli corps de pourpre. Ce devait être une belle chose qu'une galère du XVIe siècle, un jour de fête ou de bataille! je me la figure semblable au flamant qui rase la surface d'un lac, un essaim gracieux de papillons brillans voltigeant autour de lui.

Outre le vaisseau et les galères que je pris sous leurs différentes allures, je dessinai quelques bâtimens marchands de la forme des tartanes et des pinques, qui me semblent dans la Méditerranée les continuateurs traditionnels d'une certaine famille de navires antiques.

Quand j'eus fini ces croquis, assez gauchement faits parce que je commençais mon apprentissage; quand j'eus pris toutes les notes dont j'avais besoin, M. Bacigalupo m'offrit de m'introduire dans la salle des délibérations des *decurioni* génois, pour me montrer quelques objets d'art précieux et le petit monument élevé à Christophe Colomb. Cette faveur me fut bien précieuse; je lui dus de voir des choses qu'on ne montre guère à personne et qui, pour l'histoire de la peinture, comme pour l'histoire de Colomb, sont du plus haut intérêt. Le cabinet, attenant à la salle des délibérations, aurait de quoi satisfaire un amateur passionné de la vieille école allemande; j'y admirai les plus beaux Albert Durer et Lucas de Leyde que j'eusse encore vus de ma vie. Ce qui me parut au-dessus de tout le reste, dans cette collection petite, mais riche assurément, c'est un tableau, sujet religieux, en trois parties, d'un élève d'Albert Durer; je connais peu de peintures de cette époque et de cette manière que je puisse comparer à celle-là pour l'éclat de la couleur, la finesse des détails, le précieux de l'exécution et la naïveté de l'expression. Je revins au monument de Christophe Colomb que j'avais salué en passant. C'est une colonne de marbre surmonté du buste de Christophe, tête assez vulgaire, aux lèvres épaisses, au gros nez, au sourcil sauvage, faite par le sculpteur génois Peschiera, sur les données trouvées dans une lettre de Ferdinand, fils de Colomb. Ce portrait ne me plut point, il me semble que le génie a des caractères extérieurs plus nobles, plus purs qu'aucun de ceux dont l'artiste a alourdi la figure de l'*Almirante*. Sous le buste, est une cassette renfermant un trésor que M. Bacigalupo eut la bonté de me confier. Ce sont trois lettres autographes de Christophe Colomb écrites en espagnol, et le recueil relié (*codice*) des cédules royales manuscrites que l'amiral de Ferdinand tenait du roi d'Espagne, et qu'il avait envoyé, en 1502, de Séville, aux nobles seigneurs de l'office de Saint-George. Une des trois lettres jointes aux cédules est la lettre d'envoi. La pièce la plus précieuse de ce volume est le croquis d'une composition historique et allégorique de la main même de Colomb.

Un dessin de Christophe Colomb est une

curiosité qui n'a peut-être point sa pareille ! Saviez-vous que Christophe Colomb eût jamais dessiné, et qu'il eût dans la main ce que les artistes appellent du *chic ?* Je ne le savais pas, moi ; aussi quel fut mon étonnement à l'aspect de ce croquis fait avec une facilité spirituelle qui semblerait annoncer une longue pratique ! Colomb était-il donc un de ces hommes du xvi⁰ siècle qui savaient de tout, poëtes, musiciens, peintres, politiques et guerriers tout à la fois ?

C'est sa *gloire* que le grand homme a voulu consacrer. Sans doute un jour qu'il était content de lui, il esquissa son *triomphe* avec la même plume qui, au bas d'une lettre à son ami Nicolo Oderigo, venait peut-être d'écrire les superbes titres dont l'avaient gratifié Isabelle et le roi catholique [1] ; vanité bien pardonnable au navigateur qui avait doté l'Espagne d'un

---

[1] El Almirante mayor del mar Oceano y viso-rey, y gobernador general de las islas, y tierra-firme de Asia, e Indias del rey y de la reyna mys senores, y su capitan-general de la mar, y del su consejo.

monde nouveau; joie bien innocente qui devait suffire à peine à compenser tant de maux soufferts, tant de chagrins, tant d'humiliations, tant de refus, tant d'injustes cabales!

Le dessin de Christophe Colomb n'est pas grand; il est enfermé dans un encadrement de dix pouces de largeur environ, sur huit pouces de hauteur. Au milieu de la composition est le héros, assis dans un char dont les roues à palettes tournent dans une mer clapoteuse, où des monstres, représentant sans doute l'Envie et l'Ignorance dont il fut poursuivi, se montrent à peine (*mostri superati*, comme dit l'inscription); à côté de Colomb, la Providence; devant le char et le traînant, comme feraient des chevaux marins, la Constance et la Tolérance; derrière le char et le poussant, la Religion chrétienne; en l'air, au-dessus de Colomb, la Victoire, l'Espérance et la Renommée.

Ainsi, voilà huit figures tracées combinées, disposées, pour le sens que Colomb veut donner à sa pensée, et de peur que l'on ne doute de ses intentions et de l'authenticité de sa parole traduite par le dessin, il écrit à côté de chaque figure le nom de chaque personnage ; il charge la marge de son tableau d'indications pour le peintre, futur traducteur de son esquisse; et dans un angle, il appose sa signature hiéroglyphique :

S.
S. A. S.
X M Y
X po FERENS.

avec une note par laquelle il avertit que c'est de ces caractères que Christophe Colomb signe tout ce qu'il écrit.

Tant de précautions me semblent prouver combien Colomb tenait à son idée. Il ne doutait point qu'un jour ce croquis ne serait retrouvé, et il espérait qu'on exécuterait le monument dont il venait de donner la composition. Quand j'ai calqué soigneusement ce dessin, je l'avoue, j'ai conçu l'espoir que la France n'hésiterait point à donner satisfaction à la volonté de l'illustre marin. Je l'ai rapporté afin que le triomphe de Colomb servît d'ornement à une des salles de notre musée naval; et je ne doute point que le roi des Français, quand il connaîtra cette espèce de clause testamentaire, n'ordonne que le Louvre prête un de ses plafonds au tableau de la gloire du capitaine-général de la mer. C'est au zèle religieux d'un des grands peuples navigans que Colomb a légué le soin de consacrer par la peinture le souvenir de ses heureux travaux; Gênes s'est rendue justice en s'abstenant : Gênes n'a plus rien à prétendre de l'empire de la mer; l'Espagne maritime ferait pitié à Colomb; il n'y a donc que la France, l'Angleterre ou l'Amérique, qui puisse se porter exécutrice de ce codicile pittoresque. Et pourquoi l'Amérique, pourquoi l'Angleterre, plutôt que la France? Je réclame pour la France.

Voici les annotations explicatives dont Colomb accompagna son croquis. Elles sont en italien et de sa main, ce qui donne à ce merveilleux autographe toute la valeur imaginable. D'abord, les noms des personnages : Colomb, la Tolérance, la Constance, la Religion chrétienne, la Providence, la Victoire, l'Espérance et la Renommée. La Renommée a deux trompettes, non qu'elle ait celle que Voltaire prête à la déesse par une indigne supposition; ces trompettes ont leurs étendards, sur l'un desquels est écrit *Gënoa;* sur l'autre, *Fama Colombi.* Le *Gënoa* qu'on lit ici ne suffirait-il point à décider la question du lieu de la naissance de Christophe, si elle était encore incertaine?

Maintenant les indications des attributs : « *Tolérance :* vieille, coiffée d'un bonnet, sera dans l'attitude de quelqu'un qui porte sur l'épaule un poids de pierre, ou autre chose semblable. » — On voit que *toleranza*, comme l'entendait Colomb, n'est pas l'indulgente vertu recommandée par la loi chrétienne, mais une qualité qui ressemble à la Force; allusion, je pense, aux fatigues qu'il dut supporter (*tolerare*) pour arriver à son noble but.

« *Constance :* avec une haste à la main gauche, et dans l'action de s'appuyer dessus; la main droite élevée, avec le doigt indicateur arrivant jusqu'au front. Sera posée sur une base carrée. » — Cette base, sur laquelle Colomb établit la Constance, c'est son inébranlable fermeté à poursuivre les plans long-temps mûris sous son *front*. La pique au repos, c'est sa constance à rester armé et prêt à combattre pour ses projets, sans cesse attaqués et toujours debout.

« *Religion chrétienne* : vêtue d'une robe de lin, sur laquelle sera passée une chappe; la tête voilée; sur sa tête le Saint-Esprit sous la forme d'une colombe. Dans une main, un calice avec l'hostie et un livre; dans l'autre, s'il se peut faire, une croix. » — L'artiste aura à choisir entre les attributs trop nombreux dont Christophe a doté ce personnage.

« *Providence* : deux têtes comme Janus, avec deux clefs, et à la main le timon; sous ses pieds un globe. » — Je ne comprends point les deux clefs, à moins que ce ne soit celle de l'ancien monde et celle du nouveau. Quant à la double tête, c'est une idée analogue à celle qui avait donné cent yeux au vigilant Argus;

la Providence voit également derrière et devant elle. Le timon qu'elle tient de sa main gauche, c'est celui du char naval où est Colomb. Elle gouverne le navire dont son bras droit livre la voile au vent. C'est Christophe qui tient l'écoute de cette voile, aidant ainsi par son expérience et son savoir aux vues de la Providence.

« COLOMB : vêtu à la civile, avec un manteau autour du corps, tenant d'une main le bâton de général, et de l'autre la corde de la voile; sous ses pieds un globe où il sera écrit : *les Indes*. L'œil attentif, dans la direction où marche le char. » Pourquoi vêtu à la civile ? Je ne l'ai pas deviné. Serait-ce parce que le costume civil est plus humble que le costume guerrier ? Il faut remarquer que Colomb n'a point dit : « Vêtu à l'espagnole. » C'est qu'il aimait Gênes, et qu'attaché au service de Ferdinand il n'avait point oublié qu'il était Génois. D'ailleurs, c'était pour la gloire de sa patrie autant que pour la sienne qu'il voulait élever ce monument, sur lequel le mot *Gënoa* est inscrit au-dessus de cet autre : *Colombo*.

« *Victoire :* jeune, vêtue de blanc, avec une chlamyde jaune ; de la main droite elle tiendra une couronne de laurier ; de la main gauche, une palme. Elle a des ailes. »

« *Renommée :* jeune, couverte de vêtemens légers et diaphanes, sonnant d'une ou de deux trompettes, couronnée d'olivier. Elle a deux grandes ailes toutes pleines d'yeux, d'oreilles, de bouches et de langues. » — Ce dernier détail embarrassera probablement le peintre ; il est plus poétique que pittoresque, et j'y trouverais une preuve de l'authenticité de cet autographe, si après l'avoir regardé plus d'une minute j'avais pu garder quelques doutes. Colomb a dû avoir cette idée toute dantesque ; un artiste qui pense, en créant, à l'effet qu'il veut produire, l'aurait tout de suite repoussée. Vous voyez la Renommée jeune, et jeune la Victoire ; cette intention me paraît très-jolie : victoire récente et fraîche renommée ; Colomb ne voulait pas se flatter.

« *Espérance :* très-jeune, vêtue de vert, couronnée de fleurs ; tenant une ancre d'une main, et de l'autre montrant le chemin à Colomb. » — Aucun de ces symboles n'est nouveau, mais Christophe n'avait rien à inventer ici. Cette figure accessoire, il l'a prise à la tradition mythologique afin d'être entendu de tout le monde ; il se serait bien gardé de raffiner, il n'en était pas à courir après les petites finesses des faiseurs de sonnets.

Si je me souviens bien de ce que me dit M. Bacigalupo, c'est M. Antonio Lobero, archiviste, qui, en mettant en ordre les papiers anciens de la banque de Saint-George, dont il s'est fait depuis (1832) l'historien scrupuleux, a trouvé la troisième lettre autographe de Colomb. Quant aux cédules, elles appartiennent à la ville de Gênes depuis 1821 seulement[1].

[1] Voici comment ce manuscrit historique vint à la décurie génoise : deux *codici* absolument semblables avaient été envoyés par Colomb à Nicolò Oderigo, son intime confident, qu'il chargeait de les mettre en un lieu sûr, en instruisant de cette particularité don Diego fils aîné de Colomb. Pour une raison que l'on ne sait pas, Oderigo

M. l'abbé Spotorno, bibliothécaire de la ville, ne voulant pas qu'un document de cette importance restât enfoui dans des archives où peu de

garda chez lui ces deux recueils, à l'un desquels il joignit les deux lettres originales de Christophe, et une lettre authentique écrite par Philippe II à Octave Oderigo, sur son élection au dogat de Gênes. En 1670, Lorenzo Oderigo, héritier de Nicolò, crut bien mériter de sa patrie, en donnant les manuscrits à la ville. Les troubles civils et les événemens militaires qui remuèrent l'Italie presqu'en même temps que la France, firent aux livres et aux monumens des destinées nouvelles : les deux *codici* sortirent des archives de l'office de Saint-George, l'un pour aller à Paris, où il est probablement encore, où il était du moins quand, en 1823, M. Spotorno écrivait sa dissertation sur Christophe Colomb et les cédules de Ferdinand; l'autre pour entrer dans la bibliothèque du sénateur comte Michel-Ange Cambiaso. Au commencement de 1816, ce patricien génois mourut; et quand on annonça la vente de ses livres, la décurie de Gênes demanda au roi de Sardaigne et de Piémont la permission de faire acheter le *codice* relatif à Colomb. Charles Félix ordonna que ce manuscrit serait acheté pour lui; il le fit transporter à Turin, où une copie très-exacte fut faite pour les archives de la cour; et puis il envoya l'original à Gênes. Un décret du conseil génois régla qu'on érigerait un monument (*custodia*) pour y conserver avec honneur les priviléges de Colomb. Ce monument fut exécuté par M. Peschiera, sculpteur, d'après les dessins de l'architecte de la ville, M. Charles Barrabbino.

gens auraient la permission d'aller les consulter, eut l'excellente pensée de le publier en le traduisant de l'espagnol en italien, en y joignant le *fac-simile* des deux seules lettres alors connues (1823), et en ajoutant à ces textes des notes et une dissertation critique sur le point contesté du lieu où Christophe Colomb reçut la naissance. Le *Codice diplomatico Colombo americano* parut en un fort volume in-4°. En quittant M. Bacigalupo, j'allai acheter un des deux derniers exemplaires qui restaient à l'éditeur : je ne sais pas si M. de Barante n'a pas acheté l'autre. Quand j'eus l'honneur de le voir à Gênes, je lui montrai mes calques et le volume du savant professeur Spotorno, qui lui parut très-digne de sa bibliothèque.

Avant d'en finir avec Christophe Colomb, il est bon que je donne l'explication des caractères mystérieux dont se compose la signature de ce grand homme; cette explication, très-ingénieuse assurément, si elle n'a pas été puisée dans quelque lettre contemporaine d'un familier de Colomb ou de Colomb lui-même, la voici : *Supplex servus altissimi salvatoris Christi, Maria, Josephi, Christo ferens.* Christophe changé en *Christo ferens* (portant pour le Christ, trope mystique difficile à traduire), est une transformation tout-à-fait dans le caractère pieux de celui qui alla chercher un monde et des peuples inconnus pour leur porter la loi du Christ. Je ne sais si le peintre Stradano dont j'ai vu à Florence un dessin représentant Colomb sur son vaisseau connaissait la signature de Christophore ; mais il a placé l'amiral debout, sur le pont, au pied de son château d'avant, ayant les yeux levés au ciel, et appuyé sur un étendard que décore le Crucifix : *Christum ferens.*

Quelques jours après, profitant de la bonne volonté de M. Bacigalupo, je vins dessiner et prendre des notes au palais ducal, dont je ne m'éloignai point cette fois sans avoir vu un devant d'autel plus noir que cramoisi, qui servit en 1100 à la première consécration de l'église de Saint-Laurent. Cette draperie brodée en or est chargée d'une foule de figures, placées les unes à côté des autres sans beaucoup d'art, dans des places sans perspective, assistant presque sans mouvement au drame de mort de deux martyrs qui brûlent sur un gril. Cet ornement, qu'on aurait dû peut-être conserver sous verre, depuis plusieurs siècles, est cloué sur le mur d'un des bureaux de la municipalité, où l'air, la poussière et la fumée en altèrent la couleur et en dévorent le sujet.

XIII

M. de Villa-Foletti. — La Darsina. — Etablissement maritime de Gênes. — Salle des modèles. — La frégate *Carlo-Felice*. — Système de couchage pour les matelots casernés. — San-Stefano. — Tableau célèbre. — Conservatoire des fieschines. — Un abbé joueur de boules. — Mademoiselle Solari. — Intérieur d'une maison noble. — Palais Pallavicini *delle Peschiere*. — Nervi et ses matelots renommés. — Tombeau de Corvetto. — Jardins de M. Favrega. — Les bouquets génois. — Villetta de M. di Negro. — Le théâtre de San-Francesco d'Albaro. — Le gouverneur et les comédiens bourgeois.

M. de Villa-Foletti, le sous-lieutenant du *Triton*, devait nous piloter, le 29, dans la *Darsina* que je dominais du haut de ma fenêtre, et qui, tranquille, presque morte, me semblait un triste contre-sens, quand je songeais que cela avait été l'arsenal maritime de la Gênes ancienne. « Il ne faut pas voir le lendemain de la gloire, » a dit quelque part M. de Châteaubriand : il ne faut pas voir la Darsina de Gênes monarchique, piémontaise et sarde, si l'on se rappelle Gênes républicaine; aussi, quand je franchis la grille du port, je divorçai violemment avec tous les souvenirs, et j'entrai là comme je serais entré dans un arsenal nouveau, sans passé, sans histoire. Mais chaque pas que je fis me ramena aux époques historiques. A peine étions-nous entrés en effet, sous les portiques qui bordent le premier bassin, que notre guide nous arrêtant, nous dit : « C'est ici que Louis Fiesque tomba à la mer tout armé et se noya. » Oui, c'était là! Et je cherchais des yeux la galère où il voulait monter pour aller prendre le commandement de la flotte, et enlever les galères du prince d'Oria, mouillées sous les murs du palais de l'amiral-protecteur; et je me retournais involontairement pour voir quel partisan des d'Oria, entré subtilement dans la Darsina avec Fiesque, l'avait poussé, l'avait noyé, vengeant sans s'en douter la mort de ce si jeune et si bon capitaine, Janetin d'Oria, qu'Ottone Fiesque tuait à cet instant même vers la porte Saint-Thomas.

Dans le bassin flottent quelques coques de navires de guerre; c'est le gros de l'armée navale, mais ce n'est pas tout; car une frégate est allée en Angleterre chercher des machines à vapeur, une corvette surveille Civita-Vecchia, une autre est en Sardaigne, *le Triton* est mouillé dans le port de Gênes, et à côté de lui stationne un brig. Une douzaine de bâtimens, voilà la fortuue maritime de Gênes, actif et non-valeurs! Et au fait, la Sardaigne et son annexe le Piémont ont-ils besoin d'une marine plus considérable? Qu'en feraient-ils? Gênes, Naples, Venise et l'Espagne avec elles, que pourraient-elles contre une des deux puissances qui ont un pied au bord de la Méditerranée? Un gouvernement sage ne doit point exagérer sa marine, parce que l'entretien des bâtimens de guerre est fort coûteux. Ce qu'il doit vouloir, c'est que ses navires soient bien tenus, bien manœuvrés, montés par de bons matelots, très-propres au service qu'on attend d'eux pendant la paix, très-capables, si la guerre les surprend dehors, de défendre honorablement le pavillon qu'ils portent. J'ai pu me convaincre que, pour arriver à ce résultat, M. l'amiral des Genêts fait les plus grands efforts.

Avant d'aller aux ateliers qui sont montés comme ceux de nos arsenaux, mais sur une petite échelle, nous entrâmes à la salle des modèles. Je pensais trouver là quelque relief ancien de vaisseau rond ou de galère, légué par trois ou quatre des derniers siècles; mais rien, absolument rien. J'en fus vraiment désolé. Est-ce que les Génois, qu'on vit aussi jaloux de leurs beaux navires que de leurs palais de marbre, n'auraient pas pensé à perpétuer le souvenir de quelque chef-d'œuvre de leur architecture navale? Ou bien l'anarchie de 1797, la conquête, et ce qui est plus terrible, l'indifférence, auraient-elles détruit ces modèles? Quoi qu'il en soit, voilà une de mes espérances déçue. Cette déconvenue me fut très-sensible. Quelques coupes ou élévations de navires que j'examinai sont modernes; les plus anciennes datent de la fin du xviii° siècle. Une chose assez intéressante de ce petit musée, c'est le modèle d'une machine fort simple faite pour soulever les bas-mâts dont on veut visiter l'emplanture; elle se compose de quatre leviers du genre de celui qui met en mouvement une pompe de vaisseau; à l'extrémité du levier opposé à la force est attachée une chaîne qui va s'accrocher à un bracelet carré dont le pied du mât est entouré. Cette machine, essayée sur la plus grosse frégate génoise, a très-bien réussi.

Il paraît qu'à Gênes, comme dans toutes les marines où l'on a renoncé aux batteries à silex pour les bouches à feu, l'imagination des artilleurs s'est beaucoup exercée à trouver le meilleur instrument de percussion; car je vis à la salle des modèles un grand nombre de chiens et de marteaux, différens de formes et tous rejetés par l'expérience. Un seul assez ingénieux, qui m'a paru pourtant plus compliqué qu'il ne faudrait, a réuni tous les suffrages, et il a été adopté ; il a une grande analogie avec la batterie à percussion, que la marine française avait choisie entre plusieurs autres, avant l'ingénieux percuteur de M. le colonel Jure. La batterie génoise est d'un bon effet, mais il m'a semblé qu'elle devait nécessiter de fréquentes réparations. Je n'ai pu la dessiner, et je ne me hasarderai point à en donner une description qui pourrait être incomplète : il ne faut pas faire tort de mes inexactitudes à l'inventeur. A côté des inventions génoises figurent presque tous les percuteurs anglais, américains, français, russes, vénitiens, napolitains, etc. ; il n'y a que le simple et excellent marteau-Jure qui n'ait pas encore eu accès dans cette collection. M. le chevalier de Villa-Foletti me dit n'en avoir jamais entendu parler ; cela n'est pas étonnant, l'invention est récente et son adoption n'est point encore générale à bord de nos vaisseaux.

De la salle des modèles nous nous rendîmes à bord du *Carlo-Felice*, belle frégate de 64 canons, où les chambres de l'amiral et du capitaine sont très-jolies, décorées avec une élégante simplicité et boisées d'acajou et de citronnier. Toute l'odyssée glorieuse de ce bâtiment se réduit à deux faits : il a amené le roi à Gênes, il a fait une campagne d'observation dans la Méditerranée. Je me suis fort bien rappelé l'avoir vu devant Alger, le 17 mai 1830, pendant le coup de vent, où il perdit ses trois mâts de perroquet. En descendant du *Carlo-Felice*, je passai sur une demi-galère dont l'examen ne m'apprit rien touchant les questions qui m'intéressaient. Cette demi-galère et celle dont elle est voisine ont servi encore dans une expédition assez nouvelle; ce sont, je pense, les derniers bâtimens de cette espèce dont on aura fait usage, et voilà pourquoi je suis content de les avoir vus, pourquoi il me paraît très-bien qu'on les conserve.

Les cales couvertes où se construisaient les galères de la république, — elles n'étaient pas toutes construites dans la Darsina; il y avait d'autres chantiers en dedans et en dehors du vieu môle : aux quartiers de Saint-Marc et de Notre-Dame-des-Grâces; — ces cales ont été converties en ateliers et en prisons pour la chiourme. Une seule est restée libre et ouverte, comme pour témoigner de la beauté de ces constructions de briques; c'est celle qui s'ouvre sur la Darse. L'ancienne partie de la Darsina autour de laquelle débouchaient toutes les cales des galères a été comblée; sur le terrain rapporté sont construits des magasins. Un parc de bouches à feu démontées et de boulets est aussi sur cet emplacement.

La caserne des matelots, très-bien tenue, fut la dernière chose que nous visitâmes dans l'arsenal. Je n'y remarquai, parmi les aménagemens recommandés par leur nouveauté, qu'un système de couchage assez ingénieux; établissement en fer à deux étages où s'accrochent par leur tête les hamacs dont les pieds vont au mur. Il y a là quelque chose de l'organisation d'une caserne faite à Toulon, dans le bagne, pour les gardes-chiourmes. Ceci n'est que plus compliqué, et je n'ai pas compris pourquoi dans un local où l'espace ne manque point, et pour une marine qui n'a jamais beaucoup d'hommes casernés, on a adopté le couchage sur deux rangs de hauteur, dont l'inconvénient le moins douteux est que le rang supérieur est assez incommode; à moins qu'on n'ait voulu, dans une sorte d'exercice gymnastique fait le matin et le soir par les matelots du deuxième étage, conserver à ces marins l'habitude de monter et de se caser avec adresse.

J'avais eu grande envie de voir la Darsina de Gênes; j'étais bien aise de l'avoir vue, mais je n'eus plus le désir d'aller la revoir. Il n'y a rien de ce que j'avais compté y trouver, rien qui pût faire faire un pas aux études spéciales, but principal de mon voyage. Mon désappointement fut grand; « mais au moins, me dis-je en repassant la grille, il me reste Venise! »

Le temps était toujours superbe; il n'était

pas midi ; nous avions cinq heures à employer en excursions à la campagne; une voiture nous prit, et Vincent donna ses directions au cocher. C'est au conservatoire des Fiesquines qu'il nous conduisit d'abord. En passant vers la porte de l'Arc, nous nous arrêtâmes à l'église *San-Stefano*, une des sept églises principales et des plus anciennes de la vieille cité catholique. Grave, sévère à l'extérieur, cette paroissiale gothique, où probablement Christophe Colomb fut baptisé, n'a rien de bien remarquable dans ses distributions intérieures; elle est petite, peu riche, et les ornemens qui m'ont seuls frappé sont, après le beau tableau de la lapidation de saint Etienne, une tribune garnie de bas-reliefs, et deux tableaux d'un assez grand mérite, l'un de Sarzana : la *naissance du Christ;* l'autre de Saltarello : *saint Benoît ressuscitant un mort.* Ces tableaux, suivant l'usage constant adopté dès long-temps en Italie, étaient voilés par de grands rideaux verts qui ne se tirent qu'aux jours de fêtes ou devant les étrangers dont la générosité décide les sacristains à faire voir le jour à *leurs* peintures, qu'ils gardent soigneusement contre les rayons du soleil, et surtout contre les regards gratuits des voyageurs. Un franc nous découvrit les merveilles cachées; nous aurions pu payer plus cher, sans regret, le plaisir de voir le saint Etienne. Ce tableau précieux est connu à Paris, où il fut apporté de Gênes avec tant d'autres chefs-d'œuvre des arts, quand la victoire venant en aide au mouvement régénérateur de l'école française, transporta sur ses ailes conquérantes les plus beaux modèles de la sculpture et de la peinture au musée du Louvre. La partie supérieure de ce morceau est de Raphaël, l'autre de Jules Romain; la composition est évidemment du Sanzio; on ne sait pourquoi il ne le finit pas. Au reste la part de Giulio est belle; l'émulation éleva presque le continuateur à la hauteur de son maître divin. La tête de saint Sébastien fut retouchée à Paris par Girodet; les *ciceroni* génois disent par David, afin de donner plus d'autorité à cette restauration. La tribune, dont je parlais tout à l'heure, est au bas de l'église, à côté de la porte. Les bas-reliefs en sont singulièrement choisis ; ils représentent un berger jouant de la flûte, Amphyon, Apollon et d'autres figures mythologiques, d'un style demi-classique, demi-gothique, un peu barbare, mais non pas tout-à-fait sans grâce. J'ai vu de bons paysans réciter dévotement leurs prières devant ces musiciens qu'ils prenaient sans doute pour des anges, faisant aux pieds de l'Eternel un de ces concerts, dont l'harmonie suave plaît, dit-on, à l'une de ses oreilles ouverte aux célestes mélodies, pendant que l'autre, miséricordieuse, est attentive aux déchirans accords de nos plaintes.

Le conservatoire des Fiesquines, fondé par un certain Dominique Fiesque, au milieu du siècle dernier, est situé au Zerbino, près des murs de la ville, dans une belle position. C'est un couvent, une maison où les jeunes pensionnaires, filles pauvres, dévotement élevées pour le travail et le ciel, font du linge, de la broderie et surtout des fleurs qui ont de la réputation en Italie. On ne pénètre pas dans le couvent des Fiesquines sans une permission de la police; Vincent s'en était pourvu. Pendant que nous attendions à la porte que la sœur portière nous introduisît, nous eûmes le spectacle d'une partie de boules jouée par un abbé et trois laïques. L'abbé était un homme de trente ans au plus, joli garçon, gai, coiffé à la manière des gardes-françaises (sur l'oreille), d'un chapeau à trois longues cornes; retroussant les pans de sa redingote sous son bras gauche, bien chaussé de souliers à boucles et de bas de soie, culotté de satin noir, élégant enfin et de bonnes manières; il jouait de tout son cœur, tirait assez bien la boule ennemie à laquelle sa boule allait se substituer, et quand il pointait sur le sable ou le gazon pour aller se placer contre le but, il parlait à son buis roulant, l'encourageait, l'excitait : *Gambe, camina piccola, più forte*, etc. On nous ouvrit; la directrice de la maison eut la politesse de venir à notre rencontre. Malade d'une violente migraine, elle avait eu cependant la bonté de se lever pour nous recevoir ; nous la remerciâmes, tant bien que mal en italien, de son obligeance qui pouvait accroître sa douleur. Madame Solari est fort jolie ; son air d'aisance modeste est plein de grâce et de dignité ; j'ai vu peu de femmes marcher aussi bien et être aussi belles avec moins de coquetterie et de prétention. Cette demoiselle nous montra dans tous ses détails la maison qu'elle dirige ; nous fûmes ravis de ce que nous vîmes : réfectoire où le couvert était mis ; cuisine où s'apprêtait un repas sain et abondant ; dortoirs où tous les lits égaux, uniformes, sont séparés par un bénitier que surmontent un image de la Vierge et un portrait de saint Louis de Gonzague ; fruitier qui ferait envie au plus beau château ; ateliers où nous surprîmes bien des beaux yeux noirs de filles de seize ans, se détourner du métier à broder ou d'un arrière-point pour regarder en dessous les curieux visiteurs du couvent ; salle tapissée de guirlandes de roses et garnies de montres pleines de fleurs bien faites, jolies, mais qui ne lutteraient point malgré leur renommée contre celles de Batton ou de Nattier; tout cela nous parut très-propre et très-intéresssant. Nos dames achetèrent chacune une fleur que nous payâmes trois fois son prix; charité déguisée dont la délicate attention nous fut inspirée par notre Rivara qui connaît les usages du couvent.

Nous désirions beaucoup voir, d'un palais, ce qui n'en est pas public, l'appartement habité, le logement proprement dit, afin de connaître un peu l'intérieur de ces nobles sur lesquels courent tant d'histoires qui les représentent comme des gueux retirés dans des taudis, couchant sur des grabats, mangeant sans nappes et sans argenterie sur deux ais de sapin mal unis, que supportent deux méchans tréteaux ; des pauvres enfin qui sont campés dans quelques coins éloignés de vastes hôtels, dont le principal est habité seulement par des tableaux et des valets avides. Vincent, qui sait tout, savait que M. Pallavicini était allé à Milan; il nous mena donc aux *Peschiere* où ce gentilhomme a un palais d'été. Ce palais d'un élégante et noble architecture est carré. C'est un des ouvrages justement célèbres d'Alessio de Pérouse, élève de Michel Ange. La multitude de belles fontaines qui rafraîchissent les jardins a nommé la propriété (*Peschiere*). Parmi ces fontaines nous remarquâmes surtout une grotte avec cinq bassins; elle est garnie de corail, de fragmens de marbre, de dragées de faïences coloriées. Le plus joli pavé, mosaïque de petites pierres blanches et noires, entoure la maison. Cet ornement d'un goût agréable est très-ordinaire à Gênes; nulle part je ne l'ai vu d'un dessin si gracieux qu'à ce palais du marquis Pallavicini. Les jardins, riches en fleurs et en plantes rares, nous montrèrent avec les produits méridionaux de l'Europe les végétaux des tropiques. Les grands appartemens, ceux qui s'ouvrent aux curieux, ne sont pas meublés. Leur décoration du xvi° siècle est de Semini, imitateur de Raphaël; elle se compose de petits tableaux à fresque — un d'eux est plus qu'érotique, — d'une couleur et d'une composition fort dignes d'éloges, autour desquels courent de ces ravissantes fantaisies dont le maître de Semini avait emprunté les motifs principaux aux peintures du palais de Néron à Rome. .

Le concierge, après quelques pourparlers qui peuvent se traduire ainsi : « Vous me donnerez deux ou trois pièces. — Je t'en donnerait quatre, ouvre les portes ! » nous introduisit dans le logement du marquis et de la marquise Pallavicini, où nous vîmes d'abord un salon remarquablement joli par la disposition, la variété et l'éclat des couleurs, des sujets et des arabesques. La chambre à coucher, petite et bien ornée, a deux lits parallèles tout-à-fait joints l'un à l'autre, environnés d'une mousticaire de mousseline brodée. Aux angles des fenêtres, là comme dans presque toutes les autres pièces, sont des siéges de marbre noir, segmens de cercles que supportent des colonnettes, sur lesquels on prend le frais du soir. La plus jolie chose de ce beau palais, c'est la salle de bains, petite chambre octogone de six pieds de hauteur seulement, au fond de laquelle, dans un petit sanctuaire, est la baignoire qui a trois siéges. Chacun des panneaux a une niche avec un siége. Il est bien entendu que tout ceci est en marbre. Les ornemens sculptés dans le style du xvi⁰ siècle, et je crois contemporains de Galeas Alessi, sont d'un choix et d'une exécution parfaits. Je regrettai beaucoup qu'une maladroite couche de peinture blanche en alourdît les plus fins détails. Tout ce que le comfort italien peut avoir de recherche, nous le trouvâmes dans cet appartement qui donne un éclatant démenti à des récits dont nous avions voulu apprécier la vérité. Au reste, ce ne fut pas seulement chez M. Pallavicini que nous pûmes prendre une opinion, très-différente des opinions reçues, sur les aisances de la vie intérieure des seigneurs génois; deux palais que nous visitâmes en ville, comme nous avions fait celui-ci, nous confirmèrent dans l'idée où nous étions déjà, qu'on a singulièrement exagéré la peinture de leur misère cachée, et que s'il en est qui, ruinés et vaniteux, gardent le faste de leurs palais et de leurs galeries pour en faire une spéculation, dont les produits se partagent entre les maîtres et les domestiques, il en est aussi qui sont très-au-dessus de ces honnêtes ressources.

Nous étions trop près de Nervi — au S. E. de Gênes — pour ne pas nous donner le plaisir de cette promenade sur une jolie route dont une partie borde la mer. Nervi est un village très-agréable, dont la population est essentiellement maritime; les marins de cet endroit passent dans le golfe pour les plus habiles manœuvriers des navires à voiles latines. Je n'ai pu savoir si cette réputation des Nervistes est antique, mais elle est assurément ancienne, car le matelot qui m'a signalé ces grands manieurs des voiles auriques, m'a dit qu'ils le sont de père en fils et de tous temps. Nous visitâmes l'église, bien située et très-belle pour une église de campagne; quelques vitraux du xve siècle me frappèrent par leur vivacité et la finesse de leur dessin. Le tombeau de M. Corvetto, que je ne m'attendais pas à trouver là, bien que je n'ignorasse point que ce financier politique fût

Génois, n'est remarquable que par la pompeuse épitaphe qu'y a fait écrire un de ses amis. Colbert n'eut pas d'éloges plus magnifiques. Le jardin d'orangers et de citronniers de M. le marquis Favrega — si je me rappelle bien le nom de ce gentilhomme — nous plut infiniment. Le jardinier qui nous en fit les honneurs se hâta de nous offrir des fruits, galanterie d'autant plus appréciable ce jour-là que le soleil était très-chaud. Pendant le temps que nous mangions ces excellentes oranges, des jeunes filles arrangeaient des bouquets pour nos dames, usage constant à Gênes qui a un charme incroyable. Aussitôt que des étrangers entrent dans un jardin, des fruits, des masses de belles fleurs très-bien groupées leur sont apportés ; il n'y a rien de plus joli que cela. Je sais bien que ces gracieusetés à la grecque de l'hospitalité d'un moment ont un motif d'intérêt, parce que rien dans la dernière classe du peuple ne se fait sans que, sous l'action, il y ait une pensée de gain ; mais qu'importe ? je voudrais que toujours et partout, au prix de quelques sous, on m'offrit des fleurs fraîches et des corbeilles d'oranges. Déjà chez M. Pallavicini, nos compagnes avaient été gratifiées de bouquets, et tout n'était pas dit, car à la *villetta* de M. di Negro, où nous montâmes, en rentrant dans la première enceinte, fruits et fleurs vinrent nous accueillir encore; si bien que revenu à l'hôtel, Vincent eut à faire un véritable déménagement de roses, de camélias et de cent autres magnifiques productions de serres ou de jardins, qui aurait défrayé pour quinze jours la boutique de notre célèbre madame Prévost. Gênes a un commerce de bouquets. Si ses navires ne portent plus les fauconneaux, les lourdes arbalètes, les pertuisanes et les longues épées qui commandaient le respect pour la bannière de Saint-George, ils portent des fleurs en Angleterre et en France; fleurs artistement arrangées, rassemblées en bouquets énormes, et envoyées à peine écloses pour que le voyage ne les fane pas et qu'elles arrivent en état de maturité.

La *villetta* de M. di Negro, élevée sur le

bastion qui domine la promenade de *l'Acqua-sola*, est une habitation délicieuse ; son jardin le plus riche en plantes exotiques, est aussi le plus beau sous le rapport de la position et de la distribution. Je regrettai beaucoup de ne pas rencontrer dans sa poétique retraite M. di Negro dont on m'avait beaucoup loué la conversation pleine d'esprit et de grâce, et l'obligeante affabilité ; il était absent de Gênes. Sur sa table je trouvai quelques-uns de ses vers religieux qui jouissent en Italie d'une réputation dont, par malheur, je suis trop mauvais juge. La maison du poëte, petite comme celle de Socrate, est embellie de tout ce que le goût distingué d'un homme, qui n'aime pas le luxe mais n'est pas insensible aux belles choses, peut rassembler de bon et de précieux : bibliothèque choisie ; collection de gravures anciennes et modernes ; collection de petits bas-reliefs d'argent d'une époque où l'art commençait à sortir de sa seconde enfance ; médailles ; bustes des grands hommes génois ; dessins, peintures, parmi lesquels je regardai long-temps avec intérêt un petit portrait de Louis Fiesque, qui me sembla n'être point du xvi° mais du xvii° siècle seulement ; glace curieuse entourée d'un encadrement de sujets mythologiques, en bas-reliefs d'argent; que sais-je, encore? L'ameublement de la maison est très-simple, et cependant on sent qu'on se plairait plus dans cet intérieur sans faste que dans un palais; c'est que tout est charmant dans ce séjour ouvert aux Muses et décoré par elles. Nulle part une plus belle vue que là : sous ses yeux une ville pittoresque, de riantes campagnes, des fabriques du plus haut style ou du dessin le plus prestigieux, le mouvement et le calme, et à un trait d'arbalète, la mer avec toutes ses pompes, toutes ses métamorphoses, tous ses spectacles qui parlent si haut à l'ame. Nulle part un jardin mieux cultivé, plus varié ; car c'est ici un jardin de particulier qui ferait envie à un roi, à un savant botaniste, à un grand horticulteur. Nulle part plus de matériaux pour l'étude, et de douceurs pour le loisir. Certes, on serait trop heureux d'habiter cette villetta si modeste par son nom, et en réalité si charmante! Et à défaut de la maison du maître, je me contenterais bien de celle du jardinier, quant à moi! sa tournure gothique, sa blancheur proprette, sa situation au milieu des plus élégans végétaux, en font un objet très-désirable. Que de douces soirées, que de belles nuits d'été on doit passer là! Le jardinier le sait bien, le sent bien, car il est heureux, gai, bien portant, et il ne voudrait pas changer son sort. Ce jardinier, bon gros garçon, fut très-obligeant pour nous; il nous expliqua en français très-intelligible ma foi, des choses qu'il nous fut fort agréable d'apprendre sur la culture de quelques plantes, et notamment sur celle de ces nombreuses variétés de citronniers dont il nous avait fait goûter les fruits doux ou à saveur de bergamote.

Je ne sais quel augure les anciens tiraient du vol des grues; mais nous en vîmes au-dessus du jardin de M. di Negro, une troupe nombreuse dessinant dans l'air de longs zigzags noirs, et, en rentrant, nous trouvâmes de bonnes lettres de Paris. Ce fut le soir de ce jour-là que nous allâmes à Albaro entendre l'*Elisire d'Amore,* opéra exécuté par des amateurs de la société philharmonique. M. Bacigalupo nous avait engagé à cette représentation qui laissa très-peu à désirer. San-Francesco d'Albaro est un petit village près de Gênes; un dilettante y a fait construire un théâtre, où, dans la belle saison, on chante l'opéra. Ce dilettante a pour voisin de campagne le gouverneur de la ville et de la province, homme fort scrupuleux comme vous allez voir. Quand on voulut inaugurer la petite salle des jeux philharmoniques, le propriétaire et deux de ses amis allèrent prévenir le général gouverneur, et l'inviter aux représentations qui seraient données, non pas comme gouverneur, mais comme amateur de musique et voisin. Son Excellence ne comprit pas d'abord fort bien ce dont il s'agissait, et elle s'emporta assez mal à propos : « Je sais ce que cela veut dire ; c'est pour faire de la contrebande plus à votre aise que vous voulez rentrer tard en ville. — De la contrebande, Monseigneur; mais comment cela? — C'est bon, je m'entends. Oui, vous voulez frauder les droits.— Mais Votre Excellence saura...— C'est cela, par Dieu! faire ouvrir les portes à minuit; alors qui diable aura l'œil assez fin pour voir si rien de suspect n'est introduit à Gênes? Non, non, Messieurs, je ne veux point de cela. Ce sont des prétextes que je ne saurais tolérer. » On se retira, laissant Monseigneur de fort mauvaise humeur, mais au fond très-joyeux d'avoir déjoué une ruse de contrebandiers. Le lendemain, cependant, un sénateur alla le voir et lui expliqua qu'il était tout simplement question d'un théâtre bourgeois, et que les messieurs qui étaient venus le voir étaient des gens fort honnêtes, incapables de faire tort au fisc, se mêlant beaucoup de musique, et pas du tout de complots ou seulement de trames contre les douaniers. Le gouverneur finit par se rendre, et le soir même il envoya loyalement ses excuses de la mauvaise réception qu'il avait faite aux artistes de San-Francesco ; car il est bon homme, le général Paulucci, s'il est strict sur l'observation des lois, réglemens, ordonnances, édits et consignes, comme un caporal autrichien.

XIV

La bibliothèque *Civica*. — Déconvenue. — Sainte-Marie des Écoles-Pies. — L'académie de peinture. — Carignano. — Palais de la reine, du roi, Brignole, Serra et Pallavicini. — Pudeur d'une dévote. — Le marquis croque-mort. — Peintures de marine. — Maison Farigiana consacrée à Christophe Colomb. — L'albergo de' Poveri. — Statue de Brignole-Sale. — Buste d'une dame Grimaldi. — Port-Franc. — Bergamasques. — Consuls des faquins. — Sottoripa. — Boutiques. — Un saint vivant. — Don Miguel et ses amis intimes. — M. le baron de Barante. — *Caffé del Gran-Cairo* et sa limonadière. — Troupe de Carlo-Felice. — Deux officiers artistes, — Un singulier danseur.

Je ne fus point heureux à la bibliothèque *Civica*, où je me présentai le 30, après avoir frappé plusieurs fois à la porte de ce dépôt public. La bibliothèque était en vacance; M. l'abbé

D. G. Batista Spotorno, qui la gouverne, était à la campagne pour dix jours encore; je ne trouvai qu'un aide bibliothécaire. Il alla avertir un suppléant de M. le directeur, qui vint tout de suite avec une bonne grâce dont je suis très-reconnaissant, mais qui malheureusement fut tout-à-fait sans profit pour moi.

Ce sous-bibliothécaire, abbé comme M. Spotorno, était depuis peu attaché à la bibliothèque de la ville, qu'il ne connaissait point encore assez pour m'aider dans mes recherches. Et puis, entre nous, les difficultés se multipliaient; il entendait très-mal le français, et ne comprenait point mon italien barbare, bourré de solécismes, composé de phrases sans verbes, dont la conjugaison m'aurait trop embarrassé, mal prononcé et mêlé d'un bas latin, le seul que je puisse parler, moi, humaniste fort indigne. Nous finîmes pourtant par converser assez bien, après que le bon abbé m'eut demandé excuse pour les outrages qu'il faisait à la langue française, laquelle il se repentait bien de n'avoir jamais voulu parler pendant l'occupation française, « par esprit national et par haine pour Napoléon Buonaparté. » Cet aveu me rappela nos spirituels compatriotes, qui, durant la guerre, ne voulaient pas que leurs enfans apprissent l'anglais, « parce que, disaient-ils, l'empereur verrait cela de mauvais œil; » comme si l'idiome de « la perfide Albion » était aussi compris dans le blocus continental.

Je demandai à mon très-obligeant bibliothécaire s'il avait quelques livres, quelques manuscrits, quelques dessins, quelques estampes relatifs à la marine des temps moyens; hors Baïf et Végèce, rien du tout sur la marine, au moins à sa connaissance. Je lus tout le catalogue; je demandai plusieurs des manuscrits qui me semblaient pouvoir m'offrir de l'intérêt; mais rien de ce que j'espérais; point de marine, comme art, comme science; des faits maritimes, c'est-à-dire des événemens historiques, accomplis par les galères ou vaisseaux de Gênes; pas autre chose.

Du reste, je dois dire que pendant tout mon voyage j'éprouvai de grands désappointemens dans les bibliothèques, où je ne trouvai personne de préparé à répondre aux questions que je faisais, tant on s'est peu occupé de marine, tant les explorations auxquelles je me livrais étaient nouvelles. C'est si vrai, que dans un des plus riches dépôts de l'Italie, lorsque je demandai ce que l'on avait sur la marine, après qu'on m'eut très-poliment donné un fauteuil, un coussin pour mes pieds, de l'encre, des plumes et du papier, on m'apporta une histoire des marins célèbres, aussi importante que.... celle de Richer ! Tout ce que j'ai pu trouver, il m'a fallu le chercher long-temps, en allant d'induction en induction; il m'a fallu en accoucher, pour ainsi dire, les bibliothèques, qui sont plus riches qu'on ne le supposerait en ouvrages traitant quelques-unes des matières que je poursuivais curieusement.

Pour me consoler de ma disgrâce, je courus les églises et les palais, espérant trouver des peintures dont je pourrais tirer quelque parti, ne fussent que d'anciens *ex-voto*. Vincent nous conduisit à *Sainte-Marie des Écoles-Pies*, petit sanctuaire de marbre jaune, vert et blanc, d'un effet très-vif. L'or se joue dans la décoration avec une magnificence à laquelle nous étions déjà tout habitués, tant nous l'avions rencontré partout à profusion. Mauvaise peinture à l'huile de Galeotti, d'Oderico et même de Guido Reni ; médiocre peinture à fresque de Giuseppe Galeotti ; mais par compensation, une charmante série de neuf bas-reliefs représentant l'histoire de la Vierge. Ces morceaux un peu trop dans le style que le Bernin avait imposé à l'école italienne, sont pleins de grâce et de chaleur, malgré la *manière* qui les gâte. Les trois premiers à droite sont de F. Schiaffino que les Génois citent parmi leurs artistes les plus célèbres ; les autres sont de Carlo Cacciatore son élève. A Gênes, les bas-reliefs de Sainte-Marie des Ecoles-Pies jouissent d'une grande renommée ; au moment où la France emprunta tant de chefs-d'œuvre à l'Italie pour s'en parer quelque temps, ces ouvrages de Cacciatore et de son maître furent enterrés, parce qu'on craignait de les voir partir : ils n'ont été replacés que depuis 1815. Il en est trois ou quatre que M. le ministre de l'intérieur pourrait faire mouler comme il fait mouler quelques grands originaux de l'école Florentine. Schiaffino n'étant point connu en France, non plus que Cacciatore, cela aurait beaucoup d'intérêt.

Nous montâmes à l'académie de peinture, au palais de la ville; c'est une belle institution qui fait honneur aux d'Oria, aux Grimaldi, aux Durazzo, et à quelques autres patriciens génois dont les noms se retrouvent à toutes les pages éclatantes de l'histoire du pays. L'enseignement gratuit, étendu au plus grand nombre possible d'élèves, une bonne collection de modèles en tous genres tendent au développement du goût des étudians dont l'ardeur est excitée par l'appât de prix annuels et de succès publics obtenus dans une exposition. A côté des salles d'étude est un musée composé en très-grande partie d'ouvrages des peintres génois des xve et xvie siècles. Parmi les choses qui me parurent très-dignes qu'on les remarque, je ne citerai qu'un beau Pellegro Piola; un martyre de saint Barthélemy, par Giaccomo Asserto, qu'on pourrait prendre pour un des beaux Michel-Ange de Carravage; enfin un paysage capital, effet de soleil couchant, de Carlo Antonio Tavella. Cette collection de l'école génoise me plut infiniment.

A Carignano où nous allâmes, autant pour avoir la belle vue de Gênes qu'on prend à la galerie supérieure de cette église, que pour voir de près ce temple élevé par la complaisance d'un époux pour donner satisfaction à un petit chagrin de la noble dame Bembinelli Sauli, les tableaux me touchèrent assez peu, quoiqu'il y ait, dans le nombre, un *saint François aux stigmates* de Guerchin, et un *saint Blaise* de Carle Maratte. Je fus tout autrement impressionné par le célèbre *saint Sébastien* du Puget. Je fis un croquis de cette statue, où la nature souffrante est si bien rendue dans une pose sans exagération. C'est de la chair palpitante que ce marbre plein de *morbidessa* et d'expression. Je fus d'autant plus content de voir et d'étudier un peu cet ouvrage, que je n'ai pas grande tendresse pour Puget. La figure de Beato Sauli, l'un des fondateurs de l'église, est de Puget aussi; elle est largement composée et drapée, d'ailleurs très-inférieure au saint Sébastien.

Notre *legno* nous transporta de palais en palais. On a tant écrit sur les palais de Gênes, dont on a fait des demeures enchantées, semblables à ces somptueux monumens de l'Orient que les fées habitent ; on a tant dit leurs escaliers, leurs cours spacieuses entourées de colonnes, leurs riches façades, leurs marbres, leurs ornemens, leurs fresques, leurs tableaux, leurs dorures, qu'il n'y a plus rien à en dire, à moins de vouloir lutter contre M. Gauthier, architecte français, qui a fait sur les *palazzi* un ouvrage très-complet et très-beau. Je passerai donc légèrement sur ce sujet, qui m'entraînerait à une fastidieuse nomenclature de tableaux; je me contenterai de quelques remarques. Il est impossible de trouver plus de méchantes peintures qu'il n'y en a dans le palais de la reine; hors deux Valentin, qui ne sont pas du premier mérite encore, il n'y a rien de passable. Tous les ouvrages modernes sont au-dessous du médiocre. Au palais du roi, parmi d'excellentes choses, nous nous attachâmes particulièrement à *la Madeleine aux pieds de Jésus,* le plus beau des quatre tableaux du même sujet que je connaisse de Paul Véronèse. C'est un morceau du plus grand prix sous tous les rapports. Le palais Brignole (le palais Rouge) possède des chefs-d'œuvre des plus grands maîtres; c'est là une des plus belles galeries de l'Italie. Le palais Serra — notre hôtel des Quatre-Nations était aussi un des palais Serra avant de devenir un *albergo* — le palais Serra n'a de remarquable que son salon, doré il y a un siècle avec de l'or de sequin. Les *ciceroni* sont très-fiers de ce salon, dont ils content des merveilles, et qui n'a d'étonnant que sa splendeur; ils ne manquent pas de dire que Napoléon, émerveillé, s'écria : « Monsieur le marquis Serra, vous êtes bien heureux que ce salon ne soit pas transportable; dans un mois il serait aux Tuileries ! » Je ne crois pas que Napoléon ait dit cela. Bien qu'au chapitre du goût l'Empereur ne fût pas très-difficile, il ne l'était pas cependant si peu qu'il pût avoir quelque estime pour une décoration lourde, sans agrémens, qui prouve moins le vrai sentiment de l'art chez celui qui l'a conçue, que l'exagération d'une folle vanité. Le palais Pallavicini a de beaux tableaux. Le plus curieux est de Vandyck; c'est une grande assemblée de portraits de famille que l'artiste a fait entrer dans une action historique, celle de Véturie aux pieds de Coriolan. Le costume du xvie siècle, le style des têtes, une couleur qui tient de celles de Rembrandt et de Murillo, font de ce morceau une page unique. Une dame Pallavicini, fort pieuse, a fait couvrir les nudités de plusieurs nymphes de l'Albane, qui offusquaient ses regards modestes; elle a aussi fait habiller Diane, et jeter de longs cheveux sur le sein d'une Madeleine ravie au ciel. Pour ce dernier ouvrage surtout, c'est grand dommage; car ce voile capillaire cache une partie du modelé fin et précieux de Franceschini. Cette pudibondie d'une dame Pallavicini me rappelle un scrupule d'un autre genre d'une personne dont je dois taire le nom. Voici comment la chose me fut racontée par une marchande, parlant un peu le français. La dame sortait de sa boutique. « Cette signora que vous venez de voir a un mari dévot ; elle n'est pas très-dévote, elle. Son mari s'est mis dans la tête d'entrer dans une des confréries qui enterrent les morts ; cela a déplu à sa femme, qui lui a dit : Je ne veux plus dormir avec vous, parce que vous sentez le mort. — Eh bien ! quoiqu'elle n'ait plus dormi avec lui, elle a mis au monde un enfant. On ne sait comment cela s'est fait. »

Nous vîmes encore plusieurs palais, ce jour-là ou le lendemain, parmi lesquels celui de l'Université et le palais d'Oria ; et dans le grand nombre de tableaux que j'examinai avec ce soin curieux et passionné que j'apporte à l'inspection de tout objet d'art, je trouvai seulement cinq peintures navales. Au palais Brignole, deux marines de J. Vernet qui ne m'apprirent rien du tout. Au palais du roi, *la défaite des Pisans*, petite répétition d'un ouvrage du Génois David que j'avais vu dans la grande salle du palais ducal : celui-là est assez peu intelligible, et il est évident pour moi que David n'a pas compris les galères du xvie siècle, dont au xviiie on avait déjà perdu la tradition à Gênes. Au même palais, un tableau hollandais représentant un *navire incendié* pendant la nuit : cet ouvrage m'a semblé appartenir au xviie siècle ; il est, au reste, fort obscur ; l'effet en est noir et la couleur a poussé ; ce qu'il y a de visible du navire a la forme connue des bâtimens contemporains de Tromp et de Ruyter. Au palais d'Oria Panfili, dans une frise peinte, un navire du xve siècle, dont la masse seule offre cette espèce d'intérêt à laquelle s'attache l'étude ; les détails en sont un peu effacés, et, d'ailleurs, cette image navale est très-incomplète, traitée qu'elle a été par le peintre comme un objet de pure décoration. Je ne tirai donc pas un grand profit immédiat de la vue de cet objet ; plus tard je fus cependant bien aise de l'avoir connu ; il me servit de point de comparaison.

Je n'ai rien à dire du palais de l'Université, dont deux lions rampans au pied du grand escalier gardent les portiques magnifiques ; mais je ne puis m'empêcher de parler de la maison que les frères Farigiana ont réédifiée sur la place de l'Acquaverde. C'est, quand on entre à Gênes, un des monumens qui frappent le plus agréablement la vue. Cette maison élégante, toute revêtue de marbre blanc, chargée de statues, de bas-reliefs, d'ornemens, est nouvelle. La ville doit sa construction à un heureux hasard. Messieurs Farigiana étaient pauvres ; un oncle — un de ces oncles qui n'arrivent plus guère d'Amérique, même au vaudeville, pour enrichir leurs neveux ; ou qui ne meurent à point qu'aux péripéties des drames et des romans classiques — passa de vie à trépas, sans que ces jeunes gens s'en doutassent. Il était loin, à je ne sais quelle colonie ; avant d'aller rendre compte à Dieu de sa longue carrière, il eut un souvenir pour sa famille et il écrivit quelques lignes à ses neveux qu'il investissait d'une immense fortune. Une fortune immense! Qu'en feront-ils? Iront-ils en porter une partie aux grands restaurateurs, aux filles d'opéra, au jeu de Paris? Non; ils pensent à Gênes, à sa gloire, à ses grands hommes; ils élèveront un temple à la mémoire d'un illustre compatriote! C'est Christophe Colomb qui sera la divinité — est-ce parce que l'oncle s'enrichit en Amérique? Je n'en sais rien. — Et le monument s'éleva, et sur la grille de la rue Balbi, un médaillon — portrait de l'Almirante — dit à qui la maison est dédiée, et sur la façade principale, dans un fronton, la sculpture montra Colomb tenant par la main une jeune femme sauvage, l'Amérique, qu'il présente à l'Espagne et à la république génoise; et sous ce relief on écrivit : *Cristoforo Colombo Genovese scopre l'America.* Ces deux derniers mots me semblent bien inutiles; à qui apprendront-ils en effet que Christophe Colomb Génois *découvrit l'Amérique?* Qui l'ignore? Au reste, cette inscription écrite en italien, et non en latin, prouve le patriotisme de messieurs Farigiana; ils ont voulu que le peuple de Gênes pût lire le nom de Colombo que les désinences latines auraient déguisé. Ce nom gravé sur le marbre de leur palais témoignera dans l'avenir du noble emploi de leur fortune. Il m'est arrivé plusieurs fois de rencontrer l'un et l'autre frère se promenant à cheval; je les ai toujours salués, je puis dire, avec respect et une sorte de reconnaissance.

A *l'Albergo de' Poveri*, grand hospice où des malheureux apprennent un état et reçoivent une première éducation, je vis la statue de la Vierge du Puget, et un médaillon de Michel-Ange représentant la Vierge pressant dans ses bras le Christ expirant. Tout le monde trouve la statue de Marie divine et gracieuse; quant à la Vierge du médaillon, elle est laide, sans caractère, mais ses mains sont jeunes et belles. Le Christ est d'une expression sublime, le dernier souffle de vie est sur ses lèvres. C'est une des plus admirables têtes entre les têtes superbes qu'enfanta le ciseau du Buonarotti. Dans une grande salle figurent les statues des bienfaiteurs de l'hospice. Il en est une dont le geste et le sourire narquois me plurent assez. Vincent, l'homme aux traditions génoises, m'expliqua le mouvement de ce doigt de la main droite qui a l'air de couper une phalange de la main gauche. Voici son histoire : « Le marquis Brignole-Sale était sénateur. Ses collègues rendaient la justice d'une manière si odieuse qu'il en était indigné. Il résolut de leur faire honte de leur cruauté et de leur partialité révoltante. Pendant la nuit, il descendit à son écurie, et coupa les jarrets de ses chevaux; le lendemain il accusa son palefrenier de ce crime, et le traduisit devant les juges. Le palefrenier nia, Brignole affirma; le palefrenier fut mis à la torture et avoua; alors Brignole, jetant à ses pieds son bonnet carré et se dépouillant de sa robe, leur dit que la torture avait menti, que le pauvre valet d'écurie était innocent, que c'était lui qui avait mutilé ses chevaux, et qu'il ne l'avait fait que pour éprouver leur légèreté et leur montrer à quoi était bonne la question. Il descendit alors de son siége où il ne voulut plus remonter, craignant, dit-il au Sénat, d'être encore complice malgré lui de quelque arrêt inique. » Vincent ne put me dire si cet événement fit impression sur le Sénat et si l'abolition de la torture suivit cette leçon dramatique.

Parmi les bienfaiteurs de *l'Albergo de' Poveri* je remarquai une femme jolie, représentée en buste dans un médaillon d'où elle semble s'élancer au ciel. Cette femme est une dame Grimaldi. Je ne sais point quel est l'artiste ingénieux qui modela cette belle tête et lui donna l'ardeur pieuse dont elle paraît animée. Largement rendue, d'un modelé fin et gras, cette tête est de ronde bosse tandis que le bas de la taille est d'un relief à peine sensible; artifice heureux d'un effet vif et saisissant. Ce buste original de madame Grimaldi est une des jolies choses de la sculpture moderne que j'aie rencontrées en Italie : je le crois de quelque élève du Bernin, mais du Bernin quand il abdiquait la manière pour n'être que réellement gracieux et passionné.

Dans nos courses de la journée nous visitâmes le Port-Franc. La police interdit aux femmes l'accès de cette petite ville active, étroite, embarrassée, où, à tout instant, on entend crier à ses oreilles : *Guarda, signori!* où l'on voit courant, se croisant, se balançant, des ballots énormes que deux hommes portent suspendus à leurs épaules par une corde double que traverse un gros bâton. Les femmes gêneraient et seraient exposées à être blessées; elles n'entrent là qu'avec la permission de l'agent de surveillance : les nôtres l'obtinrent. C'est un coup-d'œil curieux que celui du Port-Franc; mais on fait mieux de se le donner de la muraille qui domine cette espèce de rue encombrée de marchandises, de négocians et de facchini. Les faquins sont là par privilége. Tout homme fort, adroit, actif, ne peut servir dans le Port-Franc; il faut qu'à ces qualités il en joigne une autre sans laquelle celles-là ne seraient rien; il faut qu'il soit de la province de

Bergame. Un Génois serait exclus s'il avait l'audace d'y pénétrer un paquet à la main, une caisse sur l'épaule. Toute femme de facchino bergamasque qui veut que son fils travaille au Port-Franc doit aller de Gênes à Zugno, à Piazza ou dans quelque hameau de la vallée voisine de Bergame pour y faire ses couches ; sans cela, fils de maître, mais génois, il serait repoussé par la *caravana*. Cette compagnie est une sorte de noblesse ; c'est le sang et la race qui y donnent entrée. Elle a ses vieux titres, ses franchises, ses droits ; elle est fière de son ancienneté : car elle est ancienne, elle date de 1340, comme beaucoup des meilleures maisons de Gênes. D'abord, cette confrérie n'admit que douze membres ; elle en a maintenant deux cents. L'inscription sur la liste des Bergamasques du Port-Franc était autrefois une chose si recherchée dans la province de Bergame, qu'il n'était pas rare de voir un facchino vendre sa charge à des prix exorbitans, comme s'il avait été gentilhomme de la chambre d'un roi de France, avoué, notaire ou agent-dechange à Paris. Les Bergamasques sont vigoureux et honnêtes, deux bonnes conditions pour le métier qu'ils font. Ils portent des fardeaux très-lourds, et comme tous les crocheteurs du Midi, ils courent en les portant. J'ignore s'il est une loi de la statique, dont ils auraient deviné le secret par l'expérience, qui reconnaît au mouvement horizontal la propriété d'alléger les corps graves; mais il faut qu'il y ait quelque raison pour que, de Marseille à Naples, les portefaix aient les mêmes habitudes, assez élégantes, au reste, chez les très-jolies porteuses d'eau de Venise.

Les facchini du Port-Franc ont sans doute des syndics; ceux de la ville ont des consuls, arbitres choisis par eux, qui prononcent sur tous leurs différends, et à l'autorité desquels ils se soumettent assez religieusement, dit-on. La police n'intervient guère que dans leurs contestations avec les étrangers; encore, les consuls préviennent-ils souvent cette intervention.

Le Port-Franc est une ville qui a son caractère, son aspect, ses usages; cette ville a son faubourg, ou ce que je puis appeler ainsi, chose tout-à-fait à part, seule tradition ancienne des mœurs populaires de Gênes : c'est *Sottoripa*, l'obscure partie, la partie voûtée de la *Strada porta di Vacca*, celle qui se trouve sous les terrasses des palais et maisons dont est bordée cette rue en face de la muraillette. Là des boutiques où le soleil n'a jamais eu accès, où la lumière n'arrive que par des reflets incertains, souvent interceptés par la présence des passans ; là des ateliers de chaudronniers, de tonneliers et de cordonniers, des tavernes et surtout une multitude de petits établissemens culinaires où s'apprêtent les repas des gens du port, des facchini et d'une foule de petits consommateurs à qui la mauvaise fortune défend l'accès de cuisines meilleures. L'aspect de ce long corridor mal pavé, sombre, qui monte et descend, qui retentit du bruit des marteaux ou des éclats d'un chant fort désagréable — j'en demande bien pardon aux Italiens des dernières classes à qui l'on a fait, je ne sais pourquoi, la réputation de bons chanteurs — où l'on se coudoie, où l'on marche presque à tâtons à certains endroits, où l'on est quelquefois assez ennuyé de marcher ainsi parce que le sol n'est toujours ni bien sec ni bien propre ; l'aspect de ce long corridor est curieux. C'est un Rembrandt en action, un Téniers vivant. Homme d'un siècle avancé, et partisan de ce comfort que donne la civilisation, on doit trouver affreux ce passage probablement malsain, exhalant de méchantes odeurs et dénonçant les routines plus encore peut-être que la misère ; artiste, on doit trouver cela d'un effet original, d'un singulier caractère, d'une belle couleur. J'avoue que je ne fus point frappé des inconvéniens et de l'espèce de hideur qu'on peut justement reprocher à cette cave *sopraterra* ; l'artiste l'emporta en moi. Je conseille à tous les voyageurs, qui ne poussent pas trop loin la délicatesse en matière de senteurs nauséabondes, de passer sous les arcades de *Sottoripa* ; ils y trouveront tout autre chose que ce qu'ils auront admiré dans les palais ; mais cette autre chose a son prix. Les petites cuisines me plurent beaucoup ; il y en a qui sont vraiment fort jolies. Je voulus m'assurer qu'elles étaient propres et que les mets préparés par des femmes que nos cuisinières n'admettraient certainement point au rang des *cordons-bleus*, n'étaient révoltans, ni par la vue ni par le goût; j'y entrai, je regardai, je goûtai, et je sortis content.

Dans cet *andito nero*, comme dans toutes les rues de Gênes, les boutiques sont étroites, sans profondeur; elles sont moins ornées encore. L'image de la madone et la lampe toujours allumée n'y manquent pas, mais c'est le seul accessoire un peu recherché qu'y admettent les locataires. Dans beaucoup d'autres rues, les madones sont belles, bien peintes, entourées de guirlandes ou de draperies; là c'est ordinairement une image fort simple, encadrée de bois, éclairée par une veilleuse près de laquelle se trouvera un verre à boire ou un petit pot de faïence contenant quelques roses. Ces roses fraîches, souvent renouvelées, font, je vous assure, dans le lugubre et triste tableau que présente la boutique pauvre et sale, une tache délicieuse.

En rentrant par la rue *del Campo*, je vis des femmes courir ; je crus qu'un malheur était arrivé, et je courus aussi. Point d'accident, grâce au ciel ! C'était un franciscain dont on allait baiser dévotement la main ou la manche. Je m'abstins de cet acte de piété, sans me moquer de bonnes ames qui s'y laissaient entraîner. Ce moine est à Gênes en odeur de sainteté ; petit et amaigri par les jeûnes et les macérations de toutes sortes, il a cependant une assez grande force apparente ; sa figure sévère est en même temps douce et bonne ; et j'ai remarqué qu'il souriait avec embarras à chacun des embrassemens qu'on donnait à sa main ou à son vêtement. Du reste, rien d'affecté, point de ces soupirs adressés publiquement au ciel pour que la terre les compte ; point de ces regards cloués au pavé par modestie, ou fixés aux nuages par enthousiasme extatique : le *frà beato* marche, parle et regarde comme tout le monde. Je n'ai point su son nom.

Un saint d'une autre espèce, que j'avais rencontré le matin, un saint politique, ou plutôt un martyr, c'est Don Miguel de Portugal. Il était à Gênes depuis quelques jours, et l'on disait qu'il préparait son départ pour une expédition de guerre. Ce qu'il y a de sûr, c'est que les émigrés portugais assez nombreux, qu'une frégate avait amenés autrefois à Gênes et parmi lesquels étaient des généraux, n'étaient point les compagnons ordinaires du prétendant. Ses féaux, ses inséparables, ses aides-de-camp, c'étaient deux valets ; partout on le voyait avec eux. Un carrossier de la Rue-Neuve était son confident politique, les voituriers de la place de l'Annonciade étaient ses familiers; et cela n'étonnera point ceux qui savent combien le prince qui se porte pour héritier de la maison de Bragance est populaire ! Nous l'avons vu souvent avoir des conversations avec les *veturini* qui le connaissaient tous, et lui parlaient très sans façon, le chapeau sur la tête. Il avait voulu se trouver à Gênes en même temps que le roi Charles-Emmanuel, dont il espérait obtenir quelque appui peut-être, ou quelque autre secours d'une autre nature, car on disait qu'il était fort gêné, et qu'il avait vendu ses diamans à Rome ; mais le gouvernement et le roi lui-même lui donnèrent peu de marques de sympathie. La police le surveilla de près ; on lui fit dire de ne hasarder aucune démarche que la diplomatie pût trouver mauvaise ; on réduisit enfin son rôle à celui d'un pauvre diable de réfugié dont nous aurions eu pitié, vraiment, si l'exilé prince eût été un homme plus noble, plus digne, et moins odieux sous beaucoup de rapports.

Sa Majesté sarde était attendue à Gênes, où elle vient chaque année avec assez peu de plaisir, dit-on, parce que la population riche lui est en général peu favorable. C'était le 5 novembre que devait entrer Charles-Albert, et les ambassadeurs des puissances étrangères, que le roi ne dispense point de l'honneur de le suivre dans ces voyages, étaient déjà arrivés. J'allai saluer M. de Barante, qui eut la bonté de m'accueillir avec cette affabilité spirituelle dont j'avais eu déjà tant à me louer dans quelques rencontres, avant la révolution de Juillet, chez le libraire Ladvocat, qui réunissait à sa table des gens de lettres et des artistes, comme autrefois le libraire éditeur de l'*Encyclopédie*. Je consultai le savant auteur des *Ducs de Bourgogne* sur mes travaux, dont je lui expliquai l'intention, et j'en reçus, avec des encouragemens pleins de bienveillance, des directions utiles. M. de Barante me donna quelques renseignemens sur Milan et Venise; il me recommanda Mantoue, la ville ducale, livrée par ses princes aux fantaisies du génie de Corrège; malheureusement je ne pus l'aller voir. Comme je connaissais déjà le palais d'Oria Panfili, où j'avais aperçu des monumens historiques qui pouvaient l'intéresser, je lui proposai une promenade à cette maison; nous en convînmes pour un des jours suivans.

Le soir, selon notre coutume, avant d'aller au théâtre *Carlo-Felice*, nous fîmes une petite station au *caffè del Gran-Cairo*, le seul où les femmes puissent aller à Gênes. C'était là que nous lisions les journaux de Milan, de Gênes et de Vérone, et la *Gazette de France* qui, sous ses bandes carlistes, a le privilége d'envoyer à l'étranger les doctrines révolutionnaires, par extraits et citations. La police italienne, qui ne donne les entrées libres à aucun journal libéral, permet ainsi la contrebande des opinions qu'elle redoute et surveille le plus. Au reste, ce n'est pas la seule anomalie de ce genre ; par exemple, chez les libraires de Gênes on trouve toutes les productions françaises les moins favorables au système monarchique et aux idées d'absolutisme, et à la douane on examine les livres que vous avez dans vos malles pour les confisquer, s'ils ont une odeur de philosophie ou d'indépendance. Le café du Grand-Caire n'a rien qui le puisse faire ressembler aux beaux cafés de Paris; c'est un autre bas, voûté, partagé en trois chambres, et décoré à l'égyptienne avec d'autant plus de raison qu'il n'a pas mal l'air d'un hypogée ; ses peintures assez tristes sont propres; son éclairage est modeste, comme serait celui d'une lampe brûlant dans un tombeau. Une bonne grosse dame qui n'a point de prétention à la beauté, et qui n'était déjà plus toute jeune quand Napoléon se fit couronner roi d'Italie, préside, en tricotant des bas, au service que font des garçons actifs et polis. Point de toilette, point de brillans colifichets; une robe d'indienne, un filet noir avec des nœuds de rubans couleur de feu autour de la tête, des mitaines, un collier de corail vieux produit de l'industrie génoise, composent tout l'attirail de coquetterie de cette respectable dame. On cause *al Gran-Cairo*, mais bas, tout bas; aussi fûmes-nous plus d'une fois l'objet de scandales, avec nos bons éclats de rire français, que nous ne savions point modérer, et qui finirent un jour par devenir contagieux à un point que la limonadière elle-même se prit à sourire en nous regardant et en nous envoyant notre monnaie sur une assiette, conformément à l'usage poli de l'Italie. Le *Grand-Caire* n'est point le seul café que nous ayons vu dans notre voyage avec une femme à son comptoir ; cependant, en général, les établissemens de ce genre n'ont point le luxe attrayant des belles limonadières, dont la présence est comptée pour beaucoup dans le casuel des cafés parisiens.

La troupe de *Carlo-Felice* était d'une fâcheuse médiocrité; nous n'y distinguâmes que deux chanteurs, Cambiaggio et Raffaële Scalse, plus peut-être pour la vivacité de leur action que pour le mérite de leur chant. C'étaient deux anciens officiers napolitains qui, s'étant compromis dans un mouvement politique, avaient pu fuir Naples et s'étaient jetés non dans l'église, mais au théâtre, comme dans un lieu d'asile. Le théâtre les sauva en effet; le succès racheta leur crime patriotique. On les aimait beaucoup à Gênes. Les danseurs étaient très-faibles; le seul qui nous amusa un peu était un grand garçon long, maigre, vêtu d'une tunique de satin fort décolletée, pirouetteur éternel, dont la danse qui jetait ses bras et ses jambes à droite, à gauche, en avant, en arrière, sans règle, au hasard, me rappela celle que le vent impose à ces chandelles de bois qui pendent en rond à la porte des épiciers.

XV

La maison d'Andrea d'Oria. — Galerie vitrée. — M. Carlo Morfino. — Intérieur des appartemens. — Les Titans de Pierrino del Vaga. — Une inscription. — Portraits historiques. — Origine des d'Oria. —Tradition à ce sujet. — Reliques. —Testamens d'Andrea d'Oria. — Tombeau à saint Mathieu. — Sculptures du Montorsoli. — Mémoires commencés autographes de Jean-André d'Oria. — La maison féodale. — Garde-meuble. — Une galéasse. — La trirème de Charles-Quint. — Archives de la maison. — Le jeune prince d'Oria Panfili. —Jardin. — Chien pensionné. —Une blague italienne et Napoléon. — Saint Benoît. — Une galère. — La portière.

Nous fîmes dans ce palais une entrée singulière. Vincent qui ouvre toutes les portes, en homme que l'on connaît et qui s'est fait un droit de pénétrer partout sans en demander la licence, nous avait introduits jusqu'à la galerie vitrée. — Nous y regardions ces puissantes figures à fresque que Titien peignit, dit-on [1]; noble assemblée de héros, beau morceau d'art échappé au temps et aux dégradations que les rapins génois s'amusaient à lui faire subir quand on les admettait encore à étudier ces têtes d'une si riche couleur, et d'un si bon caractère, et surtout cette jolie guirlande d'enfans qui, courant sous le plafond, va joindre aux extrémités de la galerie deux dessus de portes qu'on croirait faits d'hier, tant les académies en sont fraîches encore. Vincent nous montrait et Conrad d'Oria, et le vieil André, et Jean-André, et Thomas le père de Jannettin, et Jannettin lui-même ; — tout-à-coup une porte s'ouvrit avec fracas. Un homme fort irrité en sortit, adressa de vifs reproches à notre guide sur son indiscrétion ; et lui signifia qu'à l'avenir

---

[1] Je doute beaucoup que cette peinture soit de Titien, malgré ses admirables qualités. Je l'attribuerais plutôt à quelque artiste de l'école romaine, bon coloriste.

nul valet de place ne pourrait amener d'étrangers au palais sans sa permission. Nous restions là, surpris de cette scène, dont plus d'un détail nous échappait parce que le dialecte de Gênes a des finesses que nous ignorions ; le grondeur furieux rentra chez lui, et nous allions nous tenir pour dit qu'il fallait nous munir d'un laisser-passer, quand M. Brunton eut la bonne idée de suivre la personne qui nous était apparue, afin d'excuser l'étourderie ou l'impolitesse de notre domestique. Cette démarche fut du meilleur effet ; le monsieur se calma tout de suite et devint pour nous d'une amabilité parfaite.

Ce monsieur dont nous apprîmes le nom plus tard, est l'intendant du prince Panfili d'Oria, M. Carlo Morfino. Il me faudrait la plume de Granville ou d'Henri Monnier pour tracer son profil qui a quelque chose de celui d'un coursier normand au chanfrein fortement busqué ! Nez saillant, mince et pointu, œil vif, lèvres minces, longues dents, pommettes hautes, joues creuses, occiput et sinciput complètement chauves, petite perruque, et sur la perruque un bonnet grec; telle est la tête que supporte un long col, engaîné dans une cravate haute et fort serrée. Le porteur de cette cravate, de ce col, de cette perruque, de cette tête, est grand, maigre, leste, actif; sexagénaire encore jeune, il est condamné à la détention dans une redingote, véritable *carcere duro*, pincée, étroite, rigoureusement boutonné du bas en haut. Il parle avec une facilité remarquable un français spirituel où interviennent souvent et d'une façon assez plaisante l'interjection *he!* et la conjonction *ma*, suspensive du discours et par cela grandement diplomatique. Quand il ne parle pas, il chantonne, va, vient, s'agite, remue des clefs, des papiers, des registres. Excellent homme au fond qui sait ce qu'il vaut comme M. Morfino et comme représentant à Gênes du prince d'Oria qui n'est pas revenu dans son palais depuis 1797 ; on obtient de lui beaucoup, en lui demandant une légère faveur à laquelle sa courtoisie s'empresse d'ajouter ce qu'elle peut imaginer qui devra vous être utile ou agréable. J'aime tout plein mon cher monsieur Carlo Morfino; je lui suis très-reconnaissant des peines qu'il s'est données pour me montrer dans son château mille belles curiosités qu'il ne montre jamais à aucun étranger; et je regrette de n'avoir point un crayon plus fin, plus habile pour portraire dignement cet intendant si preste, si avenant, si obligeant, si gai, qui fut une de mes bonnes rencontres en Italie. Quand nos dames eurent un peu ri de sa cravate étayant ses joues, et de son drôle de petit bonnet perché sur un toupet pyramidal, elles le trouvèrent charmant; c'est qu'il fut on ne peut plus aimable, en effet. Il se multiplia pour nous plaire, nous conduisit dans les salles les plus célèbres, nous promena dans le jardin, nous ouvrit les armoires aux précieuses antiquités, nous expliqua toutes les peintures, nous traita en un mot comme des souverains, ou, ce qui est plus vrai, comme des d'Oria.

J'ai revu souvent la maison du grand Andrea, et, grâce à M. Morfino, j'en puis parler après tous ceux qui en ont écrit. Je ne décrirai point son extérieur du côté de la rue à laquelle elle a donné son nom ; je ne transcrirai point la longue ligne latine, gravée sur cette façade, résumé de l'histoire de cet amiral qui pendant soixante ans fut la tête, l'épée et la marine de Gênes, soit qu'il servit la République, Paul III, François I*", ou l'Empereur : l'inscription est connue, et l'on sait ce que devient la façade qui attend depuis un siècle qu'on la répare. Hélas ! la maison tout entière attend comme la façade, et c'est pitié de voir se ruiner ainsi un des plus beaux monumens de la ville aux somptueux palais. Si quelque chose devait être conservé religieusement à Gênes, c'est cette demeure pleine de souvenirs ! Je ne sais si la fortune du prince Panfili d'Oria ne peut suffire à restaurer ce vaste bâtiment, à entretenir les jardins qui en dépendent, à faire mettre en ordre les archives qu'il contient, à défendre les peintures d'une destruction trop prochaine ; mais, malgré le zèle de M. Morfino, tout dépérit. Et quand il y a tant de choses pressantes à faire pour sauver cet édifice national, j'ai vu un jardinier tailler les ifs en forme d'aigles, pendant qu'un sculpteur rafraîchissait le marbre noirci d'un aigle ancien, armoirie mutilée qu'on allait replacer sur la porte de mer! Le cœur m'a saigné lorsque dans ces vastes appartemens dorés, enrichis de sculptures, ou peints par Pierrino del Vaga, j'ai trouvé de pauvres ménages nichés dans des coins de grandes salles où ils étaient comme perdus! La gêne, la misère sous les lambris d'un palais qu'ont habité André d'Oria, Charles-Quint et Napoléon!

Napoléon, son passage est marqué dans cette maison par un acte vandale de je ne sais lequel de ses architectes ou de ses maréchaux-de-logis. Pour rendre plus présentables des chambres dont les dorures étaient enfumées, et les ornemens peu éclatans, on passa là-dessus une épaisse couche de blanc, on badigeonna des sculptures fines et délicates, des stucs merveilleux, de charmantes peintures d'un des plus grands élèves de Raphaël! On ne gâta pas tout pourtant; des arabesques du meilleur goût échappèrent à cette manie de propreté. Le foudroiement des Titans, chef-d'œuvre de Pierrino Bonaccorsi, dont le groupe de Junon, de Flore et de Vénus, est à la hauteur des meilleures choses à fresque du peintre des *Stanze*, échappa aussi aux nettoyeurs ; et c'est aujourd'hui, comme il y a deux siècles, l'objet de l'admiration de tous ceux qui voient ce gigantesque plafond.

Pierrino del Vaga ne peignit point que cette fresque et les arabesques des salles voisines ; il décora le dessous de la porte principale de ces médaillons où le triomphe de Scipion est représenté dans le style des *Loges* du Vatican. Ces quatre petits tableaux sont d'un goût de dessin et d'une harmonie de composition qui me frappèrent vivement. Je cherchai vainement à lire tout ce qui reste de la fresque dont Pierrino décora la face du palais du côté de la mer, je n'y découvris que deux ou trois figures d'enfant d'un mouvement gracieux et d'un coloris suave. Quant à un navire dont les formes et la voilure m'apparurent dans le vague d'une fresque usée, je ne pus rien en conclure ; je ne pus parvenir à deviner si c'était une fantaisie, la reproduction du type sacramentel des anciens dans leurs monumens nautiques, ou l'image fidèle d'un vaisseau du XVIe siècle. Une grande peinture à l'huile de Pierrino del Vaga, *le naufrage d'Enée*, s'est, dit-on, perdue ; ce qui est resté et survivra peut-être au reste, c'est le dessin de la grande porte, plein de l'élégance et du goût sûr du XVIe siècle. Sur cette porte, je remarquai les deux monogrmames de la société de Jésus, et cette inscription : *Fundavit eam Altissimus*. Les monogrammes sont une concession à la mode du temps, et l'Italie a une foule de maisons timbrées de l'I-H-S et des initiales entrelacées A et M ; quant à l'inscription, elle est fière, mais il était permis à André d'Oria de n'être pas modeste. S'il y avait à Gênes un homme qui eut le droit de s'appeler *Altissimus*, c'était lui sans doute.

Si d'Oria donna une hospitalité généreuse à Bonaccorsi, fugitif de Rome saccagée, celui-ci la paya largement ; il laissa sur les murs du palais d'Andrea les plus magnifiques traces de son talent, mûri à l'école de Raphaël et formé d'abord par Ceri, Vaga et Ghirlandajo. Jamais dette de la reconnaissance ne fut mieux acquittée assurément, comme jamais bienfaits ne furent mieux placés.

La peinture de Pierrino Bonaccorsi est le plus bel ornement du palais, car que dire des portraits en grand nombre qu'on y trouve? Rien sous le rapport de l'art. Mais sous le rapport historique ils sont fort précieux, cinq d'entre eux du moins. Ceux-là sont dans la chambre où travaille M. Morfino. L'un représente André d'Oria plus que nonogénaire, face à face avec un gros chat; malice naïve qui fait allusion aux querelles de d'Oria avec les Fiesque dont les armes sont un chat. Ce portrait est fort naturel; la vénérable tête du vieil amiral, sa longue barbe blanche, sa main décharnée et belle encore sont rendues avec bonheur. Le morceau est fort usé et mériterait qu'on le restaurât. Dans cette peinture, d'Oria ressemble beaucoup aux portraits connus de Léonard de Vinci. A gauche d'André est Jean André, la croix rouge sur la poitrine, en costume à la Charles IX ; à droite, non pas en buste, mais en pied, le casque en tête, l'épée à la main, le bouclier au bras, dans l'action de combattre, Jannettin d'Oria père de Jean André [1]. On ne m'a pas dit les noms des peintres de ces trois effigies, mais leur authenticité m'a été assurée, et j'y crois. Deux ouvrages meilleurs qu'on donne à Titien, mais qui sont seulement de son école, ce sont les portraits d'André d'Oria à l'âge de 63 ans, et de Charles-Quint. Ils sont pendus l'un et l'autre aux portes et à l'intérieur d'une grande armoire que M. Carlo Morfino, mon nouvel ami, me fit la galanterie de m'ouvrir et qui contient un reliquaire dont ces nobles images ne sont pas les pièces les moins précieuses. A côté de la tête de d'Oria on lit ces deux mots : *Andrea Auria.*

Auria, cette orthographe nouvelle pour

---

[1] Jannettin naquit de Thomas d'Oria en 1510 ; en 1544 il prit *l'archipirata* Dragut, et fut tué en 1547; Jean André naquit de Jannettin en 1540. (*Manuscrits de la maison d'Oria*.)

moi, me fut bientôt expliquée. Au-dessus de la petite porte de l'escalier qui du cabinet de M. Morfino va à la *sacristia*—le trésor, bardé de fer et caché dans de gros murs—je vis un tableau de forme oblongue, et de l'école vénitienne, chargé seulement de trois figures à mi-corps, dans l'action suivante : une jeune fiancée reçoit de son époux l'anneau du mariage en présence d'un prince couronné qui les unit. Au bas du tableau on lit cette légende : *Alduinus Beuland Narbone comes anno* 941 *Genue habuit virginem Orietam de Voltá de quâ Ansaldus filius cognomen* DE ORIA *Adephis c....* Le dernier mot manque et je n'ai pas compris l'avant-dernier ; mais, du reste, il résulte qu'Alduin Beuland, comte de Narbonne, épousa à Gênes en 941, Oriette fille de la maison de Volta, dont le fils Ansalde prit le surnom de Oria. Voilà l'origine des d'Oria ; ils descendent d'un comte de Narbonne et d'une Génoise ; la France et Gênes peuvent donc les revendiquer. Mais dans quelles circonstances Alduin épousa-t-il Oriette ? C'est ce que tous les *ciceroni* savent assez bien, ce que le signor Carlo Morfino prit la peine de m'apprendre et ce que je lus par ses soins dans un manuscrit ancien intitulé : *Origine e fasti della famiglia d'Oria*. Je cite le passage que je copiai très-exactement :

« Arduino suddetto volendo fare un pellegrinaggio à Gerusalemme, venne a Genova e prese albergo in casa di una gentildonna vedova della famiglia della Volta (qualle poi se disse Cattanea) ; e infermatosi il conte in casa di essa vedova gravamente, in quella mallattia fu servito con gran carita, e molto onore volmente non solo dalla vedova madre, ma da due sue figlie ancora, una delle quali era nominata Oria, o Orietta [1]. Guarito poi da quelle infirmità, il conte Arduino fece la sua pellegrinazione à Gerusalemme. Daddove ritornato prese nuovamente alloggio in casa della predetta signora della Volta, colla quale convenne di maritarsi con Orietta sua figlia, il che a esequito

[1] Les prénoms d'Oria et d'Oriette ne sont pas rares à Gênes ; il y a encore des filles qui les portent ; le dernier plus que l'autre, à cause de la famille d'Oria.

se me andò a Narbone, e ottenuta la porzione a sè spettante della paterne faculta, dopo tre anni fece in Genova ritorno, abitando colla moglie nella regione che port' Oria encor oggi si dice, la quale in quel tempo era fuori della cità, ed soi comprò un grand spazio di terreno e vi fabbricò gran quantita di case (come diceno gli antichi delle presente famiglie), le quali case per lungo tempo han pagato livello a nobili d'Oria. » Traduisons : « Arduin (Hardouin); dont on a parlé déjà, voulant faire un pélerinage à Jérusalem, vint à Gênes où il se logea dans la maison d'une dame veuve de la famille noble de Volta — laquelle ensuite prit le nom de Cattanea. — Le comte s'étant trouvé gravement indisposé chez cette veuve fut servi pendant sa maladie avec beaucoup de bonté et de considération non-seulement par la dame Volta, mais encore par ses deux filles dont une se nommait ORIA ou ORIETTA. Guéri de son mal, le comte Hardouin accomplit son pélerinage à Jérusalem. Quand il en revint il se logea de nouveau chez la veuve avec laquelle il convint qu'il épouserait sa fille Oriette. Ce qui étant fait, il alla à Narbonne, et ayant obtenu la portion qui lui revenait des biens de son père, après trois ans il revint à Gênes, où il habita avec sa femme dans le quartier qui s'appelle encore *Port' Oria*. Ce quartier était dans ce temps-là hors de la ville » — près de la porte de l'Arc — « et comprenait un grand terrain ; on y éleva une grande quantité de maisons (comme le disent les anciens de toutes les familles actuelles), lesquelles pendant longtemps ont payé une rente seigneuriale (*livello*) aux nobles d'Oria. »

On voit que le manuscrit et le tableau sont d'accord sur le fait principal ; quant à la date, ils diffèrent : le tableau dit que le mariage eut lieu en 941, et le manuscrit ne le rapporte qu'à 950 ; mais peu importe. Pour Ansalde, le *fils d'Oria*, je n'ai pas vu que les *origines et fastes de sa famille* en parlent ; le moine qui les a recueillis aura négligé cette tradition, suffisamment attestée par la peinture, et qu'on trouverait peut-être ailleurs si on avait intérêt à la chercher. Je remarquerai seulement que cet Ansalde naquit probablement à Narbonne, si ses parens ne revinrent à Gênes que trois ans après leur mariage. Voilà donc le premier d'Oria appartenant au Languedoc, par son berceau du moins.

Les reliques que M. Carlo Morfino nous montra sont assez nombreuses et de celles qu'un musée historique serait fier de posséder. Ce sont : le fauteuil en velours rouge brodé, et galonné d'or, sur lequel Charles-Quint s'assit pendant son séjour dans la maison d'André d'Oria; le prie-dieu sur lequel il s'agenouillait; la selle et la bride de son cheval; l'épée que le pape Paul III donna, en 1535, au prince d'Oria quand cet amiral eut armé la flotte du Saint-Père. Cette épée longue, large, lourde, mon bras eut peine à la soulever, et cependant une poignée de bois, simulacre grossier de la poignée d'or qui la montait, en allège le poids auquel la vigueur des hommes de ce temps-là suffisait à merveille. La poignée d'or fut brisée et prise, en 1797, par les anarchistes qui faisaient la guerre à tous les souvenirs de la noblesse ancienne et de la vieille république. Sur la lame on lit un envoi flatteur du Saint-Père à son amiral. Un monument d'une autre nature fixa long-temps mon attention : c'est un testament olographe d'André d'Oria écrit par ce grand homme, en 1547 [1], sur un parchemin haut de cinq pieds environ et large d'à peu près dix-huit pouces. Les caractères de ce testament, gros, tremblés, assez lisibles, sont curieux ; j'en ai calqué quelques-uns. Par cet acte de dernière volonté, d'Oria, entre autres recommandations, faisait celle-ci : qu'on l'enterrât sans pompe, qu'on revêtît son cadavre de sa robe rouge et qu'on le décorât du petit bijou de la toison-d'or ; que ses seuls domestiques l'emportassent à la chapelle de Saint-Mathieu où serait son tombeau, et que le seul prêtre de l'endroit, le chapelain du sépulcre, accompagnât son corps. Il défendait que l'on sonnât les cloches à propos de ses funérailles.

---

[1] Le 22 mai, à la vingt-troisième heure du jour.

Il pensait que sa mort aurait assez de retentissement dans le monde chrétien sans qu'un vain bruit en annonçât la nouvelle. Le testament de 1547, fait après la fin tragique de Jannettin, ne fut pas le dernier ; en 1560, André d'Oria en dicta un autre à un notaire. Les dispositions relatives aux obsèques y furent changées. Autant que je me le rappelle aujourd'hui, il est dit dans cet acte curieux que j'ai lu, que le testateur, je pourrais dire le mourant, car Andréa avait alors 93 ans, sera mis au tombeau, son corps entouré d'un drap noir, et embaumé. Ses intestins devaient être mis dans une urne sur le mausolée. On suivit ses ordres ; et, lorsqu'en 1834, quelques mois seulement avant mon arrivée à Gênes, M. Carlo Morfino ouvrit la tombe de l'amiral pour y faire des réparations, on trouva le squelette dans son drap noir ; seulement la petite décoration de la toison-d'or qu'on lui avait mise au cou avait disparu; quelqu'un l'avait volée. La tête d'André d'Oria, à ce que me dit l'intendant du prince Panfili, était fort grosse; elle avait encore quatre dents.

Puisque je viens de parler de la chapelle mortuaire de Saint-Mathieu, je puis entrer tout de suite dans quelques détails. Nous y allâmes le 1er novembre, après avoir tenté en vain d'y entrer l'avant-veille. C'est un caveau avec un tombeau fort ordinaire, dont les ornemens n'ont rien de bien remarquable. Deux figures d'enfans sur le mausolée sont assez jolies. La chapelle dorée est sale quoiqu'on l'ait restaurée tout récemment.

L'église au-dessous de laquelle est la sépulture des d'Oria est intéressante par son architecture d'un gothique élégant, les inscriptions qui ornent sa façade et rappellent les hauts faits d'Andrea, son cloître charmant, et surtout les sculptures précieuses qui la décorent à l'intérieur. Les deux chaires et la tribune attenante à l'une d'elles, sur laquelle tribune sont représentées l'annonciation, la crèche et l'adoration des rois; un petit panneau où l'artiste a placé l'historien de Jésus-Christ écrivant sous la dictée d'un ange ; sous les chaires un Neptune ou plutôt une représentation allégorique de la mer, et au-dessous de cette figure qui pourrait bien être aussi une louangeuse allusion au prince d'Oria, des esclaves enchaînés : tout cela, dans la proportion de figures de 18 pouces, m'a rappelé les ravissans bas-reliefs des chaires à l'épître et à l'Evangile de la cathédrale de Palma à Mayorque. Derrière l'autel, dans un petit chœur où les stalles de bois sont fort jolies, des statues de saints et de prophètes me plurent fort; elles sont de Montorsoli, architecte et sculpteur habile. Le plafond de cette partie est délicieux ; il est partagé en caissons remplis de sculptures d'un style et d'une pureté merveilleux, dont le Père-Éternel et Adam et Eve sont les sujets. La coupole de Saint-Mathieu est peinte à fresque ; dans un des médaillons, est une tête de cardinal d'une saillie étonnante : c'est la vie qu'a léguée le peintre à cette brillante effigie. Le cloître fut fini en 1308, comme le constate une inscription gravée sur un chapiteau du premier groupe de quatre colonnes accouplées aux angles. Le cloître est petit, l'église est petite, les sculptures sont petites, et cependant on est frappé de la grandeur de l'effet qu'ils produisent. Saint-Mathieu est une des églises que je recommande aux amateurs.

Revenons à M. Morfino qui m'attend un manuscrit à la main. Ce n'est plus le testament du grand d'Oria ; c'est un cahier de 161 pages, grand in-4º, d'une écriture fine, jolie, et très-facile à lire, caractères de la main de Jean-André d'Oria. Ce cahier contient le commencement des Mémoires d'un homme que Charles-Quint estima presque à l'égal de son premier amiral génois. J'ai parcouru ce récit simple, naïf, où l'intérêt commence avec les premiers mots, et j'ai bien regretté que Jean-André ait renoncé à continuer son histoire. Au reste, ce manuscrit est tout-à-fait inconnu, et si j'avais eu plus de temps j'en aurais extrait des passages importans ; mais le temps, c'est-à-dire l'argent, me pressait : j'avais tant de chemin à faire encore !

Que de trésors dans cette maison d'Oria, et je n'avais pas encore tout vu ! et pour tout voir, comme il faut voir quand on a quelque instinct des arts et quelque passion pour les belles époques historiques des peuples et des marines célèbres, ce ne serait pas trop de six mois ; oh ! oui, six mois, car, dans le palais, quand on a admiré les peintures de Pierrino del Vaga, les reliques du xvi° siècle, la grande cheminée monumentale du salon *de' giganti*, la galerie vitrée et les dispositions architecturales de Montorsoli ; quand on a visité la chambre où couchèrent Napoléon et le cinquième Charles d'Espagne ; quand on a vu la chambrette qu'habita saint Vincent de Paule ; quand on a lu le testament d'André d'Oria et interrogé les Mémoires de Jean-André, tout n'est pas fini. On a encore à parcourir la partie inférieure, la partie toute féodale, toute cachée de la maison. M. Morfino me guida dans ce labyrinthe souterrain. Ici les cachots où vivaient les captifs faits à la mer, quand la *catena* ne les liait point aux bancs des galères du prince ; là un corps-de-garde pour la sécurité de cette aile du palais ; plus loin des logemens pour les officiers, pour les hommes d'armes dont le gymnase était la rue et la place d'Oria, aujourd'hui libres, fermées jadis par des grilles et des chaînes qui forçaient les piétons et les litières à cotoyer le rivage de la mer en passsant sous les murs de défense et sous les terrasses magnifiques du château. Dans ce corridor, habité maintenant par de pauvres gens, logeait le meunier tout près du moulin dont les eaux de l'aqueduc voisin faisaient tourner la roue. Par ici d'autres dépendances domestiques ; par là un chemin secret qui menait à la mer par une porte ouverte sur les rochers du port, derrière le mouillage ordinaire des galères. Ce chemin est presque comblé ; au temps des guerres civiles, il était toujours éclairé ; toujours quelques pertuisaniers y faisaient la garde, prêts à favoriser la fuite du maître, si son palais était forcé par un parti ennemi. Le garde-meuble est au-dessus de cette voûte où d'Oria aurait peut-être passé pour aller à sa capitane, si Fiesque avait réussi pendant quelques heures.

Des portes de fer avec des barres extérieures et trois serrures fermées par des clefs colossales défendent l'entrée du garde-meuble. Le jardinier eut beaucoup de peine à ouvrir ces lourds volets tout-à-fait mélodramatiques. Un couloir étroit, dont le plancher peint à fresque, montre, entre autres sujets, celui d'Arachné défiant Minerve [1], conduit au garde-meuble. La salle, où beaucoup de choses importantes de la fortune mobilière des d'Oria était conservée, est grande. Des armoires la garnissent à l'entour; au milieu, sont de vastes coffres. Il n'y a plus guère dans tout cela que des objets de peu de prix ; les grands bijoux, les armes anciennes, les costumes religieusement gardés depuis André, ont quitté le palais; leur or a payé les énormes contributions que 1797 et le régime français frappèrent sur la maison d'Oria.

Une chose importante est restée, heureuse-

[1] Ces peintures sont jolies, mais je ne les crois point contemporaines de celle de Pierrino del Vaga. Le tableau d'Arachné montre le métier à tisser du xvie siècle tout-à-fait semblable à celui du xixe.

ment pour moi ; ce sont des peintures à la détrempe sur papier, appliquées aux portes des armoires, et à l'intérieur, ce qui explique leur conservation. Les sujets sont des siéges de villes, des combats, des batailles navales rendues sous le pavillon de Gênes et le commandement des membres les plus illustres de la famille. Je crois ces morceaux, d'une exécution vive, facile, et touchés comme de la décoration, de la fin seulement du seizième siècle. M. Morfino me permit de dessiner d'après ces tableaux qui ont plusieurs genres d'authenticité; et c'est ce que je fis le 1er février 1835, quand je revins de Naples à Gênes, justement pour étudier ces pièces peintes dont, en octobre 1834, m'avait parlé M. Morfino, et pour fouiller les archives que m'ouvrit alors une permission gracieusement donnée par le jeune prince d'Oria à qui je l'avais demandée à Rome. Dans la représentation d'un siége, je copiai l'ordre de bataille à l'ancre des vaisseaux et des galères, et le singulier affourchement de ces dernières. Comme forme, je dessinai, dans un chaud combat naval, deux grandes galéasses surchargées à l'arrière de hauts châteaux, armées à l'avant de tours portant de l'artillerie, et garnies à leurs côtés d'une batterie de canons ou de fauconneaux, de bout en bout, sur un pont supérieur aux bancs des rameurs. C'est là que pour la première fois je rencontrai cette espèce de bâtiment de guerre du xvi° siècle, haut, grand, fort, aux nombreux avirons, à l'artillerie formidable, à la proue droite et menaçante, aux trois arbres supportant des antennes immenses; géant de la famille des galères qui n'a qu'un rang de rames, et auxquels les bons marins des grands âges de la navigation intermédiaire auraient certainement donné plusieurs étages de rameurs, si les essais du Vénitien Vittore Fausto et d'André d'Oria avaient pu les convaincre de l'utilité ou de la facilité de ces superpositions.

Car André d'Oria fit une trirème pour y recevoir Charles-Quint; la tradition le veut ainsi, du moins. Elle ajoute que l'amiral génois fit construire ce navire non pas peut-être comme étaient ceux de ce rang chez les anciens, parce qu'au xvi° siècle on ne savait déjà plus ce que c'étaient que birèmes, trirèmes, quinquérèmes, etc; mais comme lui, d'Oria, pensa qu'ils pouvaient avoir été. Retrouver des traces de cette trirème, était une affaire importante et qui me préoccupait beaucoup, on le croira aisément. Je voulais savoir comment André d'Oria avait tranché la question sortie tout entière de la phrase de Virgile : *Triplici consurgunt ordine remi*, et dont les hommes d'art de son époque cherchaient la solution par la comparaison de quelques textes grecs et latins, et par l'inspection de monumens sculptés, à la sincérité historique desquels ils ajoutaient une trop grande foi. C'était en partie pour découvrir les plans, le dessin perspectif de cette trirème ou quelque renseignement écrit à ce sujet que j'avais souhaité de pénétrer dans les archives de la maison d'Oria ; j'y entrai, je cherchai, et je ne trouvai rien. Il est vrai que je cherchai presque au hasard, parce que l'ordre n'a point été rétabli dans ce dépôt dont toutes les liasses avaient été déménagées quand il fallut faire du logement pour la suite de Napoléon. Quelques papiers étiquetés me furent confiés ; j'y lus des rôles d'équipages et d'autres documens qui m'intéressèrent à un très-haut point ; mais de la trirème, aucune mention. Il est très-présumable, cependant, que si, en effet, cette grande machine navale fut construite, quelque papier en témoigne dans les archives, bien qu'on fût peu conservateur alors ; c'était une chose trop marquante que cette restitution par d'Oria des antiques trirèmes, André devait attacher trop de prix à son invention, pour qu'il souffrît que quelque chose de matériel n'en gardât pas le souvenir. Un jour, cela et bien d'autres choses qui importent à l'histoire de Gênes, à l'histoire de l'art naval, à la connaissance des mœurs, coutumes et institutions maritimes du xvi° siècle, seront mises en lumière ; je l'espère au moins. Le fils aîné de M. le prince Panfili d'Oria a pris à cœur la gloire de ses aïeux ; il se propose, m'a-t-on dit, d'écrire des Mémoires sur sa famille ; et pour s'éclairer, pour examiner avec l'œil d'une sage critique les faits rapportés par Lorenzo Capelloni [1] et Carolus Sigonius [2], il voudra certainement consulter les originaux. Fasse le jeune prince André que cette classification s'achève promptement ! fasse ma bonne fortune que j'aille ensuite passer trois mois au milieu de ces documens mis en ordre, pour me consoler du désappointement que m'ont laissé trois jours passés dans le chaos des archives, *indigesta moles !* Comprendrez-vous bien le chagrin réel que j'éprouvai là ? Auriez-vous eu le courage de sourire en entendant les soupirs profonds que je poussai lorsque je sortis de ces chambres ouvertes avec bonne grâce, mais qui m'étaient fermées en effet comme si on m'en avait rigoureusement interdit l'accès ? Tantale brûlant de soif, mourant de faim, ne versa pas des larmes plus furieuses que les miennes ! Etre au milieu des richesses historiques

---

[1] En italien; Venetia, 1587.

[2] En latin ; *libri duo*, Genuœ, 1586.

sans pouvoir en profiter, c'est pis, je crois, que d'être dans une mine d'or dont on voit le filon, sans instrumens pour en détacher quelque lingot! Je copiai trois documens écrits en espagnol, concernant les galères de Marcello et de Jean-André d'Oria, servant alors Charles-Quint; et tout fut fini.

Maintenant, parlerai-je des jardins de la maison d'Oria? Qu'en dire? ils se ressentent un peu du délaissement où a langui depuis long-temps le palais. Quand elle était neuve, quand le stuc, encore entier et conservant ses formes, ne laissait point voir le cadavre de briques des colonnes, la treille du jardin d'en haut devait être fort belle; son berceau était une des promenades favorites de Napoléon. La statue colossale de Jupiter, d'un assez grand effet, quand on l'aperçoit de loin, blanche au soleil du matin, est un ouvrage fort médiocre : c'est un grand joujou indigne de la majesté de cette demeure. La statue matamore de d'Oria en Neptune, qui figure dans le jardin d'en bas, n'est guère meilleure que le Jupiter, bien qu'elle soit en marbre et de Taddeo Carlone; le Jupin est de plâtre et d'un auteur moderne. Je ne vis ni la grotte d'Alessi, ni l'étang qui domine toute la propriété et qui contient assez d'eau pour qu'un vaisseau de ligne y flottât librement, ni le tombeau de Rœdan, le chien que Charles-Quint donna à Jean-André d'Oria avec une pension de vingt mille livres, dit-on, afin que ce noble animal fût traité comme il convient à l'élève d'un roi, pensionnaire chez un amiral. Rœdan a son mausolée, chargé de *concetti* également honorables au prince Jupiter et au prince d'Oria, au pied du colosse de plâtre.

A l'extrémité du jardin, du côté de la mer, est un escalier à terrasses, à colonnes, à voûte gracieuse, qui est du plus joli goût; par une grille, il communique à la porte du rivage. Quand le conquérant de l'Italie vint à Gênes en 1805, le génie de la flatterie inventa pour lui des fêtes miraculeuses; ainsi, on joignit le jardin de la maison d'Oria à un jardin flottant, établi sur deux pontons sablés, couverts de riches tentes. Quand Napoléon fut sur cet

isthme paré de fleurs, il se détacha de la terre
ferme, et l'île, entraînée vers le milieu du port,
ne rejoignit plus la rive qu'après les libations
d'un splendide festin. A la fin de ce dîner, où
Gênes dépensa plus d'or qu'il n'en aurait fallu
pour élever ou restaurer un monument, les
valets jetèrent à la mer toute la vaisselle plate,
les vases, les pièces d'argenterie précieuses qui
avaient servi au repas du nouveau souverain de
l'Italie. Cette magnificence, parodiée des galanteries d'Antoine pour Cléopâtre, à Tarse,
ne surprit pas trop Napoléon dont le génie ne
pouvait guère être en défaut pour si peu de
chose; il ne doutait point du dévouement des
nobles génois, mais il ne les croyait pas capables de le pousser jusqu'à la folie, et c'était
folie que de jeter aux tritons et aux néréides le
vermeil inutile à la table de Thétis et de Neptune. Il connaissait d'ailleurs trop bien le gasconisme du pays, la *blague* italienne — le mot
est très-français maintenant — pour en être
dupe; et probablement il en rit sous cape. On
avait lancé, en effet, à la mer, aiguières et plats

armoriés ; *ma.*, des filets suspendus autour des pontons les avaient reçus sur leurs mailles élastiques, et tous revinrent aux palais de leurs maîtres, enchantés de l'ingéniosité d'un sacrifice qui coûtait si peu.

Napoléon appréciait à sa haute valeur l'emplacement du palais d'Oria ; il eut l'idée de se faire là un palais impérial : grâce à Dieu ce projet n'eut point de commencement d'exécution ! Quel malheur si, au lieu de la maison de la renaissance, il fallait voir là un édifice gréco-français de 1811 !

Au bout de l'aile droite du palazzo, un peu après le pont qui, de cette aile mène à la treille, est la petite église de Saint-Benoît, paroisse du château et de ses dépendances. C'est un temple sans luxe bien que le marbre y abonde. Son principal ornement est un tableau placé sur l'autel majeur, où deux princes de la maison d'Oria sont peints, présentés à Dieu par saint Jean et saint André. L'un des deux princes est certainement Jean-André ; je ne sais pas quel est l'autre. L'ouvrage est du milieu du XVI° siècle, et, sans être fort précieux, il a pourtant un mérite assez réel, celui d'offrir deux portraits historiques. Un mérite secondaire, mais dont je ne lui sais pas moins de gré, c'est son fond de mer, ses navires et sa représentation du *Molo Vecchio* tel qu'il était en 1600. Entre les bâtimens de guerre que le peintre a fait naviguer sur les eaux du port, je choisis, pour la dessiner, une jolie petite galère rouge, à deux mâts [1], courant à la rame, toutes ses bannières dehors, et des tentes rayées couvrant sa chiourme. A ses trois fanaux de poupe, je reconnus la galère amirale. Sur le mur extérieur de Saint-Benoît est un marbre où se lit une inscription latine constatant que cette église et un couvent qui la joignait autrefois, furent réparés par les soins pieux de dame Jeanne-Colonne Oria, femme du prince André, en 1617.

[1] La plupart des galères de cette époque étaient rouges; il y en avait cependant de bleues, de vertes et de jaunâtres; j'en ai vu de vertes sur un des feuillets d'armoire du garde-meuble de la maison d'Oria, et dans un des tableaux de la salle du grand-conseil à Venise.

Je n'aurais pas tout dit sur la maison d'Oria, et pourtant ce chapitre est bien long, si je ne parlais point de la portière, vieille et respectable génoise qui semble avoir veillé de tous temps à la porte de Pierrino del Vaga, et avoir pu, jeune fille, écouter les gaillardes *canzonette* des hommes d'armes de monseigneur l'*ammiraglio*. Elle a gardé l'ancien bonnet avec les anciens souvenirs du palais où elle est née peut-être. Son oreille est devenue dure, mais sa parole est encore facile ; non qu'elle en abuse, la bonne femme, car je l'ai toujours trouvée fort discrète. Elle a deux charges dont elle s'acquitte à merveille : ouvrir la porte du jardin, ce qu'elle fait aussitôt qu'un étranger se présente sous le vestibule où elle trône sur un antique fauteuil de bois, et dire : *è a la casa il signor Morfino, al' primo piano, nella stanza della galeria.* La main qu'elle vous tend quand vous sortez n'est point effrontée comme celle de tant de laquais qu'on trouve dans tous les autres palais ; elle est modeste et comme honteuse de son impolitesse autorisée par l'usage.

Si vous lui donnez une pièce de quatre sous elle vous fait une petite révérence ; à cette révérence elle ajoute un : *mille grazzie*, si vous lui en donnez deux ; et si vous allez jusqu'à un franc, elle a à votre service un *signor cavaliere*, ou un *' celenza*, encore plus flatteur et plus reconnaissant. Dans ma longue connaissance avec cette brave *portinaja*, j'appris toutes les nuances de son protocole. Cela me coûta bien deux ou trois francs ; mais elle m'était si dévouée !

XVI

La Saint-Charles. — Une affiche de spectacle. — Il Nuovo Figaro. — Entrée du roi à Gênes. — L'habit brodé de Don Miguel. — Le roi a ses deux bottes. — Regrets. — Le fort de l'Éperon.

J'avais voulu partir de Gênes le 4 novembre; mais le roi de Sardaigne et de Piémont devait arriver le 5, et je remis au 6 mon voyage de Milan.

Le 4, c'était la Saint-Charles, la fête du roi; j'étais curieux de savoir comment en pays de pouvoir absolu, ces grands jours-là se passaient. Si je n'avais pas vu le pavillon de beaupré à l'avant de la corvette, je ne me serais point douté qu'on chomât quelque saint d'importance. Au reste, ce fut toute la manifestation d'amour que se permirent les Génois, sujets assez peu dévoués, à ce qu'il paraît, de Sa Majesté Sarde. Le soir pas d'illuminations, pas un lampion, pas un pétard! Les édifices publics étaient aussi sombres que les maisons particulières. Les nobles de Gênes, qui sont libéraux plutôt, il faut le dire, par mauvaise humeur que par raisonnement, n'étaient point revenus de leurs maisons de campagne; ils ne voulurent pas assister à l'entrée de Charles Albert. Il ne rentra en ville que le très-petit nombre de personnes liguriennes attachées à la cour; elles se montrèrent au spectacle où, pour cette raison et à cause de la première représentation d'un nouvel opéra, il y avait un peu plus de monde qu'à l'ordinaire. La fête du roi fut l'occasion d'une réunion gastronomique; les officiers de la marine se réunirent à l'hôtel de la *Jamaïque* pour boire, dans des verres à champagne, les économies faites à la mer pendant quelques mois. Aussi, le soir furent-ils au théâtre d'une gaieté incroyable; un d'eux, causant avec nous et perdant à tout instant la piste de ses idées confuses, nous disait sans cesse : « Je suis fol; excusez à la Saint-Charles! »

Puisque je viens de parler du théâtre et d'un opéra nouveau, que je vous dise donc en quels termes humilissimes le directeur avait annoncé cet ouvrage au public génois. Il avait fait placarder cette formule sur une des rares affiches qu'on pose dans la ville :

« *L'impresa de' teatri si fa un dovere di prevenire il rispettabilissimo pubblico è l'inclita guarnizione, che, martedi, 4 del corrente mese, avrà luogo la prima rappresentazione del melodramma giocoso del celebre maëstro Luigi Ricci, che porta per titolo :* IL NUOVO FIGARO, *frammezzato dal solito applaudito ballo :* BIANCA DI SANDOMIR. »

Vous voyez comment on parle en Italie aux *très-respectables* spectateurs et à la garnison *renommée*. *Inclita*, appliquée à cette pacifique armée sarde qui n'a encre tenu en échec d'autres ennemis que les citoyens de Gênes, me parut très-*giocosa*, et peut-être plus que l'opéra nouveau. Ce drame est cependant assez gai. La musique de Louis Ricci, — qui commence et n'est pas encore célèbre, malgré les politesses du directeur de *Carlo-Felice*, — nous sembla très-agréable. Nous remarquâmes surtout un duo bouffe fort joli, chanté par Raffaële Scalse et Carlo Cambiaggio. Raffaële est plein de verve et de chaleur; Cambiaggio est plaisant et ses charges sont spirituelles aussi bien que ses lazzis demi-napolitains, demi-français.

Le 5, à quatre heures et demie du soir, le roi arriva par la porte de la Lanterne. Les trois brigades d'infanterie et le reste des troupes étaient en bataille, de cette porte au palais Durazzo. Les promeneurs en assez grand nombre — il faisait un temps admirable, chaud, brillant, un vrai temps d'été enfin — s'étaient portés dans cette direction. Les moines, et surtout les jésuites, y étaient par pelotons. Ces bons pères sont, dit-on, fort avant dans les bonnes grâces de Sa Majesté, et leur empressement témoignait de leur reconnaissance. Un coup de canon, parti de la batterie de la Lanterne, annonça l'entrée de Charles Albert. Les cloches sonnaient en volée et en carillon ; c'était à ne pas s'entendre. Les troupes portèrent les armes, et les bâtimens de guerre — la corvette et le brig — qui venaient de mettre leurs pavois au vent, saluèrent de cent un coups de canon. C'est en voiture que le roi entra dans sa *bonne* ville de Gênes qu'il devrait aimer beaucoup, parce qu'elle lui rapporte gros ; la voiture allait au grand trot, et Sa Majesté entrait comme on sort quand on a été mal reçu. Pas un cri, pas un *viva !* Presque tous les chapeaux se tirèrent cependant par politesse ; mais on s'arrêta là. Dieu, que cela fut triste ! Les Italiens si démonstratifs, si aisés à passionner, accueillir ainsi leurs souverains ! Il faut qu'il y ait entre eux et Charles-Albert un profond dissentiment, quelque cause grave d'antipathie ! C'est ce que je ne pus m'empêcher de dire en voyant cette réception où tous les caractères de l'indifférence affectée se faisaient remarquer d'une manière presque outrageante pour le roi.

Deux voitures suivaient celle du successeur de ce Charles-Félix que Gênes aimait et qui aimait Gênes. Après ces voitures, trois écuyers que je pris tout d'abord, et comme leur tournure et leur place dans le cortége m'y autorisaient, pour trois laquais, trois valets d'écurie, trottaient derrière les équipages de la cour. Or, de ces trois cavaliers, le plus petit, le plus noir, je n'ajouterai pas le plus laid, parce que j'ai entendu des femmes le trouver beau, était Don Miguel lui-même! Vous allez croire qu'il avait à côté de lui le général Lemos ou quelque autre Portugais de distinction, je veux dire miguéliste; point. Ses acolytes, c'étaient ses deux compagnons ordinaires : son intendant et son valet de chambre. Quelle compagnie et quelle position pour un prétendant! Tout le monde remarqua cela en haussant les épaules. Peut-être par cette abnégation et cette prévenance, Don Miguel espérait-il obtenir que S. M. Sarde le recevrait officiellement avec l'habit brodé d'or à la confection duquel, depuis plusieurs jours, il donnait tant de soins; mais non : Miguel en fut pour une dépense dont les couvens de Gênes ou la charité royaliste de quelque prince génois auront fait les frais.

L'habit brodé de Don Miguel était, depuis une semaine, la nouvelle de toute la ville; on savait qu'il avait commandé à un tailleur ce costume de cérémonie, dans la pensée où il était que Charles-Albert permettrait qu'il le visitât; on savait que tout le temps qu'il n'employait pas à faire de pieuses stations dans les églises, à causer avec les barbiers et les voituriers de la place du *Guastato*, ou à entretenir le carrossier de la Rue-Neuve de ses espérances royalistes, il le passait auprès du métier de la brodeuse dont il hâtait l'aiguille par des paroles, riches de promesses pour un avenir de restauration à Lisbonne. Mais on apprit que le gouvernement avait fait dire à Son Altesse que l'habit serait inutile, le roi de Piémont ne devant pas avoir l'honneur de recevoir sa visite.

Les cent sept réfugiés portugais qu'une frégate avait apportés naguère, pauvres, sans vêtemens, et que la caisse de certaine communauté avait habillés, ne furent pas moins désappointés que leur auguste maître ; ils avaient compté, dit-on, être admis à l'audience de Charles-Albert qui leur fut également interdite.

La chevauchée de Don Miguel et de ses deux estafiers fut donc en pure perte, et la façon de l'habit brodé perdue. Ce qui fut perdu aussi, ce sont les agaceries que Miguel prodigua aux chefs des troupes, en passant devant eux, quêtant de ces officiers une politesse plus flatteuse que les acclamations des gamins qui couraient derrière son cheval. Un seul général de brigade, grand ami, dit-on, des jésuites, le salua de l'épée, et le prince infortuné eut une minute de bonheur. Il lui faut si peu de chose !

Quand le roi fut descendu de voiture, il se tint debout à la porte de son palais, et les troupes défilèrent devant lui dans la rue Balbi. Nous nous plaçâmes vis-à-vis Sa Majesté à qui je trouvai l'air soucieux et mal satisfait. Charles-Emmanuel-Albert de Savoie-Carignan est très-grand et assez maigre ; l'uniforme brodé semble l'embarrasser un peu. Je l'avais vu jadis avec les épaulettes rouges de grenadier français, à son retour d'Espagne ; il était mieux ainsi. Malgré moi, ce qu'ici je regardai tout d'abord dans sa toilette, c'est s'il avait ses deux bottes ; comme si, depuis la perte qu'il fit de l'une d'elles dans les boues du Trocadéro, il avait dû toujours aller ainsi que je ne sais plus quel héros du xive siècle, qui ayant perdu un brassard dans une terrible passe d'armes, n'en porta plus de sa vie, ou encore comme ce brave capitaine de vaisseau Cosmao que j'ai vu souvent, en 1812, un pied botté, et l'autre dans un soulier lacé. Autour de nous on parlait du roi assez librement et assez haut, ce qui me parut prouver ou que la police était mal faite, ou qu'elle est indulgente. J'en fus bien surpris, je l'avoue, surtout quand cette liberté alla jusqu'à ce point qu'un ouvrier génois répondit vivement à un Anglais qui se récriait sur la bonne grâce de Sa Majesté : « Oui, il a l'allure d'un jésuite déguisé en gendarme. » Je craignis d'être compromis pour avoir entendu ce propos téméraire, si l'auteur en était arrêté; et je m'en allai.

Nous partions le lendemain matin; nous rentrâmes de bonne heure à l'hôtel.

Je quittais Gênes avec regret; je l'aimais, je lui trouvais un caractère charmant de gaieté et de mouvement; sa population propre et vive me plaisait; ses riches palais avec leurs beaux escaliers, leurs galeries précieuses, m'avaient étonné, ravi, et j'aurais voulu les voir toujours; son port actif, sa mer chargée de navires, son soleil d'octobre chaud comme notre soleil de juillet, ses jardins, ses églises, parlaient haut à mon imagination; et puis j'éprouvais un grand regret, j'étais sûr qu'à Gênes étaient enfouis des trésors pour le marin qui cherche sérieusement l'art; je les avais entrevus, touchés du bout du doigt, et il fallait m'en séparer sans les avoir explorés à mon aise! C'était pour moi un chagrin réel, on pourra le croire. Une seule chose me consolait, c'est que si je n'avais pu faire moi-même une large moisson de ces précieux documens, j'étais au moins en mesure de dire, à un plus heureux à quelle porte il pouvait aller frapper pour s'enrichir. Au reste, je n'avais pas perdu mon temps ; j'avais fait marcher de front plusieurs études ; et quand je repassai la porte de la Lanterne, après douze journées de séjour dans l'ancienne capitale de la république ligurienne, j'emportai une foule de notes, un journal de faits et d'observations, des dessins de navires, des calques, et une assez jolie provision de mots italiens pour défrayer le long de la route mes conversations d'auberges.

Nous ne partîmes pas de Gênes sans l'avoir vue à vol d'oiseau, en faisant le tour de ses fortifications élevées : c'est avec nos bons hôtes, M. et madame Galloni, que nous accomplîmes cette promenade, bien justement recommandée. Ce fut pour nous une journée délicieuse que celle de cette excursion à laquelle nous aidèrent de braves ânes, incapables de se rebuter, faisant avec conscience et courage le rude métier de porteurs sur les hautes collines que nous gravissions avec leurs jambes. La vue que l'on a du fort du Sperone qui est, dans l'enceinte fortifiée du croissant de Gênes, ce qu'est la molette de l'éperon au centre de la bande de fer qui étreint un talon de botte, est impossible à peindre; ce sont de ces magnificences qui défient la plume et le pinceau; devant ces sublimes beautés il faut adorer et se taire. Nous ne pûmes entrer au fort de l'Eperon; le gouverneur donne difficilement la permission de voir cette citadelle; je ne compris pas bien la raison de cette réserve. Est-ce, par hasard, que le gouvernement sarde craint que les secrets de la défense de Gênes ne soient divulgués? Mais on sait parfaitement à Paris comment on peut prendre Gênes! A Paris on connaît tous les forts et fortins, tous les bastions, tous les chemins couverts, aussi bien que les connaît M. le gouverneur! Si les événemens reportaient la France en Italie, Gênes serait prise tout de suite, malgré la prudence qui écarte les yeux français du château de l'Eperon; parce qu'on n'a point oublié cette parole de Brantôme : « Qui n'est seigneur de Gênes et maître de la mer, il ne peut guère bien dominer l'Italie. »

En quittant Gênes, je quittais M. Brunton et mon Anglais M. Mit.. Quant à celui-ci, la perte m'était peu douloureuse; il n'y avait entre nous aucune sympathie ; nous nous étions souvent piqués dans la discussion, et quelques avantages que j'avais remportés sur lui en présence de plusieurs de ses compatriotes, dont il était fort désapprouvé, il faut le dire, ne l'avaient point fait de mes amis. Je ne comptais plus le rencontrer parce qu'il s'en allait à Bologne et de là à Rome, et qu'il allait avoir sur moi beaucoup d'avance. Le destin me fut moins propice que je ne l'avais espéré, je le retrouvai à Venise. M. et Mme Brunton allaient à Florence par Carrare et Luques. Les bonnes relations que nous avions eues ensemble nous avaient rendu cher cet aimable ménage, et nous aspirions beaucoup au moment où nous le rejoindrions. Mes travaux me menaient à Venise, ses loisirs pouvaient le fixer à Florence pour tout le temps que son amitié voudrait bien nous y attendre ; nous convînmes donc que je me hâterais et qu'il prendrait patience. Il partit par la Corniche de l'est, pendant que nous fîmes route dans les montagnes.

XVII

Départ de Gênes. — Giuseppe Cardinal. — Conventions. — San-Pier-d'Arena. — Un voyageur. — Ronco. — L'aria cattiva. — Novi. — Boutiques. — Bouchers. — Spectacle. — L'hôtel de l'Europe. — Mostarda. — M. de Bourmont. — Souvenir de Joubert. — Tortone. — Aspect normand de la campagne. — Voghera. — Deuil des églises. — Entrée en Lombardie.

Une petite calèche, dont le conducteur m'avait donné des arrhes, — suivant la coutume des voituriers d'Italie qui ne reçoivent pas mais donnent le gage du marché passé entre eux et les voyageurs, — nous prit à la place du *Guastato*, un peu avant le lever du soleil, et nous achemina hors de Gênes par la porte de la Lanterne.

Nous étions seuls dans notre voiture, fort à l'aise par conséquent, et libres de faire comme nous l'entendions notre établissement intérieur, pour les deux jours et demi que nous devions passer sur ses coussins un peu usés, mais non pas trop rebelles encore. C'était en soixante heures environ que le nommé Giuseppe Cardinal s'était engagé à nous mener à Milan [1], en nous faisant coucher à Novi et à Pavie, et en nous laissant deux heures, le troisième jour, pour visiter la célèbre Chartreuse. Cardinal devait nous donner à dîner, une chambre à feu, et du café le matin ; il était convenu de nous descendre dans les meilleures auberges ; il ne laissait à nos frais et à notre générosité que les pourboires des *camerieri* et des obligeans valets de nos chevaux, messieurs les *stallieri*, race très-mendiante dont on aurait dû partout tarifer les exigences afin d'en débarras-

[1] Il y a 36 lieues de Gênes à Milan.

ser le malheureux voyageur. Pour le repas, le coucher et le transport, notre brave Cardinal exigeait vingt francs par chaque jour, stipulant une bonne-main, si nous étions contens, mais n'en fixant point la quotité, comme il arrive quelquefois à ses pareils. Je n'étais tenu à le payer qu'à Milan, « parce que, me dit-il avec sa fierté gasconne de *veturino* milanais, ze n'en souis pas, grâce al' bon Diou, à la *spettazione* de quelques écous. » Je ne crus pas un moment à cette protestation ; aussi ne fus-je point étonné quand, après la première poste, en montant une côte, il me dit de lui rendre les arrhes qu'il m'avait laissés, et quand le soir il me pria très-humblement de lui prêter deux ou trois pièces. Au reste, je n'avais point passé de marché écrit avec mon Automédon ; on m'avait dit que c'était nécessaire ; mais je voulus faire cet essai avec tant d'autres, pour savoir à quoi m'en tenir sur l'importance de certaines mesures qu'on m'avait tant recommandé de prendre. On m'avait dit qu'il fallait beaucoup me défier des voituriers; je n'ai passé d'acte avec aucun, et cela m'a réussi à merveille ; j'ai été assez bien chanceux pour n'avoir eu qu'à me louer de ces gens-là dont on dit trop de mal, et qui valent mieux que leur renommée. Il y a, au reste, beaucoup de choses en Italie qui sont dans ce cas-là ; beaucoup aussi sont dans le cas contraire. Comme j'étais sans thème fait d'avance de dénigrement ou d'admiration, je vis tout sans prévention, et c'est à réduire à leur juste valeur les louanges outrées ou les dénigremens sans raison que je m'appliquai en écrivant mon journal dont je donne ici des extraits et des amplifications.

A la porte de la Lanterne il y avait un encombrement de charrettes, de chevaux, d'ânes et de mulets chargés de provisions pour la consommation journalière en fruits, légumes, poissons, etc. Les pourvoyeurs attendaient, pressés les uns contre les autres, que le pont-levis fût abaissé. Nous ne passâmes pas sans difficultés. Enfin, Cardinal s'en tira galamment, et ses deux chevaux prenant le trot — allure assez rare aux bêtes destinées à un pareil service — nous descendirent le faubourg de San-Pier-d'Arena qui déjà avait toute sa vie active. Aux premiers rayons du soleil, San-Pier-d'Arena, riche de ses manufactures et de ses palais délicieux, est vraiment très-beau à voir; je ne lui trouve qu'un défaut : il exhale une odeur d'huile et de savon fort désagréable. Après quelques minutes de chemin fait le long de la grève droite et plate où s'agitaient une foule de petits bateaux partant pour la pêche, nous tournâmes à droite et commençâmes à côtoyer le torrent Polcevera, maigre filet d'eau coulant à peine sur un large lit de pierres et de marbres. Avant d'entrer dans la vallée, je jetai encore un coup-d'œil sur le golfe d'une tranquillité parfaite, reflétant un ciel accidenté de masses nuageuses rouges, roses et noires, où se cachait un orage; je reportai ma vue sur la ville qui n'avait pas encore dépouillé sa robe du matin, brume légère et bleuâtre, sous laquelle s'effacent les formes les plus rudes, les édifices les plus hauts, les mouvemens de terrain les plus prononcés; sur cette ville que j'affectionnais tant avant d'avoir vu aucune autre ville d'Italie et qu'aujourd'hui je trouve la jolie, la charmante entre toutes les autres.

Et adieu Gênes *la diletta mia !* adieu, ou plutôt au revoir !

A l'un des petits villages qui bordent Polcevera, notre équipage se recruta d'un voyageur, demi-paysan, demi-citadin, ouvrier de je ne sais quel métier, allant à Milan pour travailler; jeune homme encore, de bonnes manières, poli, discret, craignant de gêner, parlant peu, dormant assez, marchant beaucoup, ne fumant point du tout de peur d'être importun. Il monta d'abord dans le cabriolet de devant, mais la pluie qui nous accueillit sur les montagnes nous l'amena dans la calèche, où il fut d'une convenance parfaite. Je regrettai souvent qu'il n'entendît pas le français, ce qui rendit nos conversations difficiles. Il avait de la gravité et même un certain air de mélancolie sur lequel un poëte ou un romancier aurait placé quelque intéressante supposition ; d'autant plus qu'une femme jeune et assez jolie l'avait accompagné à la voiture, en pleurant et en le couvrant de baisers fort tendres.

Notre première station eut lieu à Ronco, où nous nous arrêtâmes pour collationner et faire rafraîchir nos chevaux. Ronco est à peine un village dont l'*Hôtel-Royal* est la principale habitation. La maîtresse de cet *albergo* est une belle personne, fraîche, grasse, estropiant avec enthousiasme le français, qu'elle m'a dit aimer beaucoup; très-avenante, très-active et ayant l'air de gouverner avec habileté l'empire auquel une route de poste très-fréquentée donne assez d'importance. Cette Sémiramis de cuisine nous reçut magnifiquement, à deux francs par tête. C'est chez elle que nous mangeâmes, pour la première fois, la mince tranche de veau, frite dans une pâte, connue au nord de l'Italie sous le nom menteur de côtelette. Ronco, dans un bassin entouré de montagnes, a un torrent, un pont à quatre arches, quelques groupes disséminés de maisons, et une route qui s'encaisse entre deux lignes de collines, large espèce de ravin par laquelle nous allâmes à Arquata. Près de ce bourg, le chemin et le paysage s'élargissent et deviennent très-pittoresques. La campagne bornée au loin par des montagnes, vertes de quelques semailles nouvelles, est boisée comme nos jolies provinces de France. Dans cette partie du pays on ne paraît pas craindre le mauvais air (*l'aria cattiva*), comme dans le midi de l'Italie, où l'on coupe autant que l'on peut les arbres autour des habitations, parce qu'on est convaincu que leur ombrage est funeste.

La nuit nous amena à Novi où nous devions arriver de jour. Nous avions marché lentement, je m'en plaignis au seigneur Cardinal qui me fit un long et beau raisonnement pour me prouver : 1° que ses chevaux étaient bons et forts ;

2° Que ses chevaux étaient trop forts pour nous mener vite ;

3° Que si nos bagages avaient été plus lourds, et plus lourdes aussi nos personnes, nous serions allés bien plus vite, parce que ses chevaux avaient l'habitude de traîner des fardeaux considérables.

Je ne saisis pas très-bien, je l'avoue, la proposition du voiturin; cependant par politesse, et puis parce que l'argumentation, tant eût-elle été solide contre son paradoxe, n'aurait pas fait retourner le soleil en arrière, je cédai : je n'avais pas de temps à perdre. Pendant qu'à *l'Hôtel de l'Europe* on nous préparait le *pranzo*, nous courûmes un peu les rues de la ville. D'abord, nous entrâmes dans une église dont l'extérieur est du style que j'appellerai le style des jésuites : — Saint-Thomas-d'Aquin à Paris est un des types de cette architecture. — L'intérieur n'a rien de remarquable; il est haut, peu profond; la nef du milieu est limitée par six groupes de colonnes accouplées supportant de grands cintres. Le seul objet d'art qui, à cette heure avancée, pût nous frapper, c'est un christ en croix, noir, luisant à la lueur de la lampe, en bois ou en marbre, je ne pus distinguer bien la matière. Une fontaine donne quelque agrément à la place sur laquelle est l'église. Les boutiques de Novi sont petites ; parmi les décorations que le goût de leurs propriétaires multiplie, je remarquai des ornemens de papier découpé, cloués aux solives des planchers, et tombant en franges. Ici, comme à Gênes, comme dans presque toutes les villes du Piémont et de la Lombardie, les bouchers se partagent la vente des viandes ; ils ne vendent pas mouton, bœuf, vache ou veau dans le même étal ; par une convention ancienne et qui a toujours sa valeur, chacun vend une espèce de viande : aussi lit-on, sur une boutique : *vendita di carne di bue* ou *di manzo;* sur une autre, *vendita di carne di vacca;* sur une troisième, *vendita di vitello*, ou *di castrato*, ou *di montone*, etc. Pour la charcuterie, ce sont, en général, les épiciers qui la débitent.

Quand nous rentrions à l'hôtel pour dîner, un *cameriere* me remit une pancarte qu'on venait, me dit-il, d'apporter pour moi. C'était *l'avviso teatrale* du jour. Il y avait spectacle, et Carlo Mawer, premier *buffo comico*, avertissait le public que la représentation aurait lieu à son bénéfice. J'ai déjà dit comment les directeurs parlent à leurs abonnés; voici en quels termes le bénéficiaire de Novi faisait appel à la bienveillance des habitans de l'endroit : *L'umile artista abbastanza conosce l'ingenita bontà del bel core de' signori Novesi gia in altre volte sperimentata, per cui ha la dolce lusinga di vedersi onorato d'un numeroso concorso*[1]. Si grand que fût mon désir de prouver à Carlo Mawer la bonté de mon beau cœur, si engageant que fût le spectacle composé de *l'Elisire d'Amore*, d'un ballet et d'un solo de clarinette joué par le professeur Repetto, je n'allai point au théâtre dont, au reste, le garçon de l'hôtel me dit peu de bien.

L'Hôtel de l'Europe est couvert à l'intérieur d'écussons, de peintures d'armoiries avec des légendes, de tableaux chargés de dates et de croix, annonçant aux voyageurs qu'il fut ho-

[1] « L'humble artiste connaît assez la bonté naturelle du beau cœur de messieurs les Novésiens, éprouvée déjà plusieurs fois, pour se flatter du doux espoir de se voir honoré d'un nombreux concours. »

noré de la présence de la princesse de Galles, de l'archi-duchesse Marie-Louise, veuve de Napoléon, du grand-duc Michel de Russie, de l'empereur François I*er* et de bien d'autres augustes personnes; et s'il vous plaît, ces illustres hôtes ne vinrent point à *l'Europe*, comme Jean de Paris, à l'auberge de Pedrigo, parce qu'elle était la meilleure de Pampelune, c'est-à-dire la seule; ils avaient à choisir. Novi a plusieurs hôtels, mais aucun ne peut rivaliser avec celui où nous descendit notre Cardinal qui nous traitait en rois. Il sut bien m'en faire la remarque le lendemain; les camerieri n'y manquèrent pas non plus, quand ils vinrent nous mettre en voiture en nous demandant une *mancia* (étrenne) proportionnée à l'importance de la maison. Au fait, nous fûmes fort bien, fort proprement surtout, à ce logis royal de Novi. Nous avions eu une grande peur des draps, par tout ce qu'on n'avait pas manqué de nous dire à Paris, qu'il fallait emporter son coucher avec soi, ou au moins un grand sac pour s'introduire dans les lits plus que douteux des auberges italiennes; eh bien! les draps étaient tout blancs, secs, de fine toile, un peu froids seulement; mais alors nous n'avions pas encore adopté l'usage sybaritique de la bassinoire — *il scaldaletto* — que nous prîmes plus tard. Quant au lit en lui-même, un matelas, sur une de ces paillasses de feuilles de maïs qui ont deux pieds et demi d'épaisseur, et auxquelles chaque mouvement que l'on fait arrache un cri assez ennuyeux : ce système de coucher est dur, mais bon pour l'été, parce qu'il est frais et que le lit est fort large.

Nous soupâmes avec deux Français arrivant d'Allemagne, officiers je crois, et émigrés volontaires, qui paraissaient trouver un peu longue la petite comédie qu'ils jouent hors de France, menant partout leur rôle d'hommes persécutés par un gouvernement, si horriblement persécuteur des légitimistes, comme on sait. Parmi les mets qu'on nous servit, nous conservâmes d'un commun accord, pour la bonne bouche, une espèce de compotte d'une couleur rousse assez appétissante, et sur laquelle notre friandise fondait de douces espérances. Quel fut notre désappointement, grand dieu de la gastronomie ! quand nous attaquâmes, tous les quatre à la fois, cette infernale combinaison de fruits et de légumes confits dans du miel et de la moutarde ! Rien de plus mauvais peut-il être inventé par la dépravation du goût le plus blasé ? Nos grimaces étaient à mourir de rire. Un paysan mangeant une glace, une Parisienne goûtant du véritable kari indien, sont moins plaisans à voir que nous ne l'étions repoussant avec indignation cette horrible *mostarda,* comme ils l'appellent. Quand nous fûmes un peu remis, nous demandâmes au garçon ce que c'était que ce ragoût ; il nous dit son nom : moutarde ; et nous apprit qu'il se mangeait avec le rôti. A merveille ; mais on avait oublié deux choses, d'abord de nous avertir, ensuite de servir le rôti dont la *mostarda* n'est que l'agaçant accessoire.

En mettant mon nom sur le registre de l'aubergiste, j'y lus celui de M. le maréchal de

Bourmont. Il avait passé à Novi trois jours auparavant ; et, en effet, je l'avais rencontré à Gênes l'avant-veille, s'embarquant dans un canot qui l'allait porter à bord du bateau à vapeur de Civita-Vecchia. Je ne puis dire l'impression que me fit cette rencontre sur le quai du port. Cet homme que j'avais vu en 1830, sur la plage de Sidi-Ferruch, tout-puissant, commandant en chef une belle armée, ardente à la conquête d'Alger, je le voyais là cachant presque son nom pour se rendre *incognito* à Rome, cette terre neutre, où toutes les misères de la royauté déchue, toutes les disgrâces des opinions vaincues, toutes les vanités humiliées vivent comme dans un couvent, se consolant l'une par l'autre dans la pensée d'un meilleur avenir ! Cette différence des positions, quelque accoutumé qu'on soit à la remarquer depuis nos révolutions, frappe toujours d'une espèce de terreur. Je sais tout ce qu'on peut dire de M. de Bourmont, tout ce qu'il a donné le droit que l'on pensât de lui ; mais la fortune ne l'a-t-elle pas traité avec une rigueur bien ennemie, quand au lieu du triomphe il a trouvé l'exil, quand dans cet exil il a dû emporter le souvenir douloureux de son fils mort pour la France? N'a-t-il pas été bien cruellement puni de la faute de Ligny? Si le sang d'un fils du connétable de Bourbon avait coulé pour racheter le crime de son père, l'histoire n'aurait-elle pas déchargé la mémoire de ce *tourneur de casaque* [1] du poids de sa malédiction? J'ai toujours plaint beaucoup M. de Bourmont; et puis je n'ai point oublié que, maître de ma liberté sur la rive d'Alger, lorsqu'un ordre brutal et déraisonnable de M. d'Haussez — un autre exilé d'aujourd'hui — la menaçait, il en usa si loyalement envers l'écrivain libéral, le rédacteur du *Constitutionnel* qu'il savait honnête homme. Il ne voulut point qu'on m'arrêtât; il ordonna, au contraire, que je pusse aller partout où mon caprice et le devoir que j'avais à remplir d'historien de la campagne me mèneraient: aussi, je lui suis reconnaissant. Il ne

---

[1] Brantôme: Discours xxxv.

me connaît pas, il ne m'a vu qu'une fois, à la *Torre-Chica*, sans savoir qui j'étais ; je ne lui ai jamais parlé, je n'ai jamais voulu aller le voir à son quartier-général parce que je devais garder mon indépendance, qu'il respecta avec délicatesse, au surplus; et à Gênes, je fus fâché qu'il ne me connût pas, lorsqu'il passa devant moi; il n'eût peut-être pas été indifférent à mon salut !

Vers quatre heures du matin, le 7 novembre, nous sortions de Novi, quand des cris se firent entendre en avant de notre calèche. Que se passait-il ? Un autre Souvarow surprenait-il un autre Joubert ? Non, grâce au ciel, la France n'aura point à déplorer la mort d'un héros ; la plaine de Novi ne sera pas jonchée de cadavres français et russes. Ce sont tout simplement deux voituriers qui, n'y voyant point sur la grande route, se sont accrochés, et se battent en s'invectivant. La chose n'ira pas loin, nous ne sommes pas au pays des poignards; quelques horions, des torrens d'injures, deux ou trois gros blasphèmes en feront l'affaire.

A sept heures, nous passâmes le long pont de Tortone. On ne traverse point la ville ; la route bien entretenue, qui partage des champs d'une bonne culture, est à une demi-portée de fusil de la petite montagne où je cherchai en vain des vestiges de l'antique Dordona. La campagne entre Tortone et Voghera est belle comme notre riante et grasse vallée d'Auge. Voghera, où nous arrivâmes pour déjeuner, est une petite ville laide, et qui nous le parut d'autant plus qu'une pluie fine, tombant depuis le commencement de la journée, en avait sali les rues. Si nous avions eu une auberge propre à Novi, nous fûmes moins heureux à Voghera. Je ne conseille à personne de s'arrêter à *l'hôtel des Vélocifères-Royaux*, surtout un jour de foire. Entre une douzaine d'odeurs qui se disputaient le privilége de nous asphyxier, celle des truffes dont la *locanda* était remplie nous contraria surtout. Nous nous hâtâmes de la fuir après avoir pris un de ces détestables repas ¹ qui ont valu à la cuisine des grands che-

¹ J'ai encore sur le cœur, je pourrais presque dire sur l'estomac,

mins de l'Italie une réputation si mauvaise, encore si complètement justifiée dans quelques petits endroits, mais heureusement tout-à-fait menteuse aujourd'hui dans la plupart des stations marquées aux diligences et aux carrosses des voiturins. Nous vîmes la place du marché qui me rappela celle de Meaux, et quatre églises où je ne trouvai rien d'un peu digne de l'attention du voyageur. On y chantait les offices des trépassés, et nous y remarquâmes, flambantes au pied de la croix, de ces petites bougies que, suivant l'expression de notre gé-

---

une certaine omelette dure, noire, affreuse, qu'on nous servit, plus difficile certainement à manger que ne put l'être la paire de bottes dont le gracieux Don Carlos — je parle du fils de Philippe II — fit un ragoût qu'il força tyranniquement son malheureux cordonnier à manger tout entier devant lui. Au moins, nous eûmes la liberté de laisser notre *fritata*, et nous en usâmes. Le café n'était pas plus appétissant que ce mélange odieux d'œufs, d'herbes, de suie, de lard et de je ne sais quels autres ingrédiens encore. Les viandes, qu'on nous offrit, révoltaient le goût par les yeux, comme dit La Fontaine; et nous fûmes réduits à manger quelques excellens morceaux de cédrat confit achetés chez un pâtissier et des marrons rôtis pris dans la poêle froide d'une marchande qui criait de toutes les forces de sa voix : « Marrons bouillans ! »

nois Vincent Rivara, on brûle *au profit des morts*. Les portes des églises avaient les festons funèbres, les inscriptions, les annonces de prières et d'indulgences, les figures de squelettes, appareil obligé de toute cérémonie mortuaire. Les tentures et les catafalques nous surprirent ; ils ne sont pas seulement noirs, mais de gazes ou de draps d'or et d'argent, croisés, historiés, chiffonnés d'une certaine façon qui montre moins le bon goût du décorateur que la prétention de faire briller son église par le clinquant des oripeaux.

Nous entrâmes en Lombardie à la nuit tombante après avoir fait quatre milles environ sur un chemin très-agréable, dans une allée de saules, avec une nombreuse et gaie compagnie de paysans qui se rendaient à Pavie. A trois heures et demie, nous avions traversé la Staffora sur un pont de pierre, et à quatre heures le Pô sur un pont de trente-huit arches de bateaux. Nous étions alors sur le Tesin, et comme nous quittions les États du roi de Sardaigne pour mettre le pied sur le territoire de l'Autriche-Lombarde, d'un côté du pont du Tesin, on me demanda mon passeport pour savoir si j'étais en règle avec la police génoise; de l'autre, on me le demanda encore pour me mettre en règle avec la police de la frontière austro-italienne. C'était bien souvent; mais patience ! J'étais réservé à d'autres ennuis avant d'entrer à Pavie dont je voyais, à cinq minutes de distance, les tours, les clochers et les belles masses de maisons.

XVIII

Les Douaniers et le Perruquier de Pavie.

On fit bientôt arrêter la voiture, et, à la clarté d'une chandelle de corps-de-garde, je reconnus un uniforme que, depuis 1816, je n'avais aperçu que sur nos théâtres. Il n'y avait plus à en douter, j'étais sur les Etats autrichiens; car j'avais pour veiller sur moi des soldats blancs, au pantalon bleu collant, portant leur large baïonnette comme nos fantassins portent le briquet.

Que va-t-on me demander encore ?

Un gros homme, grotesquement coiffé d'un chapeau à trois cornes, vêtu d'une redingote grise à collet vert, ayant un sabre en bandoulière ; un homme laid, à la face molle et rubiconde qui me rappelle Lepeintre jeune dans ses rôles les plus bouffons, s'avance vers la portière, et, se levant sur la pointe de ses pieds, m'interpelle dans un patois inintelligible mêlé d'allemand et d'italien, auquel, par politesse, il ajoute quelques mots d'anglais et de français. Ce monstre épais et lourd est un douanier ; il veut mon passeport pour le faire viser. Après un long colloque pendant lequel nous gardons tous deux notre sang-froid, je comprends ce qu'il me fait l'honneur de me dire et j'exhibe le livret aux *visa*. Ce n'est pas tout ; un sac de nuit est debout sur la banquette de devant de la calèche ; par hasard, ma femme a posé dessus son chapeau, et voilà que mon douanier impérial le prend pour une personne endormie ; il le pousse et l'interpelle en lui criant : *Passaporto!*

— Ce n'est pas un homme, *signor doganiere.*
— *Passaporto!*
— Ce n'est pas une femme non plus.
— *Passaporto!*
— C'est un sac de nuit.
— *Passaporto!*
— Au diable!

Je prends le sac et le mets en travers sur les bras du douanier.

— Ah! *bravo! capisco*, dit-il en riant, comme Lepeintre jeune rirait dans une occasion semblable sur la scène du Vaudeville.

On descend les effets, parce qu'il faut subir la visite ; on les entre dans une salle obscure où les attendent cinq employés en uniforme et sans uniforme. Tout va assez bien jusqu'à ma malle; mais un douanier adroit, comme un censeur royal, plonge la main dans un coin et sent des livres.

— *Libri, Signor!*
— Oui, des livres, voulez-vous les voir?

—*Ya*, répond un grand monsieur fort calme.

—Vous allez déranger inutilement tout cela; il n'y a rien que vous puissiez saisir : j'ai un vieux dictionnaire italien, des *Guides* pour Rome, Florence et Naples, et enfin un volume sur Christophe Colomb.

— Christophe Cololomb! *che questo?*

Je soulève le paquet des habits et je lui montre la couverture de l'*in-quarto* génois, et mon douanier lit : *Codice diplomatico Cristoforo Colombo.*

—Oh ! *diplomatico!*

— Oui, ce sont des pièces historiques.

— *Ya;* faut *vedere.*

—Puisque je vous dis que cela est vieux, historique, et à l'abri de l'index!

Il s'obstine. Le *diplomatico* lui tourne la tête. Je suis sûr que le douanier me prend en ce moment pour un agitateur français porteur de quelque correspondance secrète du roi Christophe qu'il ne sait pas mort, et de la Colombie dont il a entendu vaguement parler et qu'il ne connait point pour une des provinces de Sa Majesté autrichienne. Il faut retirer le gros volume, défaire tout cet endroit de l'arrimage, et montrer au spirituel agent le privilége de l'évêque de Gênes, et la signature bizarre du grand-amiral de Ferdinand.

— *Va benè*.

— C'est heureux!

— *Ma, perche : diplomatico?*

Pourquoi diplomatique?... Il ne peut pas digérer cela. Je prends le parti de garder le silence et je referme ma malle, croyant que tout est fini. Il reste un étui à chapeau; on me fait signe de l'ouvrir. Je ne me fais pas prier, parce que la séance déjà bien longue m'ennuie. L'inventaire commence, et chaque objet passe à son tour par les dix mains des cinq douaniers. Quelle patience il faut avoir!

Piano, piano, me dit le gros qui prend l'un après l'autre chaque objet contenu dans la calotte du chapeau. « Il ne faut pas aller si vite. » Une boussole recouvrant un thermomètre les arrête long-temps.

— Pourquoi faire cela?

— Pour savoir quelle heure il est, d'où vient le vent, et quand il faut prendre son manteau.

— *Ya*, dit le grave Allemand.

Et le gros douanier d'ajouter en ricanant :

— « *Ingeniosi Francesi !* » c'est pour garantir de l'eau ?

— *Si, Signor*. C'est un parapluie, *una ombrella*.

Mon homme est très-content. A une écritoire maintenant, puis à des cartes de visite, à un miroir pour la barbe, à un paquet de lettres ; et à chaque chose qui sort du chapeau, tous ces gens-là de dire émerveillés : « *Dio !* que de choses dans un chapeau ! *Ingeniosi Francesi !* » Un petit paquet reste que je ne déploie pas.

— *E questo ?*

— Cela ? *niente*, absolument rien.

— Voir, voir ! crient à la fois quatre des douaniers.

— *Ya*, foir ! reprend le plus autrichien de la troupe.

— Mais, messieurs, cela n'en vaut pas la peine, je vous assure.

On insiste ; j'ai l'air de me refuser à cette dernière inspection en affectant un certain embarras. Enfin le gros enluminé s'empare de l'objet et le déploie d'un mouvement triomphant.

— *Per Dio! che questo?*

Aucun ne devine. Le long tube mou que le douanier a déroulé comme la peau d'un serpent est tourné, examiné, et tous se demandent : « Qu'est-ce que cela? » Le bec sans anche qui clot l'instrument d'un côté les intrigue beaucoup.

— *È un flauto!* dit à la fin le plus avisé.

— *Si, signori, un fagotto elastico.*

Ils n'avaient jamais vu de basson de cette espèce, et voilà *l'ingeniosi Francesi* qui revient.

— *Ya! una sorta di cornamusa.*

— *Va benè.*

Je retire l'instrument de la main de l'Austro-Lombard, et le remets gravement à sa place.

— Une cornemuse, un fagotto, répètent les douaniers.

— Oui, et son nom français ou grec, pour mieux dire, est : clysoir.

Un paquet de lettres, un portefeuille vide, des cahiers de croquis et de notes avaient été sortis du chapeau, feuilletés, examinés ligne par ligne, dessin par dessin. Mon écriture indéchiffrable, microscopique, donne aux douaniers une peine horrible. Aucun des papiers ne peut rentrer dans sa case sans avoir été soumis à une autorité supérieure. Il faut monter chez le commissaire. Cet agent est fort bien, poli, obligeant, parlant le français comme je voudrais parler l'allemand et l'italien. Il voit les lettres de recommandation, les lettres de crédit, un seul pli l'arrête : c'est un billet de de M. de Barante pour M. Paulucci, l'amiral autrichien de Venise ; il est cacheté et au bas de l'adresse notre ambassadeur a écrit sa qualité. Cela embarrasse un peu le commissaire qui finit par me dire : « Vous m'assurez que ceci est bien de l'ambassadeur de France ? — Oui, monsieur,

et je pense que vous respecterez son cachet. »
Il hésite un peu, puis me présentant le paquet : « Tenez, monsieur ; mais une autre fois ne prenez pas de lettres cachetées ; nous devons tout lire, voyez-vous ! »

Enfin, c'est fait ! Les malles fermées furent remises sur la voiture, et la cohorte douanière se groupa autour de nous pour nous souhaiter bon voyage et me demander un pour-boire, parce qu'on m'avait visité *bien vite.* Les bourreaux ! ils m'avaient tenu là une heure. Je payai les facchini pour le déménagement de la calèche et son rechargement ; je saluai les douaniers sans leur offrir même un quart de franc, et je donnai ordre à Cardinal de fouetter. Les récriminations, les clameurs du gros homme, les jurons du long Autrichien, que son flegme abandonna seulement à cet instant critique, nous accompagnèrent pendant quelques minutes. A la fin nous fûmes dégagés, et nous traversâmes le pont couvert du Tesin qui joint Pavie au grand faubourg que nous quittions, singulier monument de trois cent quarante pas de longueur, dont les cent colonnes doivent faire un bel effet que je ne pus pas juger parce qu'il était trop nuit. Je me croyais quitte de toutes questions, de toutes recherches; oh! bien, oui! nous n'étions pas au bout de la galerie, qu'on nous arrêta de nouveau. Qu'est-ce encore? — *Passaporto.*

La frontière ici n'est pas une ligne d'eau, un fossé ou une pierre; elle a une lieue d'épaisseur, une lieue hérissée de soldats, de douaniers et de faquins qui demandent la bonne main. Au fait, pourquoi me plaindrais-je à Pavie? L'empereur d'Autriche est tout aussi grand seigneur que M. le prince de Monaco, et il n'est pas plus exigeant!

Nous descendîmes à *l'hôtel de la Lombardie*, à côté du théâtre; un bon hôtel où l'on est très-empressé, où l'on soupe bien, où les lits sont bons et propres. J'étais condamné à ne voir Pavie qu'à la lumière; j'en pris mon parti et nous sortîmes.

Je ne pouvais passer à Pavie sans parler de François Ier et de Charles-Quint; mais à qui en parler? A qui demander s'il reste quelque monument de la grande bataille? Je ne connais personne ici; il y a des abbés à foison dans les rues, mais j'ai déjà éprouvé que les abbés en Italie ne sont pas tous fort savans. Heureusement, voilà une boutique de perruquier. Entrons-y pour causer en me faisant la barbe.

Cinq individus autour d'un comptoir, dans une boutique fort gentille. Une femme coud; personne ne parle; tous écoutent la lecture qu'un jeune homme fait d'un volume de bonne apparence. C'est un roman traduit du français. J'entre; tout le monde se lève quand j'ai porté la main à mon menton. C'est une incroyable activité. Un vieillard qui dormait au roman est réveillé par le *forestiere* (l'étranger) dont la barbe est à couper; il court au bassin et le rince. Un des garçons apprête la savonnette; un autre donne le fil au rasoir; l'apprenti *parruchiere* souffle le feu sur lequel s'est assoupie une bouilloire avant que l'eau qu'elle contient fût tiède. La dame qui raccommodait un bas — l'excellente mère de famille! — donne sa chandelle qui va se placer, elle troisième, sous la glace devant laquelle je suis.... Un peu de calme succède à tout cet obligeant remue-ménage. Il faut parler italien ; je me hasarde.

— Comment s'appelle cette belle rue ?

— La *Rue-Neuve* ; c'est la plus considérable de la ville.

— Est-ce un collége, ce grand bâtiment en face ?

— C'est l'Université qui a un beau cabinet d'anatomie.

— Y a-t-il ici des armes antiques ?

On croit que j'ai demandé s'il y a à Pavie une armée nombreuse et l'on me répond :

— Cinq cents hommes de garnison, à peu près.

— Se rappelle-t-on ici Charles-Quint ?
Néant à la question.

— Que sait-on de François Ier ?

— L'empereur ? Je le crois à Vienne, bien portant quoiqu'il soit vieux.

— Bien obligé du renseignement, messieurs. Je suis rasé ; voilà pour vous, et bonne nuit !

Ces barbiers ne savent rien, et ils sont cinq ! C'est à se désespérer. Je n'apprendrai donc rien sur Pavie, puisque demain nous partirons à cinq heures du matin. Voyons au moins la Rue-Neuve. Elle est large, bien bâtie, fort longue, garnie de boutiques incomparablement plus grandes et plus jolies que celles de Gênes. Les tailleurs y abondent. Beaucoup de jeunes gens de l'Université sur les portes des cafés, ou se promenant la pipe à la bouche. Des prêtres et des soldats autrichiens. Peu ou point de femmes dehors, probablement parce qu'il pleut assez fort. Au jour, cette *contrada* doit être charmante; elle est pavée comme les bonnes rues génoises de pierres plates et de bandes de dalles au milieu et sur les côtés de la voie... La pluie augmente, rentrons à l'hôtel. Voici le théâtre; rien ne le distingue. On n'y joue pas ce soir, et *l'avviso* annonce le commencement de la campagne d'hiver en donnant le nom des sujets... Toutes les rues qui aboutissent à droite et à gauche à la Rue-Neuve sont étroites comme les *vicoli* de Gênes ; je n'ai pas le moindre regret de ne les pas mieux voir. Mais les églises.... il doit y avoir de belles églises à Pavie! N'est-ce pas ici que la tradition veut que le savant consul Boëce ait été prisonnier? Que les reliques de mon saint patron Augustin veillent sur la cité? Que la lance de Rolland, pendue à la voûte de la cathédrale, attend un preux pour délivrer l'Italie? Je le crois. Les cloches sonnent de tous les côtés; je ne sais ce que sont les églises, mais qu'il y ait beaucoup d'églises, c'est ce que je puis assurer au bruit de cet effroyable carillon.

Voilà donc tout ce que j'ai vu de Pavie! une rue vaste, un théâtre fermé, un pont original du xive siècle, des douaniers qui n'ont jamais entendu parler de la boussole et du clysoir, et des barbiers qui prennent pour l'empereur actuel d'Autriche le roi de France du commencement du xvie siècle; il vaut bien la peine de venir dans une ville historique!

XIX

Sortie de Pavie. — Route de torre del Mangano. — Coiffure des femmes brescianes. — J. Galeasse Visconti et son oncle Barnabo. — Chartreuse. — Le custode. — Tombeau de Galeasse Visconti. — Le Borgognone. — Les sacchi. — Joseph II. — Les cloîtres et les cellules. — Un navire. — L'hôtesse de la Torre. — Milan. — Reichman. — La Scala. — Les clefs de loges. — M. Croff. — Hérold. — Le ballet.

On ne sort pas plus de Pavie sans exhiber son passeport, qu'on ne sortirait d'une prison sans montrer la levée de son écrou. A la porte du côté de Milan, un douanier vint encore, son bonnet de police à la main, faire entendre le mot qui m'avait tant impatienté la veille : *Passaporto*.

Pendant qu'on visait ma feuille de route, celle de Cardinal, et celle de notre tiers compagnon l'ouvrier milanais, je descendis de voiture pour voir la grille qui ferme la ville. Sur les massifs de pierre où s'attache cette grille sont des statues de fleuves assez médiocres, mais cependant d'un effet agréable. Elles sont là ainsi que de longues inscriptions latines pour rappeler les travaux faits dans l'intérêt de la navigation du fleuve. Le nom de l'empereur s'y trouve mêlé accompagné de flatteuses épithètes; et c'est justice, car pour les améliorations matérielles, son gouvernement étrange, despotique et civilisateur, méticuleux et libéral, étroit et large tout à la fois, a bien mérité des provinces italiennes sur lesquelles il pèse de tout le poids de ses coutumes, aggravé par l'antipathie naturelle entre l'Italien et l'Allemand.

Toujours son bonnet à la main, le douanier me rapporta mon passeport, et me salua très-poliment de la formule : *Buon' viaggio, signor cavaliere !* et il ajouta, de l'air du monde le plus humblement gai : « Donnez quelque chose à ce pauvre homme que le brouillard du matin enrhume et qui n'a pas un demi-swantzich dans sa poche pour saluer d'un verre de vin le soleil qui vient de se lever. » Le brave *doganiere* dit cela à demi-voix, et en chantant de manière à faire croire qu'il me régalait là du refrain d'une vieille chanson. Sa poésie eut tout l'effet qu'il en espérait ; je la payai d'une pièce de dix sous, et nous nous séparâmes fort bons amis, avec un *a rivederci* mutuel, aussi cordial d'un côté que de l'autre ; et, au fait, je ne serais pas fâché de revoir ce douanier à Pavie ! Une route charmante entre un canal et un cours d'eau encaissé qui fait tourner de jolis moulins, nous conduisit assez promptement à *Torre del Mangano* — la tour de l'arbalète — située à cinq milles de Pavie. Nous n'étions pas partis de bon matin parce que nous n'avions qu'une petite journée à faire ; aussi il était dix heures quand nous arrivâmes à la tour. Le temps ne nous avait pas duré ; c'est que le paysage sur lequel se reposaient nos yeux était délicieux, bien qu'un peu plat. Le canal portait beaucoup de barques, l'eau du ruisseau à notre gauche courait en blanchissant sous les palettes des roues meunières, les prairies étaient de ce vert de primeur qui plaît tant, la route était couverte de troupeaux, de petits cabriolets conduits par des prêtres, de charrettes de fermes, et de paysans qui font plaisir à voir tant ils sont propres, tant ils ont un bon air d'aisance. Ce fut ce jour-là que, pour la première fois, nous vîmes les femmes coiffées de ce grand disque de cheveux tressés, garni de longues épingles d'argent rayonnantes, et placé derrière la tête comme une auréole. Aux jolies filles, aux jeunes femmes qui soignent un peu leur tête et refont quelquefois par mois cette tresse, le disque dont je parle va fort bien. C'est une mode ancienne, très-ancienne, qu'on retrouve dans quelques tableaux du xv° siècle; elle est assez répandue dans le Milanais; vers Brescia elle est générale.

Torre del Mangano est un petit village où nous laissâmes notre voiture pour aller à la

Chartreuse, si célèbre et si justement renommée. C'est Galeasse Visconti qui la fonda. Ce Galeasse était un drôle de corps qui ayant de l'ambition et la volonté de faire de grandes choses, et se trouvant sans moyen de se donner cette joie, imagina de faire enlever Barnabo son oncle et son beau-père avec les fils d'icelui, de les enfermer dans le château de Trezzo et de s'emparer de la seigneurie de Pavie qui lui duisait fort. Quand il eut Pavie, les remords le prirent sur la légitimité de son usurpation; il sentit que tant qu'il existerait un des véritables seigneurs de Pavie, il ne serait pas en repos avec sa conscience de possesseur, et afin que la voix des Barnabi ne perçât point les murs d'un castel pour venir, importune et accusatrice, le tourmenter sous son dais de velours, il fit, dit-on, un appel à la science des Locuste de son temps ; et un jour la Lombardie apprit que les captifs de Trezzo étaient morts. On accusa bien Galeasse Visconti de ces trépas secrets, mais bien bas, tout bas, ce qui n'empêcha point le nouveau maître de Pavie de s'appeler seigneur des *Vertus!* Visconti était devenu fort, il demanda l'investiture de la seigneurie de Milan à Venceslas ; et quand, en 1396, l'empereur lui en eut donné le diplôme, il prit le titre de duc de Milan et travailla à se faire pardonner ses crimes. Fonder des monastères et des églises était alors le meilleur moyen d'obtenir l'absolution des plus gros péchés : il fonda la Chartreuse de Pavie. J'en suis bien aise. Assurément, je déplore la destinée funeste et l'horrible trépas de ce Barnabo — qui ne valait peut-être pas mieux, au reste, que son neveu ! — je suis fâché que Galeasse ait eu si profondément cette pensée d'usurpation qui rend les restaurations impossibles, qu'il faut tuer tout ce qui est apte à succéder, parce que dans ces jeunes Barnabi il y avait peut-être l'espérance d'un ou de deux grands hommes; mais, ma foi, ceci est affaire entre lui et Dieu; et au jugement dernier, je verrai comment le père miséricordieux aura apuré les comptes dont cinq ou six générations de chartreux et je ne sais combien d'évêques de

Pavie, de Novare, de Milan, de Vicence et de Feltre, ont largement donné quittance au pieux Visconti. Quant à présent, je serais très-fâché que Galeasso ne fût pas devenu seigneur de Pavie et n'eût pas eu ces doutes religieux qui ont valu à l'Italie un des plus beaux et peut-être le plus riche des monumens dont elle se vante.

Je ne saurais donner une description étendue de l'église des Chartreux que Visconti plaça sous l'invocation de Marie, Vierge, mère, fille et fiancée de Dieu — *Mariæ, Virgini, matri, filiæ, sponsæ Dei.* — Je crains même de n'en pas donner une idée assez exacte. Mais on a beaucoup parlé de ce merveilleux édifice où les marbres de toutes couleurs, de toutes raretés, de tous prix, les pierres les plus recherchées, les sculptures sur bois et sur marbre des meilleurs ouvriers d'un grand siècle d'art, les peintures à fresque, les tableaux, les ornemens en fer, en bronze, en argent, en or, en ivoire, ont été prodigués avec un goût dont je ne sais trop à qui faire honneur, car ce temple a eu plusieurs architectes, et il n'a guère fallu moins de trois siècles pour l'achever à peu près. On pourra donc consulter sur ce monument des gravures nombreuses, des notices italiennes fort savantes et détaillées, les pages intéressantes de quelques voyages publiés en France qui ont rapport à la Chartreuse de Pavie, enfin des documens historiques qui doivent se trouver dans toutes les histoires de Pavie et de Milan. Je n'ai la prétention de suppléer à rien de tout cela ; je mentionnerai seulement quelques objets d'art qui m'ont paru dignes des plus grands éloges et qui méritent bien l'épithète de *stupendi* — surprenans — que le docte cicérone du couvent leur applique. Quant à l'ensemble, si bizarres et confuses que soient quelques-unes de ses parties ; si surchargée de détails que soit la façade, véritable musée où s'entassent les statues, les médaillons, les bustes, les bas-reliefs, les portraits des empereurs romains, les effigies des saints, les représentations de cérémonies du xvie siècle, les rosaces, les ornemens de tous les âges de l'architecture, on est surpris d'admiration devant lui. Sans doute on n'éprouve point à l'aspect de ce temple le sentiment indéfinissable dont on est profondément saisi en présence d'une œuvre architecturale grande par sa simplicité, le calme de ses lignes, la majesté de sa masse, et l'élégante pureté de ses décorations; mais on est confondu par la diversité des objets, par le mérite de chacun d'eux. On court d'une chose à l'autre, du portrait d'Auguste à l'enterrement de Visconti; de la pose de la première pierre de la Chartreuse, tableau sculpté sous la grande porte de l'église, à une statuette d'André Fusina ou du Volpino; on ne peut se fixer tant on a impatience de tout voir, tant on craint d'oublier quelque détail; et puis on se retire pour juger de loin et voir les masses; et puis on se rapproche, appelé par quelque délicate figure d'homme ou d'animal; c'est un plaisir, c'est un tourment; ce n'est point une délectation douce et tranquille, c'est comme une joie turbulente et inquiète; on ne se repose point avec bonheur dans une seule pensée, inspirée par une grande harmonie; on est assailli par cent pensées diverses qui toutes se disputent votre attention, qui toutes vous appellent à la fois. Il n'y a aucune comparaison à faire entre la Chartreuse et le Colysée ou la *Maison carrée* de Nîmes. Les deux monumens antiques sont sublimes, le monument de Galeasse Visconti n'est peut-être que magnifique. Je dirais volontiers de lui ce que je pourrais dire d'une des riches galeries italiennes où sont réunis des chefs-d'œuvre qui luttent et se font tort, parce que, procédant de principes différens, ils veulent prendre sur le spectateur le même empire, et le fatiguent à force d'exciter sa sensibilité et la sagacité de sa critique comparative.

Le cicérone de la Chartreuse n'est point un religieux; c'est un laïque qui sait bien son affaire et la débite avec intelligence. Beaucoup de savans voyageurs ont déteint sur lui, et il a une certaine couleur de science historique qui ne lui va pas mal du tout. C'est un homme de quarante-cinq ans qui a profité du séjour des Français en Italie pour franciser son piémontais. Gardien du monument qu'il explique, il est chargé de l'entretenir dans un parfait état de propreté, mission dont il s'acquitte à merveille, je vous assure. Son monument, il l'aime, il le frotte, il le polit, il le lustre, il l'époussette, il le lave, il le montre sous tous ses beaux côtés ; c'est son enfant, son idole, sa passion : je n'ai jamais vu le devoir s'accorder si bien avec l'amour. Il y a quelques surprises de peintures dans la décoration, deux ou trois trompe-l'œil ; n'ayez pas peur que le *custode* oublie de vous placer au point de vue pour vous en faire jouir. Dans la nef il vous fera lever la tête pour voir un chartreux à une fenêtre de la galerie ; dans une chapelle, quand vous serez entré, il vous dira : « Retournez-vous ! » et vous apercevrez sur vos pas un moine entrant par la porte où vous viendrez de passer ; et le bonhomme de cicérone sourira si vous êtes surpris de la présence du *fra certoso* à côté de qui vous aurez passé sans l'apercevoir, quoiqu'il soit peint sur l'épaisseur du mur qui sépare la chapelle de sa contiguë.

Il n'y a plus de chartreux dans le couvent ; Joseph II a supprimé cette communauté qui était fort riche; et la Chartreuse n'a été conservée que comme objet d'art, ce dont, pour ma part, je sais un gré infini au gouvernement autrichien. Ce respect pour une belle chose, dans un siècle positif où l'on compte combien vaut et rapporte un arpent de terrain bâti ou cultivé, fait honneur au prince qui dote assez libéralement une église et un monastère vides, dont l'entretien est fort dispendieux.

Le tombeau de J. Galeasse Visconti, que nous vîmes avec toute l'attention qu'il mérite, est de tous points une fort belle chose. C'est un des bons ouvrages de la renaissance que j'aie rencontrés dans la nord de l'Italie qui en possède de si prodigieux. Ce monument en marbre de Carrare est couvert d'ornemens d'une finesse incroyable d'exécution. Des bas-reliefs que la tradition attribue à J. Jacques della Porta et au sculpteur architecte J.-A. Amadeo, célèbre à Milan et à Pavie, représentent les faits principaux de la vie de J. Visconti. La statue de Galeasse étendue sur le sarcophage est d'un beau caractère. On n'est pas frappé de l'infériorité des statues de la Victoire et de la Renommée, qui font ressortir celle du héros, et je devrais dire du saint, car dans la longue inscription que les moines reconnaissans ont gravée sur le mur près du tombeau, il n'est sorte de mérites, de talens, de grandes actions, qu'ils n'aient mentionnés comme pour justifier le luxe de ce mausolée.

Il faut dire pourtant que cette reconnaissance des chartreux n'éclata que bien tard ; car ce ne fut qu'un peu plus d'un siècle et demi après la mort de Galeasse que le monument fut fini. Alors peut-être l'impression de certaines actions de sa vie était déjà un peu effacée, et les bons frères ne se rappelaient plus que la riche dotation dont Galeasse avait pourvu leur congrégation de laboureurs. Les ossemens de J. Visconti ne furent point trouvés quand l'urne qui devait les renfermer fut creusée et décorée ; on ne se souvint plus de l'endroit où le duc de Milan avait été mis en terre ; chose assez étrange assurément, qu'aucune pierre, aucune marque n'eût été placée sur sa tombe par les moines à qui ses restes devaient être précieux. Le tombeau fut achevé en 1562 par Christophe-le-Romain; le premier dessin en avait été donné, dit-on, par Galeasse Pellegrini.

Près du sarcophage sont les figures de Louis-le-Maure et de Béatrix sa femme. La tête de Béatrix est d'une admirable expression, c'est la mort sans douleur, sans luttes violentes. On donne ces statues à Christophe Solari dit *le Gobbo*, grand artiste, dont le nom s'attache à plusieurs beaux ouvrages dans cette église, car son frère André est l'auteur de la partie inférieure d'une *Assomption* placée dans la sacristie neuve, morceau d'un très-haut mérite qu'acheva Bernard Campi. Campi n'est que juste et vrai dans sa part de ce chef-d'œuvre; André Gobbo est poétique, vif, expressif et coloriste. Dans la même sacristie, que de choses curieuses et précieuses! un tableau de Bernardin Luini, ce noble suivant de Léonard de Vinci; un admirable morceau de Montagna;

la *Flagellation* de Pierre Sorri le Siennois, célèbre au xve siècle; un *Couronnement d'épines* du Passignano; cinq ou six bonnes peintures des Procaccini; une petite naissance du Christ peinte sur pierre de touche, par J.-B. Valteri; la voûte de Sorri; un charmant bas-relief de Joseph Rusnati; que sais-je encore? J'oubliais un Ambroise Fossano; et comment ne l'avais-je pas nommé le premier, ce *Borgognone* qui est si beau à la Chartreuse où il s'est multiplié? Il est partout en effet : à la chapelle de Saint-Ugon où il s'est placé dans un même tableau à côté du Piémontais Macrin d'Alba; à la chapelle de Sainte-Véronique; à la chapelle de Saint-Bruno; à la chapelle du Crucifix; à la chapelle de Saint-Syre où il a représenté, naïfs de poses, mais d'une couleur solide, d'un bon dessin et d'une admirable précision de touche, deux évêques et deux diacres; et puis à la voûte avec Abraham, Jacob, Isaac et Joseph; à la chapelle des reliques, avec *la Trinité;* dans la sacristie vieille, avec un *saint Augustin;* dans la chapelle de Saint-Ambroise où il a placé son chef-d'œuvre peut-être : Ambroise entouré de quatre saints ; dans la chapelle Saint-Michel, où il lutte contre Perrugin qu'il a remplacé en partie ; car le compartiment qu'il y a peint l'avait été d'abord par Pierre de Pérouse dont il ne reste plus que quelques chérubins entourant le Père-Eternel ; dans le réfectoire, enfin sur la façade de l'église qu'il a dessinée et qui le montre architecte aussi intelligent que peintre solide et fort. J'ai fait avec complaisance cette énumération des travaux de Borgognone, parce que j'ai été séduit par ce peintre. Je le connaissais peu et je l'aimais ; je le connais bien aujourd'hui, et je l'admire. C'est pour moi un des plus puissans et des plus complets prédécesseurs de Raphaël.

Les autels des chapelles latérales de l'église des Chartreux sont tous d'une grande richesse ; les colonnes qui les décorent proviennent des carrières les plus célèbres. Les devans d'autels sont alternativement ornés d'incrustations de pierres dures et de bas-reliefs. Les pierres dures ont été taillées par une certaine famille

Sacchi, que les chartreux avaient prise au service de leur église, et qui, demeurant dans l'enceinte du monastère, était devenue une colonie artiste grandissant à côté de la colonie religieuse. De père en fils, pendant près de trois siècles, les Sacchi restèrent à la Chartreuse, complétant l'ouvrage commencé vers 1410 ou 1415. Quand on voit tout ce qu'il y a de fruits, de fleurs, d'arabesques, d'oiseaux, de fantasques ornemens, de lapis lazuli, d'améthiste, de grenat, de turquoise, d'émeraude, de rubis, jetés comme une magique broderie sur toutes les parties de l'édifice, on n'est pas étonné qu'il ait fallu trois cents ans à plusieurs laborieux ouvriers pour mettre à fin cette œuvre immense [1]. Les bas-reliefs sont bien en général; les plus distingués sont du Volpino, de Rusnati, de Thomas Orsolino et d'un statuaire du XVIIe siècle nommé Denis Bussola. Thomas Orsolino que je viens de citer

---

[1] On dit que Valère Sacchi est resté dix ans à orner de pierres précieuses et de pierres dures l'autel des Reliques sacrées. Au fait, c'est un ouvrage d'ange ou de fée.

était un sculpteur génois d'un talent notoire, dont il donna de nombreuses preuves dans cette Chartreuse même. Son devant d'autel représentant saint Bruno au pied du crucifix est un chef-d'œuvre d'expression tendre et profondément religieuse.

Après nous être épuisés d'admiration dans cette église qui, outre ses sacristies et ses chapelles, a un des chœurs les plus somptueux qu'on puisse voir; qui, outre ses peintures et ses sculptures a un beau diptyque d'ivoire, des candelabres de Fontana, des stalles en bois d'un travail excellent, marqueteries et ciselures ravissantes de liberté et de fantaisie; nous allâmes respirer dans le grand cloître. Là nous attendait un autre spectacle, et il nous fallut admirer encore. Nous vîmes la coupole à trois étages de colonnes, superposées en pyramide, et l'extérieur de l'édifice avec ses mille détails de construction. La couleur rouge de ces travaux et son opposition avec le blanc des maçonneries sont d'un heureux effet. Quand le soleil éclaire cela, le monument doit paraître d'une superbe couleur; je ne pus jouir d'un pareil coup-d'œil, parce que le ciel était couvert et que ses teintes grises voilaient de leur deuil tout ce qui, de l'église des Chartreux, reçoit quelque éclat nouveau d'une atmosphère chaudement lumineuse.

Nous visitâmes les cellules des moines, petites maisons à deux étages, commodes et agréables, toutes égales, toutes distribuées de même, avec leur tourniquet par où, six fois la semaine, entrait un repas modeste, avec un jardin particulier, et un beau cloître. Ces maisonnettes se dégradent fort; les plombs de leurs couvertures, comme celui de l'église, furent enlevés en 1797, lorsque la Chartreuse eut à souffrir des outrages faits alors à tout ce que l'art des quatre siècles précédens avait mis sous la protection de la religion catholique. Quand Joseph II, suffisamment philosophe, chassait les chartreux, en 1781, il se contentait de confisquer le million de rente qui enrichissait le couvent; mais il n'enleva pas les plombs pour les fondre en argent; il voulut que le monument restât debout, peut-être même pour prouver qu'il avait eu raison de ruiner une communauté qui était si prodigieusement ou si scandaleusement riche. La cour de la fontaine et le petit cloître ont de délicieux ornemens en terre cuite, qui valent, si indigne que soit la matière, la belle porte de marbre d'Antoine Amadeo par où les moines communiquaient de leurs cours silencieuses dans le sanctuaire où ils allaient prier. Dans l'angle du *cortice della fontana*, sont les restes encore vivans, encore frappans par leur expression et leur couleur, d'une représentation de la passion, par Daniel de Crespi. L'*Ecce-Homo* est une des peintures à fresque qui m'aient le plus vivement touché à la Chartreuse. Ce Crespi était un maître artiste; tout le couvent dépose de son génie et de sa fécondité; il mourut pendant la peste de 1630, en achevant, m'a dit le *custode*, les peintures du chœur de l'église. Je ne sais pas si l'on est saint pour avoir fait de belles choses dans un temple, quand on n'y est pas entré assassin comme Carlone; mais j'affirme que si un mérite solide et des peintures pleines du sentiment chrétien donnent des droits à l'inscription d'un nom au livre des élus, Daniel Crespi peut être canonisé.

Tant que dura notre promenade dans la Chartreuse, je cherchai de tous mes yeux quelque navire, quelque représentation maritime, comme je faisais partout où j'allais, parce que, artiste voyageur, je n'oubliais pas que j'étais voyageur marin, et que l'objet principal de mes courses me préoccupait sans cesse. C'était un grand hasard si, chez des chartreux, au milieu des terres, loin de tout Océan, je rencontrais un des anciens vaisseaux dont je poursuivais la conquête ; je savais cela : je n'en trouvai qu'un seul dans une fresque de Frédéric Bianchi, à la chapelle de Sainte-Madelaine. Mais ce bâtiment est sans valeur, incomplet, inexact, sinon tout-à-fait impossible ; la sainte qui est dedans est bien heureuse de ne se pas noyer avec une nave pareille, dans une tempête aussi forte ! Cela prouve la toute-puissance de Dieu.

Nous déjeunâmes à *Torre del Mangano* où,

avec une collation très-bonne, nous trouvâmes une petite fille adorable, jolie, propre, un peu timide seulement, et que nous eûmes un plaisir infini à embrasser. C'était le premier enfant de sa classe qui nous eût inspiré le désir de le baiser ; tous nous avaient repoussés par leur saleté. Sa mère était belle, élégante, d'une figure fine et distinguée, telle enfin qu'on est fâché de la savoir dans une auberge de petit village. Je sais bien des grandes dames passant pour charmantes, et jolies en effet, qui changeraient tout de suite avec la modeste hôtelière de la *Torre del Mangano*.

Il pleuvait très-fort quand nous nous remîmes en route, et nous arrivâmes sous la pluie à Milan. Ce fut chez Frédéric Reichman, *Corso Porta Romana*, que nous descendîmes. L'hôtel Reichman est grand, vaste, mais triste ; c'est un ancien palais un peu éloigné du quartier à la mode ; on peut y être bien quand on prend son parti d'une société toute allemande, d'une cuisine toute allemande. Dans les rues de Milan, on pourrait se croire à Paris ; tant la ville est française ; chez Reichman on peut se croire à Vienne, tant le germanisme s'y est peu mitigé d'italien. L'hôte et sa femme sont invisibles ; leur *alter ego* est un gros garçon à moustache noire, concierge, portier, factotum, tout ce que vous voudrez, indispensable à la maison et pas trop important cependant. C'est avec lui qu'on traite, c'est à lui qu'on a recours à tout moment ; il est la providence vivante de l'hôtel ; il parle allemand, italien, anglais et français. Malgré tous ses soins, nous nous ennuyâmes fort chez Reichman. Si je retourne jamais à Milan, je choisirai une *locanda* moins grave, moins tudesque, et dont le maître n'ait pas un coupé qu'il prête aux voyageurs. Les voitures de place sont bon marché à Milan, celle de M. Reichman est fort chère ; mais j'avoue qu'elle est très-bonne, parce que je ne sais pas être injuste.

Après le dîner gras et lourd, auquel nous vîmes une trentaine d'officiers autrichiens et d'étudians leurs compatriotes faire joyeusement fête, nous allâmes à *la Scala*. Nous avions peu de jours à passer à Milan, par conséquent il ne fallait pas perdre une soirée. A la porte du théâtre, des trafiquans de loges nous offrirent leurs clefs qu'ils voulaient vendre fort cher; nous nous en tînmes au prix de l'entrée fixé par l'*impresario*, qui donne le droit de s'asseoir au parterre. Les femmes, les étrangères surtout, peuvent très-bien aller au parterre, dans la plupart des théâtres d'Italie, et cela par la raison fort bonne qu'il est difficile, quand on ne connaît personne dans une ville, d'avoir des clefs de loges, à moins de les acheter aux alentours du théâtre de ces colporteurs qui ne manquent guère de tromper les *forestieri*, le prix étant arbitraire et devant se débattre entre l'acheteur, qui ignore le cours de cette bourse théâtrale, et le vendeur qui est très-ordinairement un demi-fripon s'il n'est un fripon tout entier. On n'a pas de meilleures chances quand on voit un valet en livrée venir vous offrir sa clef; cet homme qui est presque toujours le courrier de son maître, propriétaire de la loge, et qui doit partager avec lui le produit de la location du jour, est tout aussi peu accommodant que les autres marchands. On ne risque guère de se tromper sur le prix réel d'une loge, quand, d'une clef offerte par un laquais ou un commissionnaire, on donne le quart du prix auquel elle a été cotée. Au reste, pour des étrangers, c'est une folie que de courir après les loges ; on est très-suffisamment bien au parterre. Aller en loge, à l'ordre noble — le 2° rang — c'est une petite vanité qui, dans la matinée, fait perdre beaucoup de temps et qui, le soir, coûte assez cher. Quoique, par toute l'Italie, je fusse un seigneur chevalier, voire une Excellence — les titres ne coûtent rien aux marchands, aux faquins, aux hôteliers et aux camériers ! — je me contentai le plus que je pus du parterre qui, partout, est assez bon marché. Pour les gens qui ne me connaissaient point, que m'importait d'être vu au parterre ? Pour ceux qui me connaissaient, il était tout naturel que j'y fusse, ils savaient bien que je ne suis pas riche et qu'artiste je vis en artiste ! Et puis j'aimais bien mieux aller trois fois au théâtre dans l'endroit où siége la bourgeoisie, que d'aller une fois seulement m'étendre sur les coussins d'un *palco* garni de franges et de rideaux soyeux.

D'ailleurs, aller dans des loges avec l'espérance qu'on y sera vu c'est folie; les salles de spectacle sont trop mal éclairées, surtout à l'époque où j'étais en Italie, la *saison* n'étant pas encore commencée. *La Scala* avec son demi-lustre allumé me sembla triste; la seule chose resplendissante, c'était la loge du roi, dont les tentures de velours rouge et les crépines d'or brillaient à la lumière de vingt bougies. Je demande pardon pour la comparaison que je vais faire, mais cette loge brillante, dans ce grand sanctuaire obscur, a tout-à-fait l'air de la chapelle à la crèche dans nos églises sombres la nuit de Noël. La loge du roi est tous les soirs éclairée, ainsi que celle du vice-roi qui est à gauche au second rang près du théâtre. On a tant parlé de *la Scala* que je n'ai rien à en dire, sinon que je trouve un peu froide cette magnifique enceinte, où sans mouvement de galeries, sans avancées de balcon, deux cent trentequatre loges montent les unes sur les autres, en six étages unis, comme la façade d'une maison moderne. Sauf la grandeur du vaisseau, j'aime beaucoup mieux pour la disposition et l'effet qui en résulte la salle de l'Opéra de Paris que celle de *la Scala*, trop grave ou, si l'on veut, trop belle pour mon goût.

On donnait ce soir-là — 8 novembre 1834 — la première représentation d'un opéra nouveau de M. Croff, élève du Conservatoire milanais. L'ouvrage avait pour titre : *Quanti casi in un sol giorno!* (que d'événemens en un seul jour!) Le succès fut modeste, et le jeune maëstro, qui était au piano dans l'orchestre, n'eut que de rares occasions de saluer le public pour le remercier de ses bravos. A la fin, il parut cependant sur le théâtre pour recevoir les applaudissemens. Il y avait de jolies choses dans sa partition, mais rien de bien remarquable, toutefois. Je trouvai là Galli, notre ancienne connaissance, qui chanta et joua le rôle d'un vieux valet avec verve et gaieté. A côté de lui, j'entendis Marini, basse énorme, dont un de mes voisins disait en l'applaudissant avec enthousiasme qu'il a *una grand' bella voce*. Marini est un acteur colossal, véritable tambour-major dramatique.

Un concert suivit l'opéra ; nous entendîmes une mademoiselle Gned qui a une charmante voix, haute, pure, sûre et bien gouvernée. Entre autres morceaux, on exécuta l'ouverture de *Zampa* de notre compatriote Hérold ; elle fut très-bien dite, et le public lui fit un tel accueil que l'orchestre fut obligé de répéter tout de suite cette belle symphonie. Ce triomphe pour mon pauvre ami mort me fit un plaisir indicible, une de ces joies que des larmes seules peuvent exprimer. Je sus le meilleur gré du monde aux Milanais de cette justice qu'ils rendaient à un Français, eux connaisseurs un peu partiaux qui ne croient guère à la musique que l'on fait à l'ouest des Alpes.

Un ballet termina la soirée ; niaise composition s'il en fut et fort médiocrement exécutée ; il s'appelait, si je m'en souviens bien, *la Fête de la rose.* On se plaint beaucoup à Paris de la bêtise des programmes de ballets; j'aurais bien voulu voir à la Scala nos spectateurs si difficiles! Contre l'usage, le *ballo* ne fut point donné entre deux actes d'opéra. Cette coutume est pourtant suivie à Milan comme ailleurs; mais des raisons particulières avaient disposé le spectacle autrement. Les Italiens que passionne beaucoup la musique ont besoin de quelque repos quand on leur donne un opéra qu'ils aiment; les chanteurs, pour jouir de tous leurs moyens, ont aussi besoin d'avoir entre les actes, des repos un peu longs; le ballet intervient donc bien, même au milieu d'une action lyrique dont l'intérêt n'est pas ce qui touche le plus les auditeurs. En France où avant tout, dans un opéra, il faut une pièce, nous ne supporterions pas aujourd'hui un ballet étranger fragmentant le drame musical. Autrefois les divertissemens arrivaient à la fin des actes de la plupart des pièces de Molière, et cela plaisait fort aux courtisans. A le bien prendre, le divertissement encadré dans un opéra où il suspend l'action autant qu'il plaît au chorégraphe, c'est le ballet italien coupant l'ouvrage en deux ou trois parties; seulement, le divertissement chez nous se lie à la pièce le mieux possible, et en Italie c'est un drame dans un drame.

La troupe de Milan était médiocre quand je l'entendis. La meilleure femme était madame Demeri. Les Milanais pleuraient la Pasta et espéraient la Malibran.

FIN DU PREMIER VOLUME.

www.ingramcontent.com/pod-product-compliance
Lightning Source LLC
Chambersburg PA
CBHW070534230426
43665CB00014B/1687